Lektürehilfen

Theodor Fontane

Effi Briest

von Hanns-Peter Reisner
und Rainer Siegle

Inhaltsangabe der Lektüre als mp3-Download unter www.klett.de/lernhilfen

Geben Sie den Online-Link 923000-0000 in das Suchfeld links oben ein.

Klett Lerntraining

Dr. Hanns-Peter Reisner, Fachleiter für Deutsch und Hauptseminarleiter am Studienseminar Köln (Gymnasium/Gesamtschule).

Rainer Siegle, Oberstudienrat, Schönbuch-Gymnasium, Holzgerlingen

In der Klett-Reihe Editionen für den Literaturunterricht ist erschienen: Theodor Fontane, *Effi Briest*, mit Materialien, ausgewählt von Hanns-Peter Reisner und Rainer Siegle, Leipzig/Stuttgart/Düsseldorf: Ernst Klett Schulbuchverlag, 2003. Auf diese Ausgabe beziehen sich die Textzitate und Seitenangaben in der vorliegenden Lektürehilfe.

Bibliografische Information der Deutschen Bibliothek
Die Deutsche Bibliothek verzeichnet diese Publikation in der Deutschen Nationalbibliografie; detaillierte bibliografische Daten sind im Internet über http://dnb.ddb.de abrufbar

Auflage 8. 7. 6. 5. | 2013 2012 2011 2010
Die letzten Zahlen bezeichnen jeweils die Auflage und das Jahr des Druckes.

Dieses Werk folgt der reformierten Rechtschreibung und Zeichensetzung. Ausnahmen bilden Texte, bei denen künstlerische, philologische oder lizenzrechtliche Gründe einer Änderung entgegenstehen.

1. Auflage 2007
Internetadresse: http://www.klett.de/lernhilfen
Umschlagfoto: AKG, Berlin
Druck: Beltz Druckpartner GmbH & Co. KG, Hemsbach
Satz: DTP Andrea Eckhardt, Göppingen
Printed in Germany
ISBN 978-3-12-923029-9

9 783129 230299

Inhalt

Der inhaltliche Aufbau

www.klett.de

Kindheit in Hohen-Cremmen

1. Kapitel

Schauplatz Herrenhaus

Zu Beginn zeigt sich die Kulisse eines Herrenhauses im Brandenburgischen, das schon seit über 200 Jahren der Familie von Briest als Wohnsitz dient. Das mit großer Detailgenauigkeit beschriebene herrschaftliche Anwesen umfasst, an einer Seite von einer Kirchhofmauer umsäumt, eine großzügige Garten- und Parkanlage. Hier, wo Teich, Boot und Schaukel zur Zerstreuung einladen, haben sich Mutter und Tochter des Hauses an diesem Sonnentag auf ein schattiges Plätzchen zurückgezogen. Die gemeinsame Stickerei an einem Altarteppich unterbricht die nun erstmals mit ihrem Rufnamen Effi eingeführte Tochter mit allerlei gymnastischen Übungen, die den verstohlen anerkennenden Blicken der Mutter nicht entgehen.

Kind-Sein und Dame-Werden

Ein erstes Gespräch zwischen Effi, die man die „Kleine" nennt, und der Mutter kreist anspielungsreich um die Vorstellung Kind-Sein und Dame-Werden. Das Bild von der „Tochter der Luft" und die ungestümen Umarmungen der Mama durch Effi scheinen bei jener auch Ängste zu wecken, deren Konkretisierung jedoch unterbleibt, weil drei Freundinnen die Szene betreten.

Liebesgeschichte mit Entsagung

Hertha, Bertha und Hulda, die beiden ersten Töchter des Kantors Jahnke, letztere Tochter des Pastors Niemeyer, erfahren von Effi, dass die Mutter den Besuch eines Jugendfreundes erwartet. Effis geheimnisvoller Andeutung einer „Liebesgeschichte mit Held und Heldin und zuletzt mit Entsagung" und ihrer Charakterisierung des Besuchs als „Landrat, gute Figur und sehr männlich" folgt, gedrängt von den neugierigen, halb ernst, halb scherzhaft gemeinten Zwischenbemerkungen der Freundinnen über eigene Heiratspläne, die Enthüllung der Geschichte.

Kurzbiographie Innstettens

Der nun 38-jährige Baron von Innstetten hatte als noch nicht einmal 20-jähriger Leutnant auf die schon damals hübsche Mama ein Auge geworfen. Als sich jedoch „Papa

[...] einfand, der schon Ritterschaftsrat war und Hohen-Cremmen hatte", so weiß Effi zu berichten, war aus Tochter Belling Frau von Briest geworden, und der Leutnant nahm vorläufig Abschied vom Soldatenleben, um seine Augen nun auf das Studium der Juristerei zu lenken. Im deutsch-französischen Krieg 1870/71 ausgezeichnet, von Bismarck und dem Kaiser geschätzt, sei er anschließend Landrat im Kessiner Kreise geworden. Wie fern diese Gegend aus der Perspektive Hohen-Cremmens erscheint, zeigt Effis Hinweis „es liegt eine hübsche Strecke von hier fort in Pommern, in Hinterpommern sogar". Das Gespräch der Freundinnen, vom brietschen Hausdiener Wilke mit dem Hinweis unterbrochen, Effi möge sich für den Besuch zurechtmachen, endet mit einem Spiel der vier Mädchen. Sie versenken auf dem Teich eine Tüte mit Stachelbeerschalen, was bei Effi die Erinnerung an eine Geschichte auslöst, in der unglückliche Frauen wegen Untreue versenkt worden sein sollen.

2. Kapitel

Ein Landrat aus Hinterpommern

Anschlag- und Versteckspielen, das sind die Vergnügungen der vier Freundinnen, und so verspürt Effi auch wenig Lust, den näher rückenden landrätlichen Besuch zu beachten. „[...] ich mag noch nicht hineingehen und alles bloß, um einem Landrat guten Tag zu sagen, noch dazu einem Landrat aus Hinterpommern. Ältlich ist er auch, er könnte ja beinah mein Vater sein [...]", bemerkt sie gegenüber Hulda und verschwindet zur Fortsetzung des Spiels hinter den Rhabarberstauden. Frau von Briest eröffnet nun Effi, sichtlich verlegen und dreimal Anlauf nehmend („Ich muss dir nämlich sagen"), dass Baron Innstetten eben um Effis Hand angehalten habe, ein Umstand, der es nahe lege, ihm möglichst „unvorbereitet" und „so gar nicht zurechtgemacht" zu begegnen.

Heiratsantrag

Der eher verwirrten Nachfrage Effis „Und im Ernst" setzt die Mama die Gewissheit entgegen, mit diesem „Mann von Charakter, von Stellung und guten Sitten" schon als Zwanzigjährige die Mutter „weit" zu „überholen".
Effis Schweigen und der Versuch einer Antwort werden von der Stimme des alten Ritterschaftsrates von Briest unterbrochen, der von Innstetten über die „Gartensalonschwelle" führt, um Effi zu begrüßen. Innstettens An-

näherung fällt zusammen mit der von Hertha durchs Fenster in den Saal gerufenen Aufforderung „Effi, komm".

Effi, komm!

3. Kapitel

Innstetten – der Richtige?

Die Verlobung ist vollzogen, die Beschreibung konzentriert sich auf Rituale und Förmlichkeiten am Rande des Verlobungsmahls. Vater von Briest legt familiale Anredeformeln fest, und Frau von Briest erinnert sich der eigenen Jugendliebe: „[...] sie hatte es nicht sein können, nun war es statt ihrer die Tochter – alles in allem ebensogut oder vielleicht noch besser." Dass die Tochter nach der Mutter die zweitbeste Wahl Innstettens sei, bemerkt auch Frau Pastorin Niemeyer, die ob dieser spitzen Redensarten den alten Niemeyer in Verlegenheit bringt. In einem kurzen Gespräch mit den Töchtern des Kantors Jahnke beantwortet Effi die nachdenkliche Frage Herthas „Ist es denn der Richtige?" nach zweistündiger Verlobung mit der Überzeugung „Gewiss ist es der Richtige. ... Jeder ist der Richtige. Natürlich muss er von Adel sein und eine Stellung haben und gut aussehen."
Während Effi von ihrem kurzen Informationsbesuch im Pfarr- und Kantorenhaus zurückkehrt, spricht der alte Briest mit von Innstetten über die Schwierigkeiten einer landrätlichen Stellung, nicht ohne aus der Position eines freien Ritterschaftsrates in Hohen-Cremmen allerlei Spitzen gegen die obrigkeitsfixierte Beamtenschaft loszuwerden. Innstettens Aufmerksamkeit gilt jedoch in diesem Augenblick einem mit wildem Wein umrankten Fenster, das in ihm die Erinnerung an jene beiden Worte „Effi, komm" wachruft, ein Vorgang, der ihm nun „mehr als ein bloßer Zufall" zu sein scheint.
Schon einen Tag nach der Verlobung verlässt Innstetten Hohen-Cremmen Richtung Kessin. Den verabredeten täglichen Briefen Innstettens folgen, wie ebenfalls abgesprochen, einmal in der Woche Briefe aus Hohen-Cremmen voll „reizend nichtigen Inhalts", während die „ernsteren Dinge" wie Hochzeitsvorbereitung und Einrichtungsfragen allein zwischen Frau von Briest und dem Schwiegersohn abgesprochen werden. Eine einwöchige Einkaufstour von Mama und Effi durch Berlin, die sich an der Seite des Berliner Vetters Dagobert Briest

besonders kurzweilig gestaltet, offenbart Effis Vorliebe für „das Eleganteste“ und für „ganz Apartes“.

4. Kapitel

Hochzeitsvorbereitung

Nach den „glückliche[n] Tage[n]“ in Berlin kehren Effi und ihre Mutter nach Hohen-Cremmen zurück, wo Vater Briest beiläufig ein Liebesabenteuer innerhalb des Hauspersonals erwähnt, das zur Entlassung des Hausinspektors Pink geführt habe. Man schreibt Ende August und die Hochzeitsvorbereitungen für den 3. Oktober sind in vollem Gange. Während sich Vater Briest und der Freundeskreis der Familie um ein entsprechendes theatralisches Programm bemühen, kreisen Effis Gedanken schon um die Zukunft in Kessin, das die 17-Jährige eher an einen „halbsibirischen Ort“ erinnert, jedenfalls an einen Ort irgendwo auf dem Wege nach Russland.

Effis Wünsche

In einem Gespräch mit der Mutter eröffnet Effi erstmals ihre Vorstellungen und Träume, die sie mit einem Leben an der Seite Innstettens in Kessin verbindet. Nicht nur der Wunsch nach einem japanischen Bettschirm mit langen Kranichschnäbeln, einer Ampel mit rotem Schein im Schlafzimmer, auch ihre skeptischen Anmerkungen zur „Musterehe“ und zum Bekenntnis von Glanz, Ehre und vor allem Zerstreuung verwundern die Mutter. Als Effi dann noch mit heiterer Unbefangenheit Innstettens Briefinhalte mit dem Geheimnisgehalt öffentlich angeschlagener landrätlicher Verordnungen vergleicht, stellt Frau von Briest die besorgte Frage: „Liebst du Geert nicht?“, die Effi voll kindlicher Überzeugungskraft durch den Hinweis zerstreut, dass sie alle liebe, die es gut mit ihr meinen, seien es Hulda, Bertha, die Eltern oder eben auch Innstetten.

Furcht vor Grundsätzen

Am Ende des Gesprächs vertraut Effi jedoch ihrer Mutter an, dass sie sich vor Innstetten auch „fürchte“. Vor allem die von Pastor Niemeyer hervorgehobenen Tugenden Innstettens wie „Mann von Charakter“, „Mann von Prinzipien“, „Mann von Grundsätzen“ lösen bei Effi ahnungsvolle Angstgefühle aus.

5. Kapitel

Polterabend und Hochzeitstag sind vorüber, das Hochzeitspaar hat Hohen-Cremmen schon verlassen, und wir erfahren in einem kurzen Rückblick, dass alles gut verlaufen und ein jeder zufriedengestellt worden sei. Allerdings zeigt schon ein Kamingespräch der Briests am Morgen nach dem Hochzeitstag, dass die Gedanken der Eltern über Effis Zukunft an der Seite von Innstetten nicht frei sind von Nachdenklichkeit und Skepsis. Schon die Hochzeitsreise ist für Vater Briest Anlass zu der Befürchtung, der Kunstenthusiasmus Innstettens werde das Naturkind Effi quälen, und überhaupt scheint Effis Verhalten, „halb wie ein Kind, und dann wieder sehr selbstbewusst“, wenig zu gefallen. Luise Briest, die ihrem Mann von einem Gespräch mit Effi berichtet, das nun drei Wochen zurückliegt, versucht, die Bedenken zu zerstreuen. Dabei geraten erneut zwei Eigenschaften Effis in den Vordergrund, die eher Ursache zur Sorge sein müssten. Während der „Karrieremacher“ Innstetten sicherlich Effis Ehrgeiz zu befriedigen vermöge, werde ihre „Vergnügungssucht“, „ihr Hang nach Spiel und Abenteuer“, eher mit „Langeweile“ beantwortet, meint Luise gegenüber Briest, dessen Reaktion durch den eintretenden Hausdiener Wilke unterbleibt. Dieser meldet dem Hausherrn ein zerbrochenes Weinglas als Hochzeitsbilanz. Briests Redewendung „Ein weites Feld“ beendet das Gespräch.

Hochzeit im Rückblick

Elternsorgen beim Kamingespräch

Die täglich von der Hochzeitsreise eintreffenden Karten Effis bestätigen die Bedenken des Vaters. Dem Kunstprogramm Innstettens gehört die Pflicht, den Erinnerungen an Hohen-Cremmen und an die Freundinnen die Neigung. Dieser Zwiespalt zwischen Effi, dem Kind, und Effi als Baronin von Innstetten erscheint als fast natürliche Folge der Heirat, die nach Luise von Briest für jede Frau eine „Zwangslage“ darstelle. Briests Stereotype „Das ist wirklich ein zu weites Feld“ beschließt den ersten Handlungsteil in Hohen-Cremmen.

Heirat als „Zwangslage“

Die Jahre in Kessin

6. Kapitel

Die Fahrt nach Kessin

Mit dem sechsten Kapitel beginnt ein neuer Handlungsabschnitt: Nach ihrer Hochzeitsreise durch Italien begibt sich Effi aus der Obhut ihres Elternhauses in Hohen-Cremmen und steht nun vor der Aufgabe, an der Seite des Landrats von Innstetten ein neues privates wie gesellschaftliches Leben in Kessin aufzubauen. Nach kurzem Aufenthalt in Berlin, wo Vetter Briest für einige unterhaltsame Stunden sorgt, fahren Effi und Innstetten mit dem Stettiner Zug nach Klein-Tantow, wo Innstettens Kutscher Kruse die beiden in offenem Wagen erwartet. Auf dem Weg nach Kessin gibt Innstetten seiner Frau erste Informationen über landschaftliche Besonderheiten, die Zusammensetzung der Bevölkerung und die Lebensformen in ihrer neuen Umgebung. Für die Handlung später noch bedeutsame Zusammenhänge werden bereits hier in dichter Folge aufgeführt: Im Gasthaus „Zum Fürsten Bismarck“ zweigt ein Weg nach Varzin ab, einem von Bismarck gern besuchten Landgut, wo auch Innstetten später lange Abende verbringen wird.

Der Chinese wird erwähnt

Innstetten erzählt der wissbegierigen und aufmerksamen Effi Geschichten über die unterschiedliche, ja exotische Herkunft einzelner Kessiner Handelsleute und Seefahrer und erwähnt auch einen Chinesen, dessen Grab noch zwischen Strandhafer am Meer zu finden sei. Effis Gefühle schwanken zwischen freudiger Erregung über die ungewöhnlichen Lebenszusammenhänge der Kessiner und ängstlicher Anspannung angesichts der in Innstettens Erzählungen durchscheinenden unheimlichen Einzelheiten. Insbesondere über die Chinesengeschichte möchte Effi keine weiteren Einzelheiten mehr erfahren, da sie dann „immer gleich Visionen und Träume“ habe und nachts nicht „gleich einen Chinesen“ an ihrem Bett sehen wolle. Innstetten beschwichtigt Effis Furcht, zuletzt mit einem Verweis auf seinen Hund Rollo, einen Neufundländer, der auch in Zeiten des Alleinseins verhindere, dass jemand an Effi herankäme, „kein Lebendiger und kein Toter“.

Ankunft in Kessin

Die Fahrt endet vor dem landrätlichen Haus, „einem einfachen, etwas altmodischen Fachwerkhause“, in dessen

Hausflur Innstetten seiner Frau das Personal vorstellt: Friedrich, schon seit Innstettens Studentenzeiten in seinen Diensten, das Hausmädchen Johanna, die Köchin Christel und schließlich Rollo. Während dieser Vorstellungszeremonie schweifen Effis Blicke durch den Raum und treffen auf allerhand sonderbare Objekte: So hängen an den Deckenbalken ein Segelschiff, ein Haifisch und ein junges Krokodil, doch ehe Effi ihren Eindrücken weiter nachgehen kann, wird sie von Innstetten durch sein Zimmer in das ihrige geführt, dessen Ausstattung sie freudig überrascht. Flügel, türkischer Teppich und Fischbassin, von Effi gesondert hervorgehoben, wertet sie als Anzeichen dafür, wie Innstetten sie verwöhnt. Ein Blumentisch mit Grußkarte lenkt das Gespräch auf den Apotheker Doktor Alonzo Gieshübler, dessen Antrittsbesuch Innstetten für den nächsten Morgen ankündigt.

7. Kapitel

Effi verschläft den Morgen

Am anderen Morgen wacht Effi erst recht spät auf und betrachtet mit einem Gefühl der Geborgenheit ihre Räumlichkeiten. Da sie Innstetten vermisst, klingelt sie nach Johanna und entschuldigt ihr unangemessen langes Schlafen mit einem Spuk, der sie nachts „ein wenig geängstigt“ habe: „Erst klang es, wie wenn lange Schleppenkleider über die Diele hinschleiften, und in meiner Erregung war es mir ein paarmal, als ob ich kleine weiße Atlasschuhe sähe. Es war, als tanze man oben, aber ganz leise.“ Johanna erklärt die Geräusche mit zu langen Gardinen im oberen Stock des Hauses. Sie schleiften des Nachts in der Zugluft über den Boden, früher hätte dies die Hausbewohner auch gestört, doch man gewöhne sich daran.

Erstes gemeinsames Frühstück

Effi findet Innstetten in seinem Zimmer am Schreibtisch und bittet um Nachsicht für ihren langen Schlaf. Beim gemeinsamen Frühstück lobt Effi die vornehme Ausstattung des Hauses und vergleicht sie mit der eher dürftigen Atmosphäre in Hohen-Cremmen. Innstetten käme ihr wie ein persischer oder indischer Fürst auf Seidenkissen vor, hinter dem Schwerter, Dolche und Flinten an der Wand hingen. Innstetten bekennt, zu einem Liebesgeständnis angeregt, Effi am liebsten mit ins Grab nehmen zu wollen. Mit ihrer Bemerkung, sie sei „ja erst siebzehn und habe noch nicht vor zu sterben", lenkt Effi das Gespräch auf künftige Geselligkeiten in Kessin. Innstetten gibt ihr zu verstehen, dass mit den Kessiner Honoratioren wenig Staat zu machen sei. Um Innstettens Schilderungen noch etwas Reizvolles abzugewinnen, hebt Effi das aufregend Fremdländische hervor, das sich überall zeige.

Die Gardinen oben im Saal

Zu Innstettens Erstaunen und ziemlich unvermittelt schlägt Effi vor, die Gardinen oben im Saal zu kürzen, da deren Geräusche sie nachts im Schlaf gestört hätten. Innstetten, unschlüssig, ob er darauf genauer eingehen solle, stimmt dem zwar zu, macht aber deutlich, dass es damit nicht eile, zumal für die Geräusche auch andere Ursachen zu denken seien. Innstetten schlägt vor, Effi nun durch die Räumlichkeiten des Hauses zu führen, da Gieshüblers Besuch wohl erst später anstünde.

8. Kapitel

Innstettens Führung durchs Haus

Welche Eindrücke Effi bei diesem Rundgang erhalten hat, erfährt der Leser in Form einer Rückblende erst dann, wenn Effi, inzwischen allein am Fenster sitzend, auf den Apotheker Gieshübler wartet. Nach Besichtigung von Küche, Hof, Gebäuden für Haushalts- und Wirtschaftsführung hatte sie Innstetten durch den oberen Stock geführt, dessen Ausblick Effi genießt. Enttäuschung hatte sie beim Anblick des „sogenannten Saals" geäußert, ihre Aufmerksamkeit hingegen hat ein Binsenstuhl in einem der einfenstrigen Zimmer erregt: Auf dessen Lehne befindet sich ein kleines, aufgeklebtes Chinesenbild, dessen Herkunft sich Innstetten nicht erklären konnte. Effi ist überrascht gewesen, aber vor allem darüber, „dass Innstetten alles so ernsthaft nahm, als ob es doch etwas sei." Ihrem Vorschlag, aus dem Saal zwei Fremdenzimmer für Besuche der Mutter zu machen, hat Innstetten zwar nicht widersprochen, es aber für besser gehalten, die Mutter bei solcher Gelegenheit in Räumen des gegenüber gelegenen Landratsamts unterzubringen.

Gieshüblers Besuch

Der Besuch Gieshüblers beendet schließlich Effis Beschäftigung mit dem Erlebten und ihren Phantasien. Effi und der etwas „schiefschultrige" Gieshübler tauschen zunächst einige Höflichkeiten aus, dann beginnt Gieshübler ein Gespräch über die Vorzüge der Jugend und die Nachteile des Alters, welche er besonders spüre, da er aufgrund seiner Behinderung eigentlich nie richtig jung gewesen sei. Effi versteht es, Gieshübler auf schmeichelhafte Weise zu widersprechen. Sie knüpft an dem romantischen Klang seines Vornamens an und bringt ihn dazu, von seiner Herkunft zu erzählen. Als Effi ihm schließlich zu verstehen gibt, dass in ihrer Familie Gesinnung immer mehr als Adel gegolten habe, ist es ihr bereits gelungen, den bürgerlichen Gieshübler, beim Abschied gerührt und sprachlos, ganz für sich zu gewinnen.

9. Kapitel

Besuche beim Landadel

Nach einer Eingewöhnungszeit von einer halben Woche beginnt für Effi die Zeit der Antrittsbesuche in der Stadt und beim umliegenden Landadel. Die Landbesuche, die sich über vierzehn Tage hinziehen, bieten Effi keine Zerstreuung: Bei den Borckes, Güldenklees und Grasenabbs lernt Effi „mittelmäßige Menschen, von meist zweifelhafter Liebenswürdigkeit kennen", andererseits wird auch Effi kritisch gemustert: Die Meinung, die sich der Landadel von der neuen Frau des Landrats bildet, ist wenig schmeichelhaft. Sidonie von Grasenabb sieht in ihr sogar eine „Atheistin, kein Zoll breit weniger, und dabei bleibt es". Die Gespräche der Männer dienen der politischen Selbstdarstellung, kreisen um Zeitfragen „und Raps". So finden Effi und Innstetten das Ende der Besuchsserie als feiernswert. Dabei beklagt sich Effi über Innstettens mangelnde Zärtlichkeit: „[…] auf dem ganzen weiten Weg nicht gerührt, frostig wie ein Schneemann. Und immer nur die Zigarre." Als Innstetten seine Frau schließlich fragt, ob sie sich für ein Leben in der Gesellschaft entscheiden könne, „populär werden" wolle, um seiner politischen Karriere zu nutzen, entscheidet sich Effi, allerdings nicht ohne scherzhaften Unterton, für Zurückgezogenheit und eine Begrenzung des gesellschaftlichen Umgangs auf Gieshübler.

Erster Abend ohne Innstetten

Nach weiteren vierzehn Tagen erhält Innstetten von Bismarck eine Einladung ins nahe gelegene Varzin, auf den vom Fürsten häufig besuchten Landsitz. Für Effi bedeutet dies „die erste lange Trennung, fast auf zwölf Stunden". Am Abend beschleicht Effi ein Gefühl der Verlassenheit, ihre Gedanken schweifen nach Hohen-Cremmen, sie versucht, sich zu beschäftigen, liest wahllos in einem Reisehandbuch und stößt auf die Geschichte der „weißen Frau“. Diese „weiße Frau“, so liest sie, sei nächtens aus einem Porträtbild herausgetreten und auf Napoleon zugeschritten, als er im Schloss Eremitage übernachtet habe. Effi wird es unheimlich. Die ihr zugedachte Rolle scheint sie zu erdrücken, und sie seufzt, „dass sie für eine große Dame nicht tauge“, ganz im Gegensatz zu ihrer Mutter, die „hierher gepasst“ hätte.

In Effis Auftrag bringt Johanna einen Brief an Frau von Briest zum Kasten. Der Schauplatz wechselt, und in einem Gespräch zwischen Johanna und der Frau des Amtsdieners Paaschen wird ein Schlaglicht auf Effis Ehe geworfen. Innstetten habe etwas an sich, so urteile auch der Amtsdiener, was ihn zu Höherem befähige.

Die Spukerscheinung

Effi gesteht Johanna gegenüber, dass sie Angst habe, wofür Johanna Verständnis entwickelt und sich erbietet, bei ihrer Herrin zu übernachten. Effi lehnt ab: „Der Herr darf nicht wissen, dass ich mich ängstige, das liebt er nicht.“ Im Schlaf fährt Effi voller Entsetzen plötzlich hoch, spürt etwas an sich vorbeihuschen, während Rollo bellend auf sie zuspringt. Effi ruft Johanna und schildert ihr aufgeregt ihre Eindrücke, die in der Vermutung gipfeln, der Chinese sei an ihr vorbeigestrichen. Daraufhin verbringt Johanna den Rest der Nacht in Effis Zimmer.

10. Kapitel

Innstetttten kehrt zurück

Innstetten lässt sich am anderen Morgen von Johanna über die Spukängste Effis informieren. Einige Anspielungen Johannas und Reaktionen Innstettens legen nahe, dass solche nächtlichen Vorkommnisse für die übrigen Hausbewohner keine Neuigkeiten sind. Innstetten reagiert allerdings barsch und abweisend und ordnet an, dass man seine Frau wecke, denn man könne sich auch krankschlafen.

Gespräch über Spuk und Karriere

Effi stürzt auf Innstetten zu, erleichtert über seine Ankunft. „Jetzt ist alles wieder gut. Du darfst nicht wieder fort, du darfst mich nicht wieder allein lassen.“ Innstetten erklärt ihr, dass er ein „Mann im Dienst“ sei und es sich nicht leisten könne, eine Einladung des Fürsten abzulehnen. Effi lenkt zwar ein, schlägt dann aber vor, stattdessen wenigstens umzuziehen, hat auch schon einige Häuser im Städtchen ausgemacht. Mit Rücksicht auf sein gesellschaftliches Ansehen, so entgegnet Innstetten, könne er nicht sein Haus verkaufen, weil seine Frau sich vor einem Spuk fürchte. Innstetten selbst lässt offen, ob er an so etwas wie einen Spuk glaube, sieht in ihm aber einen Vorzug. Effi indessen verwehrt sich dagegen, dass Innstetten auch noch „einen adligen Spukstolz“ von ihr fordere.

Beginnender Streit wird durch die Ankunft eines Briefes von Gieshübler abgewendet, der sie für den Abend zu einem Hauskonzert mit seiner alten Freundin Tripelli einlädt. Effi und Innstetten nehmen die Einladung erfreut an und Innstetten schlägt für den Mittag eine längere Spazierfahrt vor. Beschämt nimmt Effi einen Teil ihrer Klagen wieder zurück, denn schließlich habe sie einen noch größeren gesellschaftlichen Ehrgeiz.

Die Chinesengeschichte

Auf der Fahrt kommen sie am Grab des Chinesen vorbei. Effi erschrickt, bittet Innstetten aber darum, ihr die ganze Geschichte zu erzählen, denn „die Wirklichkeit kann nicht so quälen wie meine Phantasie“. Kapitän Thomsen, der vorige Besitzer des Hauses, so erzählt Innstetten, sei ein alter Chinafahrer gewesen und habe sich mit sechzig Jahren in Kessin niedergelassen. In seiner Begleitung hätten sich seine zwanzigjährige Enkelin oder Nichte Nina und ein chinesischer Diener befunden, der aber wie ein Freund behandelt worden sei. Nina habe schließlich mit einem Kapitän verheiratet werden sollen. Am Hochzeitsabend im Kessiner Haus habe die Braut mit allen getanzt „und zuletzt auch mit dem Chinesen“. Danach sei sie plötzlich spurlos verschwunden, der Chinese sei vierzehn Tage später gestorben und außerhalb des Friedhofs beerdigt worden.

Innstettens Warnung vor dem Aparten

Über das Fremdländische in Kessin führt das Gespräch zu der in Kessin geborenen Tripelli und ihrem Leben in internationalen Salons. Effi ist begeistert über die ungewöhnlichen Verbindungen der Tripelli, doch Innstetten bremst Effi mit der Mahnung: „Aber hüte dich vor dem Aparten oder was man so das Aparte nennt. Was dir so verlockend erscheint, […] das bezahlt man in der Regel mit seinem Glück.“

11. Kapitel

Im Gasthof „Zum Fürsten Bismarck"

Die gemeinsame Fahrt im Pferdeschlitten findet ihr Ziel im Gasthof „Zum Fürsten Bismarck", wo der Wirt Golchowski, geehrt durch den Besuch des Landrats, ein Essen bereitet. Gesprochen wird über Ereignisse der Umgebung und schließlich auch über Bismarck in Varzin. Als alle dem Danziger Schnellzug nachschauen, der nach Berlin fährt und danach auch Hohen-Cremmen streift, bemerkt Innstetten eine Träne in Effis Auge: „So gut es ihr ging, sie fühlte sich trotzdem wie in einer fremden Welt." Effis verklärte Sehnsucht nach Hohen-Cremmen und ihr Gefühl der Fremdheit in Kessin weichen aber auf der Heimfahrt einer fröhlichen Spannung.

Der Tripelli-Abend

Pünktlich treffen Effi und Innstetten bei Gieshübler ein, wo die Sängerin Tripelli Effi den Ehrenplatz auf Gieshüblers Sofa anbietet, nicht ohne sie vorher zu warnen, dass man auf diesem Möbel „ins Bodenlose" sinke. Die Ungezwungenheit und der Witz, mit denen die Tripelli die Konversation bestimmt, erreichen ihren Höhepunkt in der kritischen Offenheit, mit der sie sich über Kunstverständnis und Geschmack ihres Petersburger Freundes Fürst Kotschukoff äußert. Gieshübler beendet das Gespräch, indem er die Tripelli um einige Gesangsstücke bittet. Nach dem Vortrag romantischer Arien und Lieder bewundert Effi, „von Text und Komposition wie benommen", vor allem die Ruhe, mit der die Tripelli ihre Gesangsstücke vortrage. Sie, Effi, hingegen sei ihren Eindrücken immer so ausgeliefert und zittere bereits, wenn sie „die kleinste Gespenstergeschichte höre". Als Effi noch ein zweites Mal, diesmal direkter, auf ihre Spukangst zu sprechen kommt, geht die Tripelli auf dieses Thema ein. Auch sie ängstige sich vor Spukerscheinungen, wie sie auch im Hause von Kotschukoff vorkämen. Sie halte alles für möglich, denn, und bei diesem Satz horcht Effi auf: „Es gibt so viele schlechte Menschen, und das andere findet sich dann auch noch, das gehört dann sozusagen mit dazu." Es bleibt bei dieser vieldeutigen Bemerkung, da wieder einmal Gieshübler das Gespräch unterbricht, indem er zu Tisch bittet.

12. Kapitel

Von Pastor Lindequist begleitet, brechen Effi und Innstetten gegen Mitternacht auf und tauschen auf dem Heimweg ihre Eindrücke aus. Innstetten habe mit der Tripelli, so berichtet er, über das „Verführerische" und das „Gefährdetsein" gesprochen, das in öffentlichen Auftritten dieser Art liege, was die Tripelli mit einer witzigen Bemerkung übergangen habe. Innstetten zeigt sich von der Persönlichkeit der Tripelli weniger beeindruckt, bezeichnet ihr Auftreten eher als eine auf die Großzügigkeit von Gieshübler und Kotschukoff berechnete Komödie.

Innstetten über die Tripelli

Durch Weihnachtsvorbereitungen und die Festtage selbst ist Effi abgelenkt, am Nachmittag des Silvestertags setzt sie sich an ihren Schreibtisch und verfasst einen Brief an ihre Mutter, worin sie ihr drei wichtige Aspekte ihres Kessiner Lebens mitteilt: Zunächst gesteht sie ihrer Mutter ihr „Gefühl des Alleinseins", das sie trotz vielfältiger Aufmerksamkeiten von Seiten Gieshüblers bisher nicht verlassen habe und das sie Innstetten nicht gestehen könne. Dann berichtet sie, dass ihre Vermutung, schwanger zu sein, sich bestätigt habe. Daran knüpfe sie die Hoffnung, künftig „Leben und Zerstreuung" um sich zu haben, und deutet an, schon bald nach der Geburt einen Aufenthalt in Hohen-Cremmen einzuplanen. Dass sie ihre Mutter nicht nach Kessin einlade, liege darin begründet, dass ihr Haus eigentlich „nur eine Wohnung für zwei Menschen" sei. Dies führt schließlich zu dem Geständnis, dass das Haus ein „Spukhaus" sei. Nach der Bemerkung, dass sie sich inzwischen nicht mehr fürchte, umreißt Effi die Geschichte des Chinesen und die Ereignisse der Spuknacht. Sie kritisiert Innstettens Verhalten und klagt ihrer Mutter: „Er ist in diesem Punkte, so gütig er sonst ist, nicht gütig und nachsichtig genug gegen mich." Zuvor hat Effi ihre Mutter allerdings auf größte Verschwiegenheit in der Spukgeschichte verpflichtet.

Brief an die Mutter

13. Kapitel

Nach dem Silvesterball wartet Effi vergeblich auf weitere gesellschaftliche Zerstreuungen, weshalb sie den Winter als sehr lang empfindet. Neben gelegentlichen

Langeweile in Kessin

Pflichtbesuchen bei den benachbarten Adelsfamilien, mit denen „es nicht so recht gehen wollte“, sorgt lediglich Gieshübler für Effis Wohl, indem er sie mit Zeitschriften, Konfekt und Blüten aus seinem Treibhaus bedenkt. Effi hat Zeit, darüber nachzudenken, was sie in ihrer Ehe vermisst: „Huldigungen, Anregungen, kleine Aufmerksamkeiten.“ Innstetten sei „lieb und gut“, aber kein Liebhaber. Gewöhnlich zieht sich Innstetten, so wird ein durchschnittlicher Eheabend beschrieben, mit unerledigten Akten in sein Zimmer zurück. Nach einem gemeinsamen Tee, Gesprächen über Innstettens Dienstangelegenheiten und über politische Fragen spielt Effi noch etwas Wagner an ihrem Flügel, dann ergeht sich Innstetten „in ein paar wohlgemeinten, aber etwas müden Zärtlichkeiten, die sich Effi gefallen“ lässt, „ohne sie recht zu erwidern“.

Von Crampas wird berichtet

Im Februar schreibt Effi ihrer Mutter, der Spuk beängstige sie nun nicht mehr, ja fehle ihr fast schon. Im Mai kündigt sie einen neuen Landwehrbezirkskommandeur an, der ihr angesichts des „gesellschaftlichen Notstands“ als „Trost- und Rettungsbringer“ erscheine. Allerdings sei die Frau dieses Majors von Crampas keine Adlige und vor Eifersucht fast schon melancholisch. Crampas solle nämlich „ein Mann vieler Verhältnisse, ein Damenmann“ sein und sei deswegen bereits in einem Duell verletzt worden. Crampas, von außergewöhnlich gewandtem Auftreten, sei während des Krieges in derselben Brigade wie Innstetten gewesen.

Effi nimmt Roswitha in Dienst

Nach dem Antrittsbesuch des Majors und seiner Frau folgt keine weitere Annäherung. Effi bereitet sich vielmehr auf die Geburt vor. Kurz vor diesem Ereignis trifft Effi auf dem Dünenfriedhof die Dienerin einer soeben verstorbenen Registratorwitwe. Diese Dienerin Roswitha, inzwischen stellungslos und mit ihrem Schicksal hadernd, nimmt Effi für sich ein. Da Effi sie für offen und treu hält, sie überdies mit der Kinderbetreuung Erfahrung hat, stellt Effi Roswitha kurz entschlossen in ihre Dienste. Als Effis Blick außerhalb des Friedhofs das Grab des Chinesen streift, kann sie „jetzt ruhiger hinsehen“.

14. Kapitel

Der Spuk verstummt

Nach Innstettens Zustimmung zieht Roswitha gleich ins Kessiner Haus und teilt mit Effi das Zimmer. Nach der ersten Nacht stellt Effi befriedigt fest, dass Roswitha von irgendwelchen Spukgeräuschen nichts vernommen hat, was sie mit Roswithas Katholizismus in Verbindung bringt. Auch fügt sich Roswitha gut in den Hausstand ein, da sie aufgrund ihrer naiven Denkweise Johanna ein Überlegenheitsgefühl vermittelt und deren Rang nicht bedroht.

Annies Geburt und Taufe

Am Morgen des 3. Juli bringt Effi eine Tochter zur Welt, die nach Roswithas Eingebung Annie genannt wird. Am 15. August findet im Ressourcen-Hotel in Anwesenheit des Nachbaradels das Taufmahl statt. An Effis Seite sitzt Major von Crampas, mit dem sie in scherzhaftem Plauderton einige auf ihre Jugend anspielende Worte wechselt. Effi freut sich bereits auf die für die nächsten Tage vorgesehene Fahrt nach Hohen-Cremmen.

15. Kapitel

Zurück in Hohen-Cremmen

In Hohen-Cremmen verbringt Effi sechs unbeschwerte Wochen und genießt „das Leben daheim voller Glück und Zufriedenheit“. Sie liebt den Reiz des Schaukelns und gibt sich den Plaudereien mit der Mutter am geöffneten Fenster hin. In einem ausführlicher wiedergegebenen Gespräch mit dem Vater wird deutlich, dass Effi im Zusammenleben mit Innstetten menschliche Wärme und liebevolle Zuwendung vermisst. Innstetten sei „so gewissenhaft, wolle gut angeschrieben sein“ und habe „so seine Pläne für die Zukunft“. Vater Briest lässt in seinen Fragen durchscheinen, dass er Effis Entbehrungen erahnt.

Crampas tritt auf

In ihrem Selbstbewusstsein gestärkt kehrt Effi Ende September nach Kessin zurück. Am darauf folgenden Morgen frühstücken Effi und Innstetten auf der von Markisen und Leinenvorhängen geschützten Veranda. Effi sitzt im Schaukelstuhl und fühlt sich wohl. Das Gespräch der beiden kreist recht bald um die gefühlsmäßige Seite ihrer Beziehung: Effi erklärt Innstetten, er sei in seinem innersten Wesen eigentlich ein „Zärtlichkeitsmensch“, Innstetten entdeckt an Effi plötzlich etwas „Verführerisches“. Nachdem Effi entgegnet, Frauen müssten verführerisch sein, sonst seien sie gar nichts, und Innstetten anmerkt, das sei ja, als habe „irgendein Don Juan oder Herzensbrecher gesprochen“, kommt Major von Crampas vorbei und wird von den beiden zwanglos auf die Veranda gebeten. Nicht ohne leichte Ironie bemerkt Effi, dass Crampas gerade von einem Bad im herbstlich kalten Meer komme, und es entwickelt sich ein anspielungsreiches Gespräch über Todesarten. Mit der Entgegnung, das Leben liege näher und sei „zunächst auch eine viel ernstere Sache“ wechselt Effi das Thema und spricht Crampas als Veranstalter winterlicher Ressourcenabende an. Crampas entspricht Effis Informationsbedürfnis und gibt mit der Bemerkung, Abwechslung sei des Lebens Reiz, eine Übersicht über die geplanten Theaterabende. Roswitha unterbricht die Unterhaltung, indem sie Annie bringt, die von Effi „stolz und glücklich in die Höhe“ gehoben wird.

16. Kapitel

Effi reitet mit aus

Aus dem ersten Besuch des Majors von Crampas entwickelt sich eine tägliche Gewohnheit, zu der auch gemeinsame Ausritte der Männer gehören. Bald äußert Effi den Wunsch, mit auszureiten, was Crampas mit Begeisterung und tatkräftiger Hilfe, Innstetten eher widerstrebend aufnimmt. So reiten Effi, Innstetten und Crampas Mitte Oktober mit großem Gefolge zum Molendamm ans Meer. Die dort auftauchenden Robben lösen bei Crampas sofort begeisterte Jagdphantasien aus, wohingegen Innstetten als Antwort auf die Ungesetzlichkeit einer solchen Jagd und auf die Hafenpolizei verweist. Mit der rhetorischen Frage: „Muss denn alles so gesetzlich sein?“ erzielt Crampas Effis lebhafte Zustimmung. Innstetten bricht eine Lanze für die Werte „Zucht“ und „Ordnung“ und für ein an Grundsätzen orientiertes Handeln. Crampas indessen spricht sich für den Leichtsinn aus, ohne den „das ganze Leben keinen Schuss Pulver wert sei“.

Effi und Crampas kommen sich näher

Ende Oktober setzen Effi und Crampas die Ausritte ohne Innstetten fort, da dieser durch die beginnende Wahlkampagne abgehalten ist. Enge Wege zwingen zu größerer körperlicher Nähe, diese führt wieder zu vertrauterem Umgangston. Über Kriegs- und Regimentsgeschichten kommt Crampas denn auch auf Innstetten zu sprechen und berichtet der gespannt zuhörenden Effi von Innstettens „mystischer Richtung“ und seiner Vorliebe für Spukgeschichten.

Als nun Effi ihre Erlebnisse im Kessiner Haus und Innstettens Reaktionsweise erzählt, bestätigt Crampas, dass Innstetten sich schon immer mit Spukgeschichten geschmückt habe. Mit auffallender Entschiedenheit und Ungeduld drängt Effi den Major dazu, ihr die Motive für Innstettens Verhalten zu erklären. Crampas verweist auf zwei Erklärungsansätze: Ein Grund für Innstettens Verhalten lasse sich darin sehen, dass er dem kleinen, bescheidenen Kessiner Haus, der „Kate“, durch den Spuk einen Hauch des Ungewöhnlichen verleihen wolle. Den zweiten Erklärungsansatz entfaltet Crampas erst nach einigem Zögern und auf Effis erneutes Drängen hin: Innstetten verhalte sich wie ein Erzieher. Da er als Landrat häufig außer Haus und Effi eine noch junge Frau sei, komme dem Spuk eine Art disziplinierender Funktion zu, sei er „wie ein Cherub mit dem Schwert“. Effi wechselt das Thema und blickt auf dem Rückweg, offensichtlich unbeeindruckt, zum Grab des Chinesen hinüber.

Innstetten als „Erzieher“

17. Kapitel

Nach Hause zurückgekehrt, kommt Effi zunächst nicht zur Ruhe. Dass Innstetten „sich seinen Spuk parat hielt“, um sein Haus interessant zu machen, kann sie noch dulden, dass er ihn als Erziehungsmittel einsetzen könnte, empfindet sie als „arg und beinahe beleidigend“. Bei genauerem Nachdenken kommt ihr Crampas’ Darstellung sogar noch verharmlosend vor, und sie sieht Innstettens Maßnahmen als eine „Art Angstapparat aus Kalkül“. Erst als sie sich darauf besinnt, dass Crampas eigentlich eine recht unzuverlässige Quelle sei, findet sie zu alter Unbefangenheit zurück, ohne allerdings das Gesagte gänzlich verdrängen zu können.

Effis Verstörtheit

Mit dem letzten gemeinsamen Ausritt an einem sonnigen Novembertag bekommt Effis Beziehung zu Crampas deutlichere Konturen. Innstetten ist überraschend verhindert, Crampas’ Reitknecht erkrankt. Bereits auf dem Weg zum Strand entwickelt sich zwischen Effi und

Effi und Crampas reiten allein aus

Crampas eine Plauderei voller Anspielungen und Anzüglichkeiten. Crampas, von Effis Bemerkungen dazu angeregt, lenkt das Gespräch bald ins Reich der Poesie, in die mythische Welt der Dichtung Heinrich Heines. Anspielungsreich verknüpfen sich die Motive der Liebe und des Untergangs in den von Crampas vorgestellten Gedichten, Neugier und Schauer sind Effis Reaktionen.

Geschichte vom Kalatravaritter

Bei einem Picknick „im Schutze der Dünen" schließlich erzählt Crampas die in Heines Gedicht „Spanische Atriden" gestaltete Geschichte des Kalatravaritters. Weil er der Liebhaber der Königin ist, so die Geschichte, hat der spanische König Don Pedro beschlossen, einen am Hofe lebenden Kalatravaritter insgeheim hinrichten zu lassen. Heuchlerisch veranstaltet er ein Fest zu Ehren des Ritters. Doch dessen Platz bleibt frei, und wie der König sein Bedauern über das Fernbleiben des Ritters ausdrücken will, kommt dessen treuer Hund, ein Neufundländer, den Crampas anzüglich Rollo nennt, und legt das abgeschlagene Haupt des Ritters auf den leeren Platz. Effi ist bewegt und gibt zu verstehen, dass ihr eine solche Geschichte nicht behagt.

Das Reimwort auf „Thule"

Als Kruse den Tisch abdecken will, bittet sich Crampas Effis Glas aus, weshalb sie ihn zurechtweist. In Anspielung auf Goethes Lied vom „König in Thule" gibt ihm Effi zu verstehen, nicht „als Reimwort auf Ihren König von Thule herumlaufen" zu wollen, das heißt, dass sie nicht seine „Buhle", seine Geliebte sein wolle. Für Augenblicke gibt sich Effi streng und unduldsam, droht damit, Innstetten über die Vorgänge zu informieren, schlägt dann aber „verwirrt und fast verlegen die Augen nieder".

18. Kapitel

Der „Schritt vom Wege"

Effi ist beunruhigt: Zwar hat sie sich nichts vorzuwerfen, ist aber mit ihrem Verhalten auch nicht ganz zufrieden und verspürt das Gefühl einer „überstandenen Gefahr". Deshalb begrüßt sie die Aussicht, Crampas künftig weniger häufig sehen zu können. Überdies zieht Bismarck in diesem Jahr seinen Landsitz Friedrichsruh dem benachbarten Varzin vor, so dass Innstetten eine Serie häuslich-geselliger Abende in Aussicht stellen kann. Doch Crampas hat als Mitglied des örtlichen Vergnügungskomitees beschlossen, das Theaterstück *Ein Schritt vom Wege* noch vor Weihnachten im Ressourcensaal aufzuführen und hat Effi für die weibliche Hauptrolle ausersehen. Effi ist von diesem Plan „wie elektrisiert", da sie das „Frische", den „Wechsel der Dinge" den häuslichen Abenden vorzieht. Als sie erfährt, dass Crampas bei diesem Lustspiel die Regie übernehmen wird, verrät sie durch ihre widersprüchlichen Reaktionen ihre starke gefühlsmäßige Betroffenheit.

Als erfahrener und kluger „Frauenkenner" gibt sich Crampas während der Proben Effi gegenüber zurückhaltend, und *Ein Schritt vom Wege* wird mit großem Erfolg aufgeführt. Innstetten ist von Effis Reizen und ihrem schauspielerischen Talent beeindruckt und lobt nach dem Theaterabend ihre Schönheit und ihren Charme. So viel Galanterie von Seiten ihres Mannes versetzt Effi allerdings in eine ängstliche Anspannung.

Innstetten warnt vor Crampas

Da lenkt Innstetten das Gespräch auf Crampas und hebt hervor, dass gerade solche Frauen wie Effi für diesen „Damenmann" eine „besondere Passion" seien. Zwar sei Crampas an diesem Theaterabend durch die Anwesenheit seiner Frau gehemmt gewesen, doch habe er es bei der Planung einer Fahrt zum Oberförster Ring in Uvagla sehr geschickt verstanden, seine Frau auszuschließen. Innstetten bezeichnet Crampas als eine Spielernatur, „so'n halber Pole", auf den kein rechter Verlass sei, „am wenigsten mit Frauen". Während Effi versichert, auf der Hut sein zu wollen, hält Innstetten Unbefangenheit für das Beste. Effi wünscht ein Ende des Gesprächs und spielt auf den Chinesen an, der sie immer noch ängstige. Dass Crampas Innstetten als „Erzieher" bezeichnet hat, geht Effi noch einmal durch den Kopf.

Die Fahrt nach Uvagla

Dass Crampas zum Weihnachtsfest nichts von sich hören lässt, begrüßt Effi, doch erfüllt es sie gleichzeitig mit Unruhe. Wie geplant, brechen die Innstettens, Crampas, Pastor Lindequist, Gieshübler und Doktor Hannemann am Mittag des 27. Dezember mit drei Pferdeschlitten zum Oberförster Ring auf. Der gut einstündige Weg von Kessin nach Uvagla führt an einem „wohl anderthalb Meilen" langen Waldstreifen entlang. Der Kaffeetafel folgt ein Spaziergang, auf dessen Rückweg es zu schneien beginnt und sich Crampas zu Effi gesellt. Als er die Befürchtung äußert, eingeschneit zu werden, erzählt

Effi, in Abgrenzung zu Crampas' Heine-Gedichten, von dem Gedicht „Die Gottesmauer". Darin habe Gott das Gebet einer alten Frau, die sich im Krieg vor dem Feind fürchtete, erhört und ihr Haus einschneien lassen, so dass der Feind daran vorübergezogen sei. Crampas reagiert „betroffen" und wechselt das Gesprächsthema.

19. Kapitel

Abendessen beim Oberförster Ring

Das Haus des Oberförsters Ring ist herrschaftlich ausgestattet und verrät „eine beinahe an Glanz streifende Wohlhabenheit". Dies fordert die Kritiksucht der jungen Sidonie von Grasenabb heraus, die den Lebensstandard des Oberförsters als Anmaßung und Verstoß gegen die gesellschaftliche Ordnung betrachtet. Auch ereifert sie sich über das ungezwungene Verhalten von Rings Tochter Cora und verwehrt sich gegen die beschwichtigenden Worte Pastor Lindequists, dies entspreche dem Geist der Zeit. Nach dem reichhaltigen Abendessen wird ein Punsch serviert und der alte Baron von Güldenklee bringt einen Toast auf den Gastgeber aus. Die nun angefachten patriotischen Gefühle der Gäste gipfeln im gemeinsamen Absingen des Preußenlieds, was Innstetten allerdings äußerst kühl kommentiert.

Heimfahrt in neuer Besetzung

Angeregt bis angeheitert brechen die Gäste schließlich auf. Als sich herausstellt, dass Gieshüblers Kutscher, von einem Pferdetritt verletzt, nicht einsatzfähig ist, übernimmt Innstetten den gieshüblerschen Schlitten, während Sidonie Effi Gesellschaft leistet. Diese Gesellschaft beschränkt sich allerdings vorrangig auf kritische und belehrende Kommentare: Als sich Effi, vom Spaziergang oder auch vom Punsch ermüdet, seitlich zu weit aus dem Schlitten lehnt, weist Sidonie auf die Gefahren hin, zumal der Schlitten nicht durch ein Schutzleder gesichert sei. Effi entgegnet, dass sie Schutzleder nicht leiden möge: „Und dann, wenn ich hinausflöge, mir wär' es recht, am besten gleich in die Brandung."

Der Schloon

Kaum holt Sidonie zu weiteren Sticheleien aus, da halten die Schlitten vor einem Schloon an. Ein Schloon, so erklärt Sidonie der etwas furchtsam gewordenen Effi, sei ein von der Flut des Meeres aufgefülltes Rinnsal. Seine Gefährlichkeit lasse sich kaum abschätzen, da es sich unter der Sandoberfläche befinde, aber leicht versinke man darin. Innstetten entscheidet sich, „sehr zu Crampas' Überraschung", für das Risiko einer Durchquerung des Schloons und fordert Crampas auf, in Effis und Sidonies Schlitten Platz zu nehmen, „um bei der Hand zu sein, wenn der Schlitten umkippe". Die Durchquerung misslingt, Sidonie steigt in die Kutsche ihrer Eltern um, und Innstetten ordnet für die drei Schlitten einen Umweg an. Mit den Worten: „Ich kann Sie nicht allein lassen, gnäd'ge Frau" nimmt Crampas neben Effi Platz, der keine andere Wahl bleibt, als dem zuzustimmen.

Effi gibt sich hin

Innstetten, der mit Gieshüblers Schlitten nun die Führung übernimmt, schlägt überraschend einen Weg ein, der mitten durch den auf dem Hinweg gestreiften Wald führt. Als sie plötzlich die Dunkelheit umgibt, erschrickt Effi. Die „Gottesmauer" fällt ihr wieder ein, und sie betet, wie die alte Frau des Gedichts, Gott möge eine Mauer um sie bauen. Effi hört ihren Namen an ihrem Ohr, spürt Crampas' heiße Küsse auf ihren Fingern, dann ist ihr, „als wandle sie eine Ohnmacht an". Wie Effi wieder zu sich kommt, biegt der Schlitten bereits in die Stadt ein und hält vor dem landrätlichen Haus.

20. Kapitel

Innstetten warnt erneut

Verstimmt teilt Innstetten seiner Frau am anderen Morgen mit, er habe schlecht geschlafen und geträumt, Effi sei mit Crampas zusammen im Schloon versunken. Effi verteidigt ihr Verhalten auf der nächtlichen Fahrt: Sie hätte sich lächerlich gemacht, wenn sie Crampas' Begleitung in der Kutsche abgelehnt hätte, entgegnet sie. Sie habe von Haus aus gelernt, einem Edelmann gegenüber kein Misstrauen zu zeigen. Innstetten gibt sich schließlich selbst die Schuld an den Vorkommnissen, nicht ohne Effi noch einmal eindringlich zu warnen: Crampas sei „ein Mann der Rücksichtslosigkeiten" und habe „so seine Ansichten über junge Frauen". Zudem sei „Festigkeit" nicht eben Effis „Spezialität".

Auf dem Silvesterball gesellt sich Effi den älteren Damen zu und plaudert mit der Ritterschaftsrätin von Padden über menschliche Anfechtungen und das Ringen mit dem protestantischen Glauben. „Wie mit Blut übergossen" ist Effi, als plötzlich Crampas seine Aufwartung macht. Seinen leicht anzüglichen Konversationsstil bewertet Frau von Padden als überzogene Selbstsicherheit und fügt hinzu: „Hochmut kommt vor dem Fall.“

Effis neue Gefühle

An den folgenden Tagen werfen zwei Ereignisse ein Licht auf Effis Gemütszustand: Am 3. Januar erlebt sie, wie bei starkem Sturm ein Schiff kurz vor der Mole Kessins scheitert. Als die Bergungsmaßnahmen Erfolg haben und die Seeleute gerettet werden, ergreift Effi „ein schönes Gefühl“, und sie hätte sich „in die Dünen werfen und sich ausweinen mögen“. Am 5. Januar erfährt Effi, dass das Kriegsministerium angefragt habe, ob Kessin Garnisonsstadt werden und zwei Schwadronen Husaren aufnehmen wolle. Wie sie vernimmt, dass sich die Kessiner um die Tugend ihrer Töchter sorgen, muss sie zunächst herzlich lachen, doch als Innstetten sich entfernt, kommen ihr die Tränen, und es wird ihr bewusst, dass sie selbst Gefangene ihrer Gefühle ist und das Verbotene Macht über sie hat. Effi lebt sich zunehmend „in ein verstecktes Komödienspiel“ hinein. Wenn sie jetzt spät abends in ihrem Zimmer erschrickt, weiß sie, dass nicht mehr der Chinese, sondern ihr Gewissen die Ursache ist.

Effis heimliche Treffen mit Crampas

Da Doktor Hannemann Effi für „bleichsüchtig“ hält, hat er ihr Bewegung in der frischen Luft und eine Trinkkur mit Eisenwasser verordnet. Effi nimmt dies zum Anlass, sich für die anstehenden Adelsbesuche auf dem Lande zu entschuldigen. Doch bittet sie Innstetten, sie in seiner Kutsche bis zur „Waldecke“ mitzunehmen: „Und dann steig’ ich ab und schlendere wieder zurück. In den Dünen ist es immer am schönsten.“ Diese Fahrten wiederholen sich wöchentlich, doch täglich unternimmt Effi ihre vorgeschriebenen Spaziergänge. Für den Rückweg verabredet sie sich oft mit Roswitha, doch meist ist Effi nicht am vereinbarten Treffpunkt. Zur weiteren Klärung der Garnisonsfrage wird Crampas nach Stettin berufen, Innstetten kündigt eine Reise nach Berlin an. Effi solle sich nicht ängstigen, fügt Innstetten hinzu, „das da oben“ werde wohl nicht wiederkommen. Effi lächelt wehmütig und erinnert sich an den Tag, als Crampas ihr Innstettens Komödienspiel enthüllte.

21. Kapitel

Effi nimmt ihre Spaziergänge wieder auf

Vier Tage nach Innstettens Abreise kehrt Crampas aus Stettin zurück mit der Nachricht, die zögerliche Haltung der Kessiner in der Garnisonsfrage habe „höheren Orts" zu einer Absage geführt. Effi nimmt ihre Spaziergänge, „die sie, während Crampas in Stettin war, aufgegeben hatte", wieder auf und lässt sich „auch durch ungünstige Witterung nicht davon abhalten". Noch häufiger als bisher verpassen sich Effi und Roswitha auf dem Rückweg, so dass Effi schließlich am Tag vor Innstettens Rückkehr ganz auf Roswithas Begleitung verzichtet. Roswitha lässt sich derweil von Frau Kruse die Geschichte vom Chinesen erzählen, plaudert mit Kruse, dem sie Lederlack zum Aufpolieren der Kutsche bringt, und wird schließlich von Effi überrascht, als sie mit Kruse in einen „schäkrigen Ton" verfällt.

Roswithas Schicksal

Effi stellt Roswitha zur Rede und macht sie darauf aufmerksam, dass Kruse verheiratet sei, „aber", so fügt sie hinzu, „was weiß man nicht alles und handelt doch, als ob man es nicht wüsste". Von Effi befragt, erzählt Roswitha von ihren ersten Liebeserfahrungen. Sie schildert die „grausame Angst", die sie empfunden habe, als ihr Vater, der Dorfschmied, auf die Nachricht von ihrer Schwangerschaft hin mit einer glühenden Eisenstange auf sie zugekommen sei, als wolle er sie umbringen. Sie habe ihr Kind in der Scheune der Nachbarn geboren, doch sei es ihr nach drei Tagen weggenommen worden. Als sie zu Effi sagt: „Ach, gnädigste Frau, die Heil'ge Mutter Gottes bewahre Sie vor solchem Elend", weist Effi eine solche Äußerung als ungehörig zurück.

Neue Perspektive: Berlin

Am Abend des folgenden Tages kommt Innstetten „in einer ihm sonst fremden Erregung" aus Berlin zurück und überrascht die verlegene Effi mit dem Kompliment, früher habe sie etwas von einem verwöhnten Kind an sich gehabt, „mit einem Male" sehe sie wie eine Frau aus. Innstetten überbringt ihr Grüße von Vetter Briest und nimmt die Gelegenheit wahr, nach Effis Gefühlen ihrem Vetter gegenüber zu forschen. Vetter Briest sei ihr zu „dalbrig", zu wenig männlich, als dass sie mit ihm hätte leben können. Da offenbart ihr Innstetten, dass er als Ministerialrat nach Berlin berufen sei und sie in einem halben Jahr kaum noch wissen werde, dass sie in Kessin gewesen sei und nichts gehabt habe „als Gieshübler und die Dünen und die Plantage". Effi beginnt zu zittern, umfasst Innstettens Knie und sagt: „Gott sei Dank."

Der Spuk als Ausrede

Innstetten ist erschrocken über Effis Gefühle und stellt sie zur Rede. Effi, die befürchtet, sich verraten und ein Schuldbekenntnis abgelegt zu haben, gibt nun an, sie sei trotz der glücklichen Tage die Furcht vor dem Spuk nie ganz losgeworden. Schließlich habe sie ja auch glauben sollen, dass es sich um ein Spukhaus handle, denn Innstetten sei ein Erzieher. Wenn sie wegzögen, „so wird es, denk' ich, von mir abfallen, und ich werde wieder frei sein". Innstetten kann sich Effis Äußerungen nicht ganz zusammenreimen, versteht es aber, seinen entstehenden Argwohn und seine Eifersucht nicht hochkommen zu lassen, und beschwichtigt Effi damit, dass es in Berlin Spukhäuser sicher nicht gebe. Da beruhigt sich auch Effi und findet in ihre „gute Haltung" zurück.

22. Kapitel

Mutter Briest in Berlin

Am anderen Morgen hat Effi bereits das Gefühl, Kessin läge „weit hinter ihr". Innstetten räumt ein, dass das Kessiner Haus eigentlich altmodisch und eng sei, und stellt Effi in Berlin eine großzügigere, standesgemäßere Wohnung in Aussicht. Als Effi vorschlägt, schon in den nächsten Tagen zur Wohnungssuche nach Berlin zu reisen, bringt Friedrich einen Brief von Mutter Briest, die sich wegen eines Augenleidens gerade in Berlin befindet. Dort hat sie, wie sie etwas verstimmt mitteilt, erst durch ihren Arzt erfahren, dass Innstetten ins Ministerium berufen worden ist. Sie bietet sich an, Effi bei der Wohnungssuche zu beraten, und fordert sie in diesem Falle auf, rasch nach Berlin zu kommen. Innstetten gegenüber gibt sich Effi noch unentschlossen: Ihre Mutter sei so bestimmend, und sie, Effi, wolle eine Wohnung nach ihrem eigenen Geschmack und nicht gleich wieder von Innstetten getrennt sein. Sie einigen sich auf einen Abreisetermin in drei Tagen.

Der Abschiedsbrief an Crampas

Zu Hause schreibt Effi am kleinen Schreibtisch in ihrem Schlafzimmer einen Brief an Crampas, der hier allerdings ungenannt bleibt. Darin teilt sie ihm mit, dass sie anderntags mit dem Schiff abreise, um nicht mehr nach Kessin zurückzukehren. „Es wäre das beste gewesen", gesteht sie, „ich hätte dies Stück Erde nie gesehen", und nimmt die Schuld für das Geschehene auf sich. Sie habe noch eine Hoffnung auf Gnade, Crampas solle das Vergangene vergessen. An seinem Haus „zwischen dem Kirchhof und der Waldecke" gibt sie den Brief ab.

Am anderen Tag geht Effi in Begleitung von Roswitha, Annie und Innstetten an Bord des Segelschiffes und lässt ihren Blick noch einmal über das Bollwerk und „die hübsche Häuserreihe" schweifen. Als das Schiff ablegt, sieht sie Crampas in vorderster Reihe der Neugierigen. Seinen Gruß erwidert sie ernst, aber freundlich, wobei „etwas Bittendes in ihrem Auge liegt". Ihre Kajüte verlässt sie erst dann wieder, als Innstetten sie ruft, um ihr die Landschaft zu zeigen. An der Bahnstation wechseln Effi und Innstetten noch ein paar Worte über die Wohnungsfrage, dann reist Effi ab.

Effis Abreise

Die Zeit in Berlin

23. Kapitel

Die Ankunft Effis in Berlin, wo sie von Mutter Briest und Vetter Dagobert empfangen wird, dient eigentlich der standesgemäßen Wohnungssuche für die Familie des zukünftigen Minsterialrats von Innstetten. An der Seite der Mama, die sich in Berlin von einem Augenleiden zu kurieren versucht, und unterhalten von Dagobert Briest, der die Cousine wie immer anspielungsreich neckt, gestalten sich diese Berliner Tage wie Erinnerungen an die Zeit in Hohen-Cremmen. Innstettens Drängen, nach erfolgreicher Wohnungssuche rasch wieder nach Kessin zurückzukehren, beantwortet Effi mit dem Entschluss, „wieder eine Komödie [zu] spielen" und „krank [zu] werden". Die bevorstehenden drei Wochen bis zum Umzug Innstettens von Kessin nach Berlin weiß sie geschickt durch ein vorgetäuschtes Rheumatismus-Leiden auszunutzen, das ihr die Rückkehr nach Kessin gänzlich unmöglich macht. Der ärztliche Rat des Geheimrats Rummschüttel, eines von Frau von Briest hinzugezogenen Freundes der Familie, bestätigt die Notwendigkeit, das Leiden an der Seite der Mutter in Berlin auszukurieren. Rummschüttel, der Effis Komödie durchschaut, weiß deren eigentliche Ursachen zu respektieren. Vier

Wohnungssuche

Komödienspiel

Tage vor Innstettens erwarteter Ankunft pünktlich genesen, bittet Effi Innstetten in einem Telegramm, die Reise nach Kessin nun ganz aufgeben zu können. Innstettens Einverständnis gibt Effi endgültig die Gewissheit, in der inzwischen angemieteten Wohnung „Keithstraße 1c", einer vornehmen Berliner Adresse, „ein neues Leben" beginnen zu können.

24. Kapitel

„Ein neues Leben"

Die neue Wohnung in der Keithstraße findet nach Innstettens Ankunft auch dessen Zustimmung, und seinem Hinweis auf das Spukhaus in Kessin begegnet Effi mit der Zuversicht: „Nein, Geert, damit ist es nun vorbei. Nun bricht eine andere Zeit an und ich fürchte mich nicht mehr und will auch besser sein als früher und dir mehr zu Willen leben." In der Tat erlebt Innstetten die Berliner Tage sehr rasch „glücklicher", Effi „unbefangener und heiterer" als die Kessiner Zeit, und nur Johannas Chinesen-Bildchen, sie war neben Roswitha als Einzige von Kessin nach Berlin herübergesiedelt, erweckt mitunter alte Erinnerungen.

Kessiner Erinnerungen

Auch ein vierwöchiger Urlaub Effis an der Seite Innstettens, Tochter Annie bleibt unter der Obhut Roswithas in Hohen-Cremmen, kann die Erinnerung an Kessin nicht völlig verdrängen. Der beiläufige Hinweis eines Wirts auf das nahe gelegene Dorf mit Namen „Crampas" und der Abstecher zu einem sagenumwobenen See mit Opfersteinen lassen auf der Urlaubsinsel Rügen mehr „Schwermut" als „Vergnügliches" aufkommen, und so beschließt das Paar, Rügen mit dem Stettiner Dampfschiff Richtung Kopenhagen zu verlassen, wo sie dann auch die erhoffte Ablenkung finden. Die Rückreise führt über Hohen-Cremmen, wo Effi zusammen mit Tochter Annie und Roswitha noch eine Woche zubringt, während Innstetten nach Berlin weiterreist.

„Wie findest du Effi?"

In einem Gespräch der Eltern Briest, der alte Briest eröffnet es mit der Frage „Wie findest du Effi?", zeigt sich Luise Briest irritiert darüber, dass für die Tochter Hohen-Cremmen immer noch die „Hauptsache" zu sein scheine. Effi habe ihr auch anvertraut, dass Innstetten ihr bisher gegenüber „auch in seiner Zärtlichkeit" fremd gewesen sei und dass sich dieses Fremdsein mit der Übersiedlung nach Berlin gewandelt habe. Effi habe ihr angedeutet,

„sie sei nun über den Berg“, was die Mutter ihrerseits mit der Bemerkung kommentiert: „Ja, Briest; du glaubst immer, sie könne kein Wasser trüben. Aber darin irrst du. Sie lässt sich gern treiben, und wenn die Welle gut ist, dann ist sie auch selber gut.“

Schuld und Scham

Effi, die wie immer die Tage in Hohen-Cremmen genießt, zieht sich am Vorabend der geplanten Abreise nach Berlin auf ihr Zimmer zurück. Beim Gedanken an den morgigen zweiten Hochzeitstag kommen ihr die Bilder aus Kessiner Tagen und Erinnerungen an Crampas, die in einen inneren Monolog über ihre Schuld in dieser Beziehung überleiten. Dabei wird deutlich, dass die Angst und die Scham eher dem „ewigen Lug und Trug“ gelten als der Schuld selbst, die Effi mit der Crampas-Geschichte verbindet. Sie plagt auch „die ewige Furcht: es kommt doch am Ende noch an den Tag“.

25. Kapitel

Berliner Gesellschaft

Innstetten, der Effi am Abend des Hochzeitstages am Bahnhof in Berlin empfängt, ist „ernsthaft gewillt, auf das stille Leben, das er in landrätlicher Stellung geführt, ein gesellschaftlich angeregteres folgen zu lassen […]“. Mit Effis Integration in die vornehme Berliner Gesellschaft, im zweiten Berliner Jahr sieht sie sich schon als „Frau Geheimrätin“ in den Kreis der Ehrendamen eingereiht und nimmt am kaiserlichen Hofball teil, rücken die „Schatten“ der Kessiner Vergangenheit immer stärker in den Hintergrund.

Ungelöste Erbfolgefrage

Die Freude über das Glück der Tochter in Berlin ist aus der Sicht von Mutter Briest nur getrübt durch die ungelöste männliche Erbfolgefrage im Hause Innstetten. Auch im „siebenten Jahre in ihrer neuen Stellung“, so erfahren wir nach einem Erzählsprung, will sich bei Effi eine Antwort auf diese Frage nicht einstellen, und so wird auf Drängen Mamas der gynäkologische Rat des alten Rummschüttel eingeholt, der Effi auch wegen immer wiederkehrender „katarrhalische[r] Affektionen“ eine sechswöchige Kur, zunächst in Bad Schwalbach, dann in Bad Ems, verordnet.

Vor der Abreise zur Kur unterhält sich Effi mit Roswitha, der Einzigen, mit der sie „frei und unbefangen“ reden könne, über die Bedeutung der Beichte.

26. Kapitel

Briefe im Nähtisch

Die 25-jährige Effi befindet sich schon die fünfte Woche in Begleitung einer älteren, aber sehr lebenslustigen Geheimrätin Zwicker in Kur, aus der sie „glückliche, beinahe übermütige Briefe" nach Berlin sendet. Währenddessen beginnt man im Hause Innstetten schon mit den Vorbereitungen für die Begrüßung der Mama, an denen sich in freundlichem Miteinander Johanna, Roswitha und die schon zum Schulkind gewachsene Tochter Annie beteiligen. Bei einem übermütigen Wettlauf die Treppen herauf zwischen Roswitha und Annie stürzt diese. Um die blutende Stirnwunde zu verbinden, brechen Johanna und Roswitha mit dem Stemmeisen den verschlossenen Nähtisch auf, in dem sie eine geeignete Binde vermuten. Dabei kommt auch ein „kleines Konvolut von Briefen" zum Vorschein, das zunächst unbeachtet bleibt. Der eintretende Innstetten beruhigt Annie, lässt Rummschüttel rufen, und bemerkt liebevoll: „Du bist so wild, Annie, das hast du von der Mama. Immer ein Wirbelwind."

27. Kapitel

Entdeckter Ehebruch

Nachdem Geheimrat Rummschüttel, zufrieden über Annies Zustand, das Haus verlässt, fällt Innstettens Blick beim Aufräumen des Nähtisches auf die mit rotem Faden zusammengebundenen Briefe. Er entdeckt dabei Crampas' Handschrift und zieht sich daraufhin in sein Zimmer zurück. Der Inhalt der Briefe offenbart Innstetten Effis Verhältnis zu Crampas. Ministerialrat Wüllersdorf, den Innstetten in dieser Situation zu sich bestellt, wird ins Vertrauen gezogen. Innstetten bittet den ihm auch freundschaftlich verbundenen Wüllersdorf, eine Duellforderung zu überbringen und „in der Sache selbst" als Sekundant zur Verfügung zu stehen. Wüllersdorfs „Vorfrage: muss es denn sein?" führt zu einer Erörterung über die Notwendigkeit des Duells. Während Wüllersdorf zu bedenken gibt, die Geschichte liege doch schon mehr als sechs Jahre zurück, und damit eher an Verjährung denkt, sieht sich Innstetten einem gesellschaftlichen Ehrenkodex unterworfen, der ihm keine andere Wahl lasse. Hinzu komme, so Innstetten, dass er selbst mit der Offenbarung der Geschichte gegenüber Wüllersdorf das Geheimnis gelüftet und die Sache damit

Duellforderung

Wüllersdorfs Fragen

öffentlich gemacht habe. Eher resigniert als überzeugt folgt Wüllersdorf dem von Innstetten skizzierten Begründungszusammenhang, indem er feststellt: „Unser Ehrenkultus ist ein Götzendienst, aber wir müssen uns ihm unterwerfen, solange der Götze gilt." Noch mit dem Nachtzug fährt Wüllersdorf nach Kessin, um seine vermeintliche Pflicht zu erfüllen.

Duell als Götzendienst

28. Kapitel

Duell zwischen den Dünen

Am darauf folgenden Abend reist auch Innstetten nach Kessin, wo Wüllersdorf in Absprache mit Crampas und dessen Sekundanten Buddenbrook bereits die Vorbereitungen für das Duell getroffen hat. Man einigt sich auf eine Stelle zwischen den Dünen. Wüllersdorf berichtet Innstetten, Crampas habe zunächst „totenblass", dann aber mit „wehmütige[r] Resignation" reagiert, und er sei sich ganz sicher, dass Crampas das Gefühl habe, „aus der Sache nicht heil herauszukommen", und dass er es auch nicht wolle.
Von Innstettens Schüssen getroffen, bittet Crampas den Widersacher noch ein letztes Mal zu sich, stirbt aber ohne seine letzten Worte „Wollen Sie ..." zu vollenden mit einem „beinah freundliche[n] Schimmer in seinem Antlitz".

29. Kapitel

Innstettens Zweifel

Innstetten, der noch am selben Abend allein im Zugabteil nach Berlin zurückfährt, überdenkt in einem inneren Monolog das Geschehen der vergangenen beiden Tage. In Erinnerung an Wüllersdorfs Verjährungsfrage wird ihm dabei bewusst, wie nahe „Ehre" und „Unsinn" bei seiner Handlungsweise beieinander liegen. Er bekennt, nicht einem menschlich verständlichen Hass oder Rachegefühl gefolgt zu sein, sondern „einer Vorstellung, einem Begriff zuliebe" gehandelt zu haben. Eine „halbe Komödie" sei es gewesen, die nun aber fortgesetzt werden müsse. Da er die einzig mögliche Alternative nicht gewählt habe, nämlich die Briefe zu verbrennen, müsse er Effi und sich selbst nun „ruinieren".

Ruin einer Familie

In dieser Überzeugung eröffnet Innstetten, zurück in seiner Berliner Wohnung, gegenüber Johanna kalt: „[...]

die Frau kommt nicht wieder. Sie werden von anderen erfahren, warum nicht" und bittet sie zugleich, der Tochter die Sache erst „allmählich beizubringen". Eine kurze Meldung im Berliner „Fremdenblatt" über das Duell des Ministerialrats v. I. (Keithstraße) und dem Major Crampas und über dessen Beziehung zur „Rätin" offenbart dem Hauspersonal den Vorfall schneller als gedacht. Roswitha und Johanna werfen sich gegenseitig vor, durch den aufgebrochenen Nähtisch erst zur Entdeckung der Affäre beigetragen zu haben. Zugleich wird deutlich, wie unterschiedlich Innstettens Reaktion von den beiden Frauen bewertet wird. Während Roswitha nicht verstehen kann, „wegen solch alter Geschichten" jemanden totzuschießen, verteidigt Johanna die Handlungsweise des „gnädigen Herrn" und verweist in diesem Zusammenhang erneut auf ein Ereignis in Roswithas Lebensgeschichte. Roswithas Vater habe einmal versucht, seine Tochter wegen eines unehelichen Kindes mit einer glühenden Eisenstange zu erschlagen.

Roswithas Parallelgeschichte

30. Kapitel

„Schlechte Nachrichten" in Bad Ems

Fernab von den Vorgängen in Kessin und Berlin verbringt Effi an der Seite der Geheimrätin Zwicker die letzte Kurwoche in Bad Ems. Die täglichen Briefe Innstettens sind schon seit vier Tagen ausgeblieben und so vermag Effi der Salonkonversation der Geheimrätin nur halbherzig zu folgen. Das Gespräch unterbricht der von Effi schon lange erwartete Auftritt des Postboten Böselager (!), der Effi einen eingeschriebenen Brief überbringt. Der Poststempel „Hohen-Cremmen" und die in der Handschrift der Mutter verfasste Adresse „Frau Baronin von Innstetten, geb. von Briest" und das gleichzeitige Ausbleiben von Innstettens Briefen erwecken bei Effi eine „ihr unerklärliche Scheu", den Brief zu öffnen. In der Tat enthalten die von der Mama eng geschriebenen Zeilen „schlechte Nachrichten", wie Effi gegenüber der Geheimrätin Zwicker bestätigt. Nachdem sich Effi auf ihr Zimmer zurückzieht, bricht sie „ohnmächtig zusammen".

31. Kapitel

Gesellschaftliche Isolation

Der Brief aus Hohen-Cremmen offenbart Effi ihre ganze Lage: Crampas ist tot, eine Rückkehr zu Innstetten nach Berlin ausgeschlossen, die Scheidung nur eine Sache von Wochen, die gemeinsame Tochter für die Mutter verloren. Für Effis Zukunft prophezeit die Mutter Jahre der Einsamkeit, Ausschluss aus der Welt, in der sie gelebt hat, auch eine Zuflucht nach Hohen-Cremmen sei ihr verschlossen, weil die Rücksicht auf das, „was sich ‚Gesellschaft' nennt", eine Verurteilung des „einzigen und von uns geliebten Kindes" erfordere.

Effi beschließt nach heftigem Weinen, „darin sich ihr Herz erleichterte", Bad Ems noch am selben Tag zu verlassen, nicht zuletzt, um auch den neugierig zudringlichen Nachfragen der Geheimrätin zu entgehen, die ihrerseits noch am Abend aus dem „Zeitungsblatt" die Hintergründe der Duellgeschichte Crampas/Innstetten erfährt. In einem Brief an eine Berliner Freundin sieht die Zwicker in dem Bedürfnis, Briefe aufzubewahren, die eigentliche Tragik dieser Geschichte und stellt gleichsam beschwörend fest: „Wozu gibt es Öfen und Kamine? Solange wenigstens wie dieser Duellunsinn noch existiert, darf dergleichen nicht vorkommen."

32. Kapitel

Roswitha kehrt zu Effi zurück

Drei Jahre sind vergangen, und Effi bewohnt noch immer eine kleine Wohnung in Berlin, Königgrätzstraße 3. Stock, in der sich wieder häufiger der inzwischen 70-jährige Geheimrat Rummschüttel einfindet, weil Effi „seit einiger Zeit sehr kränkelte". Der Blick des Erzählers geht nochmals zurück in die Zeit, als Effi nach dem Eröffnungsbrief aus Hohen-Cremmen von Bad Ems nach Berlin zurückgekehrt war. Nach einer kurzen Unterkunft in einem „Pensionat" hatte sich Effi jene Wohnung gemietet und war glücklich gewesen, dass Roswitha aus der Keithstraße zu ihr gezogen war, um „dafür zu sorgen, dass es der gnädigen Frau wieder gut ginge". Roswitha hatte nur noch die Rückkehr des „gnädigen Herrn" aus sechswöchiger Haft abwarten müssen, um Annie wieder in behüteten Händen zu wissen. Die Trennung von der inzwischen zehnjährigen Tochter ist es auch, die Effi in jenen zurückliegenden drei Jahren am schmerzlichsten berührt. Eine zufällige Begegnung mit Annie verstärkt Effis Wunsch, die Tochter wiederzusehen, und so bittet sie die ihr noch bekannte Ministerin, eine Begegnung von Mutter und Tochter mit „Zustimmung aller Beteiligten", also auch Innstettens, zu ermöglichen. Die Ministerin verspricht Effi unter Hinweis auf die notwendige Solidarität unter Frauen, ihr bei ihrem Anliegen behilflich zu sein.

33. Kapitel

Abrichtung der Tochter

Die Ministerin meldet Effi die Zustimmung Innstettens für einen Besuch der Tochter am Mittag. Die Begegnung mit Annie selbst erweist sich aber als bittere Enttäuschung, weil sich im Verhalten der Tochter die Erziehungsdressur des Vaters widerspiegelt. Dem Wunsch der Mama nach regelmäßigem Wiedersehen begegnet eine als „Papagei" abgerichtete Tochter mit: „O gewiss, wenn ich darf." Effis Zorn entlädt sich nach Annies Abschied in einem fast wahnsinnigen Ausbruch, der neben einem wiederholten Eingeständnis eigener Schuld in Abscheu und Ekel über Innstettens Ehr- und Tugendvorstellung gipfelt. Am Ende dieses Ausbruchs findet Roswitha Effi „am Boden, das Gesicht abgewandt, wie leblos".

Effis Hass auf Innstetten

Zurück in Hohen-Cremmen

34. Kapitel

Effis Rückkehr nach Hohen-Cremmen

Rummschüttel, der „Effis Zustand nicht unbedenklich" findet, schreibt in freundschaftlicher Verbundenheit mit dem Hause Briest einen Brief nach Hohen-Cremmen, in dem er „Elternliebe" und einen Aufenthalt in Hohen-Cremmen als einzige Genesungschance für Effis Zustand anmahnt. Rummschüttels Brief findet vor allem bei Vater Briest spontane Zustimmung, der es satt hat, „bis an mein Lebensende den Großinquisitor zu spielen", und auch Luise Briest will die Tochter nicht länger den gesellschaftlichen Konventionen opfern. Ein Telegramm nach Berlin macht Effis Rückkehr an den Ort ihrer Kindheit möglich.

Schon ein halbes Jahr später gibt es für Effi „Tage, wo sie

wieder lachen konnte", und von Kessin ist nur noch in Erinnerungen an Gieshübler die Rede, den Vater Briest und Effi gleichermaßen verehren. „Aber so schön das alles war, auf Effis Gesundheit hin angesehen, war es doch alles nur Schein, in Wahrheit ging die Krankheit weiter und zehrte still das Leben auf." Effis bange Frage, ob sie wohl in den Himmel „hineinkomme", beantwortet Pastor Niemeyer mit der Gewissheit: „Ja, Effi, du wirst."

35. Kapitel

Effis Regression

Da sich Effis Zustand zunehmend verschlechtert, erwägt Vater Briest auf Rat des Doktors für die Tochter eine Kur an der Riviera. Effi lehnt das Angebot jedoch ab: „Ich mag nicht mehr weg von Hohen-Cremmen, hier ist meine Stelle." In der Tat erholt sich Effi bei ausgedehnten Spaziergängen. Im Gespräch mit Roswitha äußert sie den Wunsch nach einem Hund, wobei sie sich der glücklichen Tage an der Seite von Rollo erinnert.

Innstettens Beförderung zum Ministerialdirektor, aber Leben „verpfuscht"

Wenige Tage nach diesem Gespräch erhält Innstetten in seiner Berliner Wohnung zwei Briefe. Der erste enthält die Mitteilung von der Beförderung zum Ministerialdirektor, über die sich bei Innstetten aber keine rechte Freude einstellen will. So erklärt er auch dem zur Gratulation eintretenden Wüllersdorf, „wie leer und öde" für ihn all diese Äußerlichkeiten geworden seien.

Der zweite Brief trägt die Handschrift Roswithas und enthält die Bitte an den „gnädigen Herrn", der „gnädigen Frau" doch wenigstens Rollo nach Hohen-Cremmen zu überlassen. Roswithas Brief löst ein selbstkritisches Bekenntnis Innstettens aus. „Mein Leben ist verpfuscht", offenbart er gegenüber Wüllersdorf und distanziert sich von eigenem „Schulmeistertum". Selbst Fluchtgedanken aus dem preußischen Staatsdienst „hin unter lauter pechschwarze Kerle, die von Kultur und Ehre nichts wissen", beschäftigen Innstetten, stoßen allerdings bei Wüllersdorf auf wenig Zustimmung. Er, der die Alternative „Im-Urwald-Umherkriechen" als „Torheit" bewertet, ist jedoch der gesellschaftlichen Konvention nicht weniger überdrüssig als Innstetten, doch seine Alternative ist bescheidener. Ablenkungen in Berliner Tanzetablissements, ein Bierchen im Kreise verschiedener Stammgäste, das sind seine Fluchtgedanken, und so verabschie-

Ministerialbeamte und das „kleine Glück"

det er sich von Innstetten mit dem Hinweis, dass er sich heute die Arbeit im Ministerium gänzlich schenke, um anderen Vergnügungen nachzugehen.

36. Kapitel

Vergebung für Innstetten

Effi findet nach der Rückkehr des „treuen Tieres“ Rollo anerkennende Worte für Innstetten und verbringt glückliche Sommermonate im Hause der Eltern. Die Hoffnung der Mutter jedoch auf ein „neues Glück“ erfüllt sich nicht. Nachts am offenen Fenster sitzend verfällt Effi in Halluzinationen und die alten Krankheitssymptome kehren wieder. Das Urteil des Arztes Wiesekes dem alten Briest gegenüber ist unmissverständlich: „Wird nichts mehr; machen Sie sich auf ein baldiges Ende gefasst.“
Im Gespräch mit der Mama bekennt Effi, dass sie ohne Bitterkeit auch gegen Innstetten ihrem Tod entgegensehe. Im Gegensatz zu ihrem früheren Schuldvorwurf nimmt sie alle Folgen „der Geschichte mit dem armen Crampas“ auf sich und verzeiht Innstetten selbst die Abrichtung der Tochter gegen die Mutter. „Lass ihn das wissen, dass ich in dieser Überzeugung gestorben bin“, bittet Effi.

Das Grab

Ende September bedeckt eine weiße Marmorplatte auf dem Rondell vor dem Herrenhaus zu Hohen-Cremmen das Grab Effis. Die Inschrift des Mädchennamens „Effi Briest“ war ihr letzter Wunsch.

Schuld der Eltern?

In einem abschließenden Gespräch der Eltern, den Blick auf das von Rollo bewachte Grab der Tochter gerichtet, stellt Luise Briest die selbstkritische Frage nach der Schuld der Eltern am Schicksal der Tochter. Unter Kopfschütteln des gleichzeitig erwachenden Rollo antwortet der alte Briest: „Ach, Luise, lass … das ist ein zu weites Feld.“

Die Personen

Familie Briest

Effi

Effis Charme

Effi Briest, die Titelfigur des Romans, gehört zu jenen Frauengestalten Fontanes, die den traditionellen Rollenerwartungen an eine Frau nicht entsprechen: Mit einem angesehenen Mann ihres Standes verheiratet, setzt sie ihre Ehe leichtfertig aufs Spiel, um dann, von Mann und Kind getrennt, von der Gesellschaft geächtet, freudlos einem frühen Tod entgegenzuleben. Doch die zeitgenössischen Leser brachten Effi ihre Sympathie entgegen und auch der heutige Leser vergisst hinter dem natürlichen Charme Effis die Fragwürdigkeit ihres Verhaltens. Dies hat Fontane zum einen durch die Anlage ihrer Persönlichkeit, zum andern durch die Art des Erzählens bewusst herbeigeführt.

Multiperspektivität

Erzähltechnisch ist auffallend, dass der Erzähler sich mit Beschreibungen und Bewertungen zurückhält, der Leser nur wenig unmittelbare Informationen über Effi erhält. Der Erzähler beteiligt aber den Leser an Effis Gefühlsleben, ihren Nöten und Hoffnungen, so dass dieser Verständnis und Sympathie für die Titelfigur entwickeln kann. Die Elterndialoge, in denen Effis Verhalten zwar unterschiedlich bewertet, immer aber fürsorglich und verständnisvoll behandelt wird, bieten ergänzende Perspektiven. Schließlich setzt sich Effis gesellschaftliches Umfeld, vom Kessiner Landadel abgesehen, nur aus Personen zusammen, die Effis Jugendlichkeit, Lebendigkeit und weibliche Reize hervorheben.

Kindlicher Bewegungsdrang

Effis Persönlichkeit vermag gerade durch ihre Widersprüche die Sympathien des Lesers auf sich zu ziehen. Denn diese Widersprüche verweisen durchgängig auf die Unvereinbarkeit kindlicher Natürlichkeit mit den Ansprüchen der Adelsgesellschaft. Zu Beginn des Romans bietet die siebzehnjährige Effi das Bild eines lebendigen, unbefangenen Mädchens, das sorglos und verspielt in den Tag hineinlebt. Zwar stickt sie mit ihrer

Mutter an einem Altarteppich, doch springt sie unvermittelt auf und beginnt gymnastische Übungen, was die Mutter wohlwollend duldet. Das ruhige Sitzen ist Effis Art noch nicht, sie wird eher rennend, schaukelnd und springend gezeigt, alle Formen der Bewegung liebend. In ihren Gesprächen zeigt sich, dass sie sich zwar auf dem Weg zum Dame-Werden befindet, sich im Zweifelsfall aber eher für die Welt der Kindheit entscheidet: So trägt sie ein blau-weiß gestreiftes Leinenkleid mit breitem Matrosenkragen, das ihre Kindlichkeit noch unterstreicht. „In allem, was sie tat", so fasst der Erzähler zusammen, „paarte sich Übermut und Grazie, während ihre lachenden braunen Augen eine große, natürliche Klugheit und viel Lebenslust und Herzensgüte verrieten." Im Verlauf der ersten Kapitel wird dieses Bild der ungezügelten, jungenhaft wilden Effi noch weiter ausgemalt: Im Spiel mit ihren Freundinnen stellt sich Effi als „Tochter der Luft" (4) dar, kehrt ihre Leidenschaft für das Schaukeln und Klettern und damit auch ihre Lust an der Gefahr des Stürzens hervor. Effis Lebenslust, die sich im Zustand des Fliegens und Schwebens erfüllt, ist in den Eingangsszenen noch ungebändigt, noch nicht von gesellschaftlichen Normen eingeschränkt. Das ist nicht die Regel bei einem jungen Mädchen aus adligem Hause und zeugt für eine liberale, das Natürliche respektierende Erziehung.

„Tochter der Luft"

Überraschende Verlobung

In dieser Welt unbefangener Kindlichkeit fügt sich Effi den Wünschen ihrer Mutter und stimmt einer Verlobung und baldigen Ehe mit einem Landrat aus einer pommerschen Kreisstadt zu. Die Brüche sind offenkundig: Effi, die bisher nur im Spiel mit ihren Freundinnen und ganz oberflächlich über Männer und über Heirat gesprochen, sonst aber Stachelbeerschalen versenkt, Geschichten aus der Schule erzählt und von einem Mastbaum mit Strickleiter im Garten geschwärmt hat, kann den Ernst der Situation nicht erfassen. Zwar überkommt sie, als sie ihrem künftigen Ehemann vorgestellt wird, kurz „ein nervöses Zittern" (14), doch dann rufen sie die Freundinnen von draußen mit einem „Effi, komm." (Ebd.)

Realitätsflucht

Effi ist nicht darauf eingestellt, auf dem Boden der gesellschaftlichen Realitäten zu leben. So geht sie auf die berechtigte Frage ihrer Freundin Hertha, ob Innstetten denn auch der richtige Mann für sie sei, erst gar nicht ein, sondern antwortet mit den angelernten Grundsätzen ihres Standes ohne spürbare innere Beteiligung: „Jeder ist der Richtige. Natürlich muss er von Adel sein und eine Stellung haben und gut aussehen." (16) Mit ihrer Entgegnung: „Gott, Effi, wie du nur sprichst. Sonst sprachst du doch ganz anders" (ebd.) verweist Hertha deutlich auf den Bruch in Effis Verhalten, den diese selbst auch nur erträgt, indem sie die Anzeichen künftiger Realität weitgehend verdrängt. Sie lässt die mit der Eheschließung zusammenhängenden Entscheidungen ihre Mutter und Innstetten treffen (vgl. 18), öffnet einen Brief ihres Verlobten erst nach Aufforderung (vgl. 29f.) und weicht, wenn es um ihr Leben in Kessin geht, auf Phantasien aus (vgl. 24). Exotisches erträumt sie sich für ihr Schlafzimmer, einen japanischen Bettschirm mit schwarzen und goldenen Vögeln, „alle mit einem langen Kranichschnabel", und eine „Ampel [...] mit rotem Schein" (26). Frau Briest durchschaut die Realitätsflucht ihrer Tochter: „Du bist ein Kind. Schön und poetisch. Das sind so Vorstellungen. Die Wirklichkeit ist anders, und oft ist es gut, dass es statt Licht und Schimmer ein Dunkel gibt." (27)

Effis Wertesystem

Auch in jenen Passagen, in denen Effi ihrer Mutter einen Einblick in ihr Wertesystem und ihre Wunschvorstellungen gibt, zeigt sich eine Anlehnung an phantastische Klischees. Wenn sich der Wunsch nach „Zärtlichkeit und Liebe" nicht erfülle, dann sei sie „für Reichtum und ein vornehmes Haus", wo Prinzen und Kaiser vorführen, in Berlin schließlich sei sie für „Hofball und Galaoper, immer dicht neben der großen Mittelloge" (28). Diese kindlichen Projektionen einer gesellschaftlichen Karriere enden schließlich in der kurz und bündig formulierten Bemerkung: „Was ich nicht aushalten kann, ist Langeweile." (Ebd.)

Furcht vor dem „Mann von Grundsätzen"

Bis zu ihrem Hochzeitstag braucht Effi Langeweile nicht zu fürchten, denn in Hohen-Cremmen, wo sie, wie sie bekennt, „immer glücklich gewesen" (29) sei, kann sie in der Geborgenheit des Elternhauses ihrer Natürlichkeit freien Lauf lassen. Wenn sie allerdings die Wirklichkeit nicht ganz verdrängen kann und sich ihren künftigen Ehemann als einen „Mann von Grundsätzen" (31) vergegenwärtigt, befällt sie eine Angst, von der sie sich auch später in Kessin nicht mehr ganz befreien kann.
Schon während der Hochzeitsreise geben Effis Briefe

Fremdheit in der Ehe

nach Hohen-Cremmen zu verstehen, dass es in ihrer Beziehung zu Innstetten an Vertraulichkeit fehlt, dass sie sich ermüdet und überanstrengt fühlt und eigentlich nach Hohen-Cremmen zurücksehnt. Mit ihrer Ankunft in Kessin wird Effi immer deutlicher, dass ihre natürlichen Bedürfnisse nach Geborgenheit, nach Liebe und Geliebtwerden, nach Abwechslung und Unterhaltung in diesem Lebensrahmen nicht erfüllt werden können: Innstettens Verhalten bleibt förmlich und kühl, Kessin und das Haus wirken bedrückend, die Exotik des Mobiliars begünstigt Ängste. Mit der ihr noch fehlenden Lebenserfahrung kann sie den neuen gesellschaftlichen Anforderungen nicht entsprechen.

Erster Abend allein

So vermag sie bereits am ersten Abend, den Innstetten zu Besuch beim Fürsten Bismarck in Varzin verbringt, das Gefühl der Einsamkeit kaum mehr zu ertragen, leidet unter Spuk-Erscheinungen und sucht häusliche Geborgenheit in der Vertrautheit mit Johanna. Effi ist, und das erkennt sie an diesem Abend, mit ihrer Heirat nach Kessin in eine Situation geraten, die sie mit ihren bisher erlernten Verhaltensformen zunächst nicht beherrschen kann: „Ach, ich tauge doch gar nicht für eine große Dame. Die Mama, ja, die hätte hierher gepasst, die hätte, wie's einer Landrätin zukommt, den Ton angegeben […] ich bin ein Kind und werd es auch wohl bleiben." (68)

Neue Mutterrolle

Dass Effi schließlich aus dieser eher passiv-duldenden Rolle herausfindet, hängt mit drei für sie wichtigen Ereignissen zusammen: Zunächst trifft sie kurz vor der Geburt ihrer Tochter auf Roswitha und stellt sie in eigener Entscheidung als künftige Kinderfrau in ihre Dienste. Damit steht Effi eine von ihr selbst ausgewählte Vertrauensperson zur Seite, und sie empfindet ihre Position im Kessiner Haus als gestärkt: „Nun wird es gehen. Ich fürchte mich jetzt nicht mehr." (113) Des Weiteren bedeutet die Geburt ihrer Tochter Annie eine Aufwertung ihrer Weiblichkeit, schafft ihr, auch wenn sie die Arbeit weitgehend an Roswitha delegiert, ein eigenständiges Handlungs- und Entscheidungsfeld. Selbstbewusst bringt sie bei Crampas' erstem Besuch auf der Veranda ihre neue Mutterrolle ins Spiel: „Und sie erhob sich rasch und ging auf Roswitha zu, nahm ihr das Kind aus dem Arm und hielt es stolz und glücklich in die Höhe." (125) Schließlich ist Annies Geburt für Effi ein legitimer Grund, sich für sechs Wochen nach Hohen-Cremmen zurückzuziehen, um den Kessiner Ehealltag zu vergessen.

Effis Wandlung

Erfahrung eigener Entscheidungsfähigkeit, Bestätigung der Frauenrolle und vorübergehende Rückkehr in die Welt der Kindlichkeit sind Ereignisse, die Effis Selbstbewusstsein stärken. So gibt sich Effi nach ihrer Rückkehr „sehr ausgelassen, fühlte sich ganz als junge Frau" (119), was Innstetten zu kleinen Aufmerksamkeiten und zu dem Geständnis reizt: „Mit einem Mal bist du wie vertauscht. [...] Du hast was Verführerisches" (121). Im Gespräch mit Crampas erweist sich Effi nun als souverän und witzig, versteht es, Anspielungen gezielt zuzuspitzen, und übt sich in der Kunst des „Medisierens" (125), des geistreichen Schmähens und Spöttelns.

Crampas als Unterhalter

Crampas seinerseits erkennt Effis Drang nach Bewegung, nach Flug und Abenteuer, ahnt auch ihre Neigung zu Leichtsinn und Radikalität. Wenn der Erzähler von Effi sagt: „Frisches war es, wonach sie sich sehnte, Wechsel der Dinge" (142) und Crampas bekennt: „Abwechslung ist des Lebens Reiz" (124), werden die Berührungspunkte zwischen beiden Figuren überdeutlich. Crampas, dem Effis unbefriedigte emotionale Bedürfnisse nicht verborgen bleiben können, sorgt für gemeinsame Ausritte, für eine Theateraufführung, schafft damit einen offiziellen Rahmen, innerhalb dessen seine privaten Beziehungen zu Effi vertraulicher und gefühlvoller werden können. Jene „Huldigungen, Anregungen, kleine Aufmerksamkeiten" (100), die Effi im Zusammenleben mit Innstetten vermisst, weiß ihr Crampas entgegenzubringen.

„[...] den ich nicht einmal liebte"

Dass Effis Zuneigung zu Crampas zu irgendeinem Zeitpunkt in Liebe umgeschlagen wäre, lässt sich allerdings nicht erkennen. Zunächst sind Effis Bekenntnis: „Ich liebe alle, die's gut mit mir meinen" (30) und Vater Briests Einschätzung: „Sie gehört nicht zu denen, die so recht eigentlich auf Liebe gestellt sind" (36) dem Leser noch zu gegenwärtig. Dann sagt Effi später in ihrem Monolog voller Verzweiflung und Wut, auf Crampas bezogen: „[...] den armen Kerl [...], den ich nicht einmal liebte und den ich vergessen hatte, weil ich ihn nicht liebte." (275)

Leiden unter der Heimlichkeit

Auch deutet der Erzähler in der fraglichen Zeit der Beziehung mit Crampas nur Effis Leiden an, nicht aber Anzeichen beginnender Liebe. Schon Crampas' erste körperliche Annäherung in der Kutsche erlebt Effi zwiespältig, in einer Art Angstlust: „Sie fürchtete sich und war doch zugleich wie in einem Zauberbann und wollte auch nicht heraus." (160) Die wenigen Andeutungen des Erzählers und Bemerkungen Effis verweisen darauf, dass Effi unter der Heimlichkeit ihres Tuns, dem notwendigen Lügengespinst und dem Zwang zur Wiederholung so sehr leidet, dass auch ihr Aussehen sich verändert: „Ihre Gesichtszüge hatten einen ganz anderen Ausdruck angenommen, und das halb rührend, halb schelmisch Kindliche, was sie noch als Frau gehabt hatte, war hin." (172)

Verstoß gegen die Normen

Effi kann, eingebunden in die Gesellschaft der Kessiner Honoratioren und des Landadels, ihre ursprünglichen Bedürfnisse nach Lebendigkeit und Bewegung, nach Erotik und Romantik nur befriedigen, indem sie gegen die Normen dieser Gesellschaft verstößt. Dies bringt allerdings emotionale Verstrickungen, Verstellungsspiele und Heimlichkeiten mit sich, deren Belastungen sie auf Dauer nicht gewachsen ist. So zeigen schließlich Effis „nervöses Zucken", das Zittern ihres Körpers, das im Gebetston vorgebrachte „Gott sei Dank" (180) bei der Nachricht des bevorstehenden Umzugs nach Berlin, dass sie den äußerlichen Vorwand, die Beziehung mit Crampas beenden zu können, in freudiger Erregung begrüßt.

Prozess der Reifung

Wichtig für Effis Persönlichkeitsentwicklung ist die Beziehung zu Crampas aber vor allem deshalb, weil Effi damit einen weiteren Schritt zum bewussten Erleben der Realitäten vollzieht. Sie verschafft sich, wenn auch geheim und immer in der Gefahr des Entdecktwerdens, emotionale Befriedigung und Einsichten, die ihr bei der Bewältigung des Ehealltags mit Innstetten helfen können. Von nun an kann sie, von Crampas in die psychologischen Hintergründe eingeweiht, mit dem strengen Erzieher Innstetten ohne Spukängste zusammenleben. Effi scheint ihren Prozess des Erwachsenwerdens weitgehend beendet zu haben, wie offensichtlich auch Innstetten erkennt, wenn er sagt: „Du hattest so was von einem verwöhnten Kind, mit einem Male siehst du aus wie eine Frau." (178)

Fehlende Festigkeit

Dennoch ist Effi keine Frau, die hart und selbstbewusst ihren Prinzipien lebt, sondern behält eine Empfindsamkeit, die eng mit ihren weiblichen Reizen verbunden ist. Schon am Morgen nach der Kutschenfahrt mit Crampas wirft ihr Innstetten in ermahnender Absicht vor: „Du bist eine reizende kleine Frau, aber Festigkeit ist nicht eben deine Spezialität." (162) Mutter Briest, die nach Effis Einschätzung eher zu einer Landrätin getaugt hätte (vgl. 68), äußert sich ähnlich: „Sie lässt sich gern treiben, [...] Kampf und Widerstand sind ihre Sache nicht." (215) Auf die Verbindung von weiblichem Charme und leichter Verführbarkeit spielt auch Frau von Padden an, wenn sie Innstetten zu verstehen gibt, Effi sei „eine reizende Frau", aber er solle sie gut hüten: „Ein junges Lämmlein, weiß wie Schnee." (203) Schließlich schreibt die Geheimrätin Zwicker, mit der Effi in Bad Ems zur Kur ist, an eine Freundin: „Nochmals also, reizende junge Frau [...]. Und doch hab ich dem Frieden nie getraut" (257). Die Festigkeit, wie sollte es auch anders sein, ist in des Wortes breitester Bedeutung kein Wesensmerkmal einer Effi, deren Lieblingsplatz ein Schaukelstuhl oder die Schaukel im elterlichen Garten ist.

Effis lückenhafte Bildung

Fehlende menschliche Härte ist allerdings ein Merkmal, dessen Einschätzung weitgehend dem Wohlwollen des Bewertenden anheim steht. Ähnlich verhält es sich mit Effis Bildung, deren Schwachstellen im gesamten Verlauf des Romans immer wieder durchscheinen. Auf gemeinsame Schulerfahrungen mit ihrer Freundin Hertha verweist Effi lediglich am Ende des Romans, als sie den Geographieunterricht des Kandidaten Holzapfel erwähnt. Dann, im Zusammenleben mit dem kulturbeflissenen Innstetten, wird Effi schmerzhaft bewusst, dass sie über die eine höhere Bildung auszeichnenden Kenntnisse nicht verfügt. Schon auf ihrer ersten Karte von der Hochzeitsreise gesteht sie Rechtschreibzweifel ein, die sie Innstetten nicht offenbaren will. Ein von Innstetten wie selbstverständlich hingesprochenes Faust-Zitat (vgl. 37) erkennt sie nicht und löst damit bei ihrem Mann Befremden aus. (38) Mit scharfem Blick erkennt der Kessiner Landadel bei Effi „eine merkwürdige Verlegenheit und Unsicherheit bei der Berührung großer Fragen" (62), und die Sängerin Tripelli wiegt bei Effis Erzählungen über ihre musikalische Erziehung nur den Kopf und sieht „in Abgründe" (89). Noch auf dem Sterbebett bekennt Effi rückblickend, sie habe nicht viel gelesen, „und Innstetten wunderte sich oft darüber, und es war ihm nicht recht" (293).

Verführung mit Poesie

Während Innstetten und der Kessiner Landadel Effis fehlende Bildung offensichtlich strenger beurteilen, geht Kantor Jahnke über ihre historischen Verwechslungen großzügig hinweg (vgl. 280), entstehen im Hause der Eltern Briest erst gar keine Situationen, in denen Effi höhere Bildung zur Schau tragen könnte. Anders in der Beziehung zu Crampas: Als Crampas bei einem Ritt durch die Dünen auf ein Gedicht von Heine zu sprechen kommt, gesteht Effi offen und bedauernd: „Nein, das kenne ich nicht, ich kenne überhaupt nur wenig. Leider." (135) Doch Crampas, ebenfalls ein wenig erstaunt, nutzt Effis fehlende Bildung nicht zur Unterdrückung, sondern zur Verführung, indem er Effi mit romantisch-schaurigen Geschichten in Heines Stil aus ihrer inneren Vereinsamung zu befreien versucht. Fehlende emotionale Festigkeit und fehlende höhere Bildung sind sicherlich Merkmale der mit „natürlicher Klugheit" (4) bedachten Effi. Wie diese Mängel jedoch bewertet werden, hängt von den Normen der jeweiligen gesellschaftlichen Gruppe ab.

Umgang mit der Schuld

In das bisher gezeichnete Bild von Effis Persönlichkeit fügt sich auch ihr Umgang mit der Schuldhaftigkeit ihres Verhaltens bruchlos ein. Wenn sie sich ihrer Situation deutlich bewusst wird, befallen sie Scham und die Angst vor den Folgen. Effi erkennt selbst sehr genau, dass ihr ein eigentlich moralisches, tiefes Schuldempfinden fehlt. „Und ich habe die Schuld auf meiner Seele", wiederholt Effi mehrmals, „Ja, da hab ich sie. Aber lastet sie auch auf meiner Seele? Nein." (218) Was Effi demütigt und quält, sind das Versteckspiel, die Lügen und die Heimlichkeiten, die unwürdigen Begleitumstände ihrer Beziehung zu Crampas. Es lastet nicht die eigentliche Schuld des Ehebruchs auf ihr, hierin scheint sie mit ihrer Gefühlswelt im Einklang zu stehen, und gerade diese Erkenntnis quält sie umso mehr: „Wenn alle Weiber so sind, dann ist es schrecklich, und wenn sie nicht so sind, wie ich hoffe, dann steht es schlecht um mich, dann ist etwas nicht in Ordnung mit meiner Seele, dann fehlt mir das richtige Gefühl." (Ebd.) So ist Effis weiteres Leben in Berlin nicht durch die unverarbeitete Schuld des Ehebruchs belastet, sondern durch die dauernd mögliche Entdeckung des Vergangenen.

Das Leben allein

Wenn Effi von ihrer Vergangenheit schließlich eingeholt wird, kann sie sich nach anfänglichem Ohnmachtsanfall und Weinen auf ihre neue gesellschaftliche Situation verhältnismäßig gut einstellen. Trotz eines bleibenden Schuldbewusstseins, so der Erzähler, „fühlte sie sich andererseits auch von einer gewissen Auflehnung gegen Innstetten erfüllt“ (269). Diese Ansätze des Zorns, die sie vorrangig mit der großen zeitlichen Distanz ihres Vergehens begründet, steigern sich allerdings in dem Augenblick zu offener Wut und Verwünschung, wo über gesellschaftliche Konventionen hinausgehend ihre natürlichen Rechte als Mutter auf dem Spiel stehen. Effis Bedürfnis, nach drei Jahren ihre Tochter Annie wiedersehen zu wollen, betrachtet auch die Frau Ministerin als ein „natürliches“ Gefühl, „wohl dem schönsten unserer Gefühle (wenigstens wir Frauen werden uns darin finden)“ (270).

Auflehnung gegen Gesellschaftsnormen

Wenn Innstetten diesem ursprünglichen Bedürfnis Effis nicht entspricht, indem er die Tochter zu einer künstlichen Distanzhaltung abrichtet, ist für Effi das Maß einer gesellschaftlich motivierten Bestrafung überschritten. In wilder Verzweiflung verwünscht sie den „Schulmeister“, den „Streber“ Innstetten und sein Ehrsystem: „Mich ekelt, was ich getan; aber was mich noch mehr ekelt, das ist eure Tugend.“ (275) Damit lehnt sich Effi in schroffer, radikaler Form gegen Innstetten und das von ihm vertretene Gesellschaftssystem auf, die Berechtigung hierzu bezieht sie aus ihren Empfindungen. So werden gegen Ende des Romans die Widersprüche zwischen Effis natürlicher Empfindungsweise und den Anforderungen ihrer Gesellschaft noch einmal ganz deutlich.

Resignation

Zu den vielen Widersprüchen in Effis Persönlichkeit gehört es dann allerdings auch, dass sie diese kritische Auflehnung gegen die Normen der Männerwelt wieder zurücknimmt. Schon der unmittelbare Ausklang dieser Szene – Dr. Rummschüttel muss gerufen werden, und er findet „Effis Zustand nicht unbedenklich“ (ebd.) – rückt ihren Gefühlsausbruch auf die Ebene eines krankhaften Anfalls. In ihrem letzten Gespräch mit der Mutter schließlich nimmt sie direkt Bezug auf ihre „Verwünschungen“ und bittet Innstetten wissen zu lassen, „dass er in allem recht gehandelt“ habe (294). Angesichts des nahen Todes setzt sich bei Effi wieder das Naturkind durch, das innerlich und äußerlich versöhnt und in Harmonie mit seiner Umwelt sterben möchte.

Die Eltern Briest

> „Aber man lebt doch nicht bloß in der Welt, um schwach und zärtlich zu sein und alles mit Nachsicht zu behandeln, was gegen Gesetz und Gebot ist […].“ (Frau v. Briest, 277)

> „Und dann glaube mir, Luise, die ‚Gesellschaft‘, wenn sie nur will, kann auch ein Auge zudrücken.“ (Herr v. Briest, ebd.)

Herkunft der Familie

Bereits im ersten Satz des Romans wird auf den alten Adel der Familie Briest angespielt: Schon „seit Kurfürst Georg Wilhelm“, so erfährt der Leser, ist das Herrenhaus von Hohen-Cremmen Sitz der Familie von Briest. Auf eine über 250-jährige Tradition wird damit verwiesen, auf alten Adel, den Briest in Abgrenzung zu Innstetten noch weiter aufwertet: Nicht nur um eine alte, sondern um eine „historische“ Familie handelt es sich, da einer der Vorfahren sich „am Tag vor der Fehrbelliner Schlacht“ (61) militärisch hervorgetan hat.

Briests Unabhängigkeit

Vor diesem Hintergrund historischer Familientradition ist Vater Briest zu bewerten, „ein wohlkonservierter Fünfziger von ausgesprochener Bonhomie“ (14). Als adeliger Grundbesitzer auf Hohen-Cremmen kann er ein weitgehend selbständiges Leben führen, ist er niemandem verpflichtet, kennt er keine Vorgesetzten. Selbstbewusst und wortreich vertritt er seine Lebensform in seinem ersten Gespräch mit dem künftigen Schwiegersohn Innstetten: „So nach meinem eigenen Willen schalten und walten zu können ist mir immer das Liebste gewesen, jedenfalls lieber – Pardon, Innstetten – als so die Blicke beständig nach oben richten zu müssen. […] Hier leb ich so freiweg und freue mich über jedes grüne Blatt und über den wilden Wein, der da drüben in die Fenster wächst.“ (17) Dem Druck gesellschaftlicher Konventionen nicht so unmittelbar ausgesetzt wie Innstetten, kann er aber auch Persönlichkeitsmerkmale leichter ausleben, die seine Umwelt eher brüskieren und ihn als wenig taktvollen Gesprächspartner in ein fragwürdiges Licht rücken.

Die Anzüglichkeiten

So zeigt sich Briest gerade zu Beginn des Romans in gesellschaftlich herausgehobenen Situationen oft „unpassend“ (8), wie Effi urteilt, trifft nicht den richtigen Ton und überschreitet die Grenzen des guten Geschmacks. Dies beginnt mit seinem Verlobungstoast, den Luise Briest mit der Bemerkung kommentiert, „poetische Bilder“ lägen jenseits seiner Sphäre (vgl. 15 f.), und steigert sich bis hin zum Polterabend, wo seine Frau Luise die Kette anzüglicher, zweideutiger Bemerkungen „in ziemlich ernstem Tone“ (32) bremsen zu müssen glaubt. Wo sie im Roman dargestellt werden, treffen solche Anzüglichkeiten meist die eigene Ehe und damit auch seine Frau Luise, der er beispielsweise eine neue Hochzeitsreise mit der Bemerkung vorschlägt: „Was meinst du, Luise? Wollen wir nachexerzieren?“ (22) Briests Anspielungen, so unpassend und geschmacklos sie auch sein mögen, können allerdings in ihrer Direktheit auch Zusammenhänge ansprechen, deren Wahrheit sonst niemand erkennen will. So stellt er in einem Gespräch mit Luise am Tag nach Effis Hochzeit als Ergebnis seiner Beobachtungen fest: „Überhaupt hättest du besser zu Innstetten gepasst als Effi. Schade, nun ist es zu spät.“ (34)

Der fürsorgliche Vater

Zu Beginn eher als zwar sympathischer, in seiner Leutseligkeit aber nicht ernst zu nehmender Mensch gezeichnet, gewinnt Briest allerdings in dem Maße an Gewicht, wie er sich als einfühlsamer Beobachter und um das Wohl seiner Tochter besorgter Vater hervortut. Briest ist es, der mit seinem „Gefiel dir Effi? Gefiel dir die ganze Geschichte?“ (34) ein kritisches Nachdenken über Effis Lebensweg in Gang setzt. Er ist es auch, der sich verständnisvoll nach Effis Ehe erkundigt, ihre Lebensverhältnisse erfragt und sich einzufühlen versucht. Schließlich ist er es, der Luises strenge Haltung gegenüber der dahinsiechenden Effi durchbricht und seine Tochter ins Elternhaus zurückholt (vgl. 277). Briest hat sich, und das verbindet ihn mit seiner Tochter Effi, eine Distanz zu gesellschaftlichen Normen erhalten und gibt auch dem Natürlichen, dem Selbstverständlichen sein Recht. Wenn Effi, entgegen ihrer eigentlichen Meinung, die in allen Liebesbeteuerungen zurückhaltende Art ihres Mannes damit rechtfertigt, Innstetten würde sonst von den Leuten nur belächelt, antwortet Briest: „Ja, das tun sie, Effi. Aber darauf muss man's ankommen lassen. Übrigens sage nichts darüber, auch nicht zu Mama. Es ist so schwer, was man tun und lassen soll. Das ist auch ein weites Feld.“ (119)

Das „weite Feld“

Mit dieser Antwort deuten sich aber gleichzeitig Briests menschliche Grenzen an. Zwar ist er feinfühlig genug, die Probleme in der Ehe seiner Tochter zu erkennen und auch zu thematisieren, doch tut er dies zu spät, im Nachhinein, wenn die wichtigen Entscheidungen schon gefallen sind. Effis scheinbare Vertrautheit mit der Mutter und deren durchgängige Dominanz in allen Familienfragen verhindern eine rechtzeitige Einmischung. Schließlich ist Briest in allen Fragen nach gesellschaftlich richtigem Verhalten problembewusst, aber letztlich unentschieden. Das Prinzip des Natürlichen gegenüber gesellschaftlichen Normvorstellungen zu behaupten, gelingt ihm nicht. Stehen Entscheidungen an, flüchtet er sich in seine Formel vom „weiten Feld". Einerseits drückt Briest mit dieser Floskel aus, dass er sich mit konventionellen gesellschaftlichen Erklärungs- und Entscheidungsmustern nicht zufrieden gibt, und nimmt damit eine gesellschaftlich liberalere Position ein als Innstetten oder Luise. Andererseits verzichtet er damit, dass er eine Entscheidungsfrage als zu vielschichtig bezeichnet, auf eine weitere Bearbeitung und Vertiefung. Das Problem bleibt offen. Briests Rede vom „weiten Feld" taucht leitmotivisch immer da auf, wo Alltagsfragen auf einen nicht mehr vorhandenen gesellschaftlichen Konsens verweisen.

Luises Verzicht

Luise Briest indessen weiß, was in der Gesellschaft zu tun und was zu lassen ist. Schon als zwanzigjährige Luise von Belling, ebenfalls von altem Adel, richtet sie ihre Entscheidungen nicht nach persönlichen Neigungen, sondern nach gesellschaftlichem Nutzen. Nicht mit dem gleichaltrigen Innstetten, sondern mit dem zwölf Jahre älteren Ritterschaftsrat von Briest, dem Besitzer Hohen-Cremmens, geht sie eine Ehe ein. Diese aus dem Bedürfnis nach gesellschaftlichem Ansehen heraus geschlossene Vernunftehe erweist sich denn auch eher als eine Art Zweckgemeinschaft mit resignativem Unterton. Briest flüchtet sich in seine verbalen Anzüglichkeiten, Luise hat, den Vorstellungen ihrer Tochter entsprechend, den Liebesgefühlen „entsagt" (6) und sich mit den Gegebenheiten abgefunden: „Denn mit Briest ließ sich leben, trotzdem er ein wenig prosaisch war und dann und wann einen kleinen frivolen Zug hatte." (15)
Briests provozierender Bemerkung, Luise habe eigentlich

besser zu Innstetten gepasst, kann der Leser nur zustimmen. Mit ihren nun 38 Jahren wird Luise zu Beginn des Romans als „schöne, schlanke Mama" bezeichnet, „noch um eine Handbreit höher" als Effi (4). Effi bewundert an ihrer Mutter, dass sie „immer so sicher und dabei so fein" (8) ist: „Wenn ich ein junger Leutnant wäre, so würd ich mich in die Mama verlieben." (Ebd.) In der Tat verfügt Luise in allen Fragen der Lebensführung über eine Sicherheit, die Zweifel erst gar nicht aufkommen lässt. Sie führt Regie bei Effis erster Begegnung mit Innstetten und nimmt ganz gezielt auf Effis Antwort Einfluss, wenn sie sagt: „Und wenn du nicht ‚nein' sagst, was ich von meiner klugen Effi kaum denken kann, so stehst du mit zwanzig Jahren da, wo andere mit vierzig stehen." (14)

Sicherheit und Dominanz der Mutter

So ist es auch fast selbstverständlich, dass Luise alle „ernsteren Dinge" der Wohnungsausstattung und der Hochzeitsvorbereitung mit Innstetten selbst klärt (18), so als sei es ihre eigene Hochzeit. Wie nah Luise dabei der Vorstellungswelt Innstettens kommt, erweist sich oft in kleinen Detailfragen: Als Effi der Mutter ihre Phantasien über ihre Schlafzimmerausstattung mitteilt, von einem „japanischen Bettschirm" und einer „Ampel [...] mit rotem Schein" (26) schwärmt, da bremst sie die umsichtige und erfahrene Luise mit der Bemerkung: „Aber meine liebe Effi, wir müssen vorsichtig im Leben sein, und zumal wir Frauen. [...] Das sind so Vorstellungen. Die Wirklichkeit ist anders, und oft ist es gut, dass es statt Licht und Schimmer ein Dunkel gibt." (27) Diese strategischen Ratschläge aus der Sicht der lebensklugen Frau decken sich mit Innstettens Vorsicht vor allem, was den Spott der Gesellschaft auf ihn ziehen könnte. In ihrer Furcht vor der Lächerlichkeit sind sich Luise und ihr Schwiegersohn einig.

Luise und Innstetten

Wenn Luise, durch Effis allzu nachlässige Art im Umgang mit Innstettens Briefen oder den Hochzeitsvorbereitungen alarmiert, an Effis Liebe zu Innstetten zu zweifeln beginnt, weiß sie sich durch gezielt eingesetzte Gespräche mit ihrer Tochter wieder zu beruhigen. Solche Gespräche dienen der Erforschung und Beeinflussung von Effis Gefühlswelt, aber da Effi dem Urteil ihrer Mutter zufolge bei solchen Gelegenheiten „mitteilsam und verschlossen zugleich" (34 f.) ist, können sie Luises Bedenken doch nicht restlos zerstreuen.

Umgang mit der Tochter

Problematisierung der Dominanz

Verfügt die Mutter bei Effis Einzug in Kessin noch über alle Fragen der praktischen Lebenseinrichtung, so wird beim Umzug nach Berlin Luises Dominanz von Effi bereits kritisch gesehen. Zwar äußert sie ihrer Tochter gegenüber, den künftigen Wohnsitz betreffend, noch ungebrochen: „Ich habe mir Landgrafen- oder Keithstraße gedacht“ (192), doch muss sie andrerseits gestehen, von Innstettens Berufung ins Ministerium erst zufällig durch Wüllersdorf informiert worden zu sein (vgl. 184). Effi versucht, sich dem Einfluss ihrer Mutter, die schon Briest gegenüber „alles durchsetzen“ (185) konnte, zu entziehen. „Aber ich möchte gern eine Wohnung haben, die nach meinem Geschmack ist, und eine neue Einrichtung, die mir gefällt“ (ebd.), nimmt sie sich in Kessin noch vor, doch dann scheint sich Luise mit ihren Vorstellungen schließlich doch wieder „unerbittlich“ (202) durchzusetzen.

Gesellschaftskonformes Verhalten

Wie ungebrochen Luise die Normen ihrer Gesellschaft vertritt, zeigt sich schließlich an dem sachlich kühlen und geschäftsmäßig formulierten Brief, mit dem Luise den Stab über ihre Tochter bricht. Von einer finanziellen Unterstützung abgesehen, so heißt es dort, sei ihr das elterliche Haus verschlossen, „weil wir Farbe bekennen und vor aller Welt, ich kann Dir das Wort nicht ersparen, unsere Verurteilung Deines Tuns, des Tuns unseres einzigen und von uns so sehr geliebten Kindes, aussprechen wollen …“ (255). Zwar hebt Luise das natürliche Gefühl der Elternliebe noch einmal deutlich hervor, doch wird es von der Rücksichtnahme auf gesellschaftliche Konventionen dominiert. Wenn sich Luise schließlich Jahre später der klaren Entscheidung ihres Mannes beugt und Effi in Hohen-Cremmen aufzunehmen bereit ist, so nicht zuletzt deshalb, weil Dr. Rummschüttel Effis todbringendes Siechtum bewegend dargestellt und „Elternliebe“ (276) als letztes Heilmittel beschworen hat.

Vetter Dagobert Briest

Noch in einem weiteren Aspekt wiederholen die Umstände von Effis Eheschließung die Situation ihrer Mutter zwanzig Jahre zuvor: War damals Innstetten der „Entsagende“, der dem älteren, gesellschaftlich gewichtigeren Konkurrenten weichen musste, so ist dies bei

Effi ihr Vetter Dagobert von Briest. Vetter Dagobert vom Alexanderregiment in Berlin, „ein ungemein ausgelassener junger Leutnant“ (18), begleitet und unterhält Mutter und Tochter Briest bei ihren Besuchen in Berlin. Dass er die wöchentlich erscheinenden „Fliegenden Blätter“ abonniert hat, lässt seine Vorliebe für Humor und Ironie erkennen, dass er über die besten Witze Buch führt, zeigt sein Bemühen, jederzeit unterhaltsam zu sein. So nehmen Mutter und Tochter seine Begleitung gerne an, er versteht es, Geschichten zu erzählen, „kleine Differenzen immer rasch auszugleichen“ (19) und anregende, aufheiternde Stimmung zu verbreiten. Überdies hat er „Gardepli“ (20), den Schliff eines Gardeoffiziers, und ist ein guter Tänzer.

Dagoberts Gefühle für Effi

Dass seine Neigungen zu seiner Cousine Effi über das Verwandtschaftliche hinausgehen könnten, wird in den Eingangskapiteln nur ganz am Rande angedeutet. So wird erwähnt, dass er Mutter und Tochter in die Nationalgalerie führt, weil „Vetter Dagobert seiner Cousine die ‚Insel der Seligen‘ zeigen wollte“ (19), ein Gemälde von Böcklin, das wegen seiner freizügigen Darstellung eines Zentaurs mit nackten Nymphen die Berliner Öffentlichkeit erregte. Mutter Briest fragt ihre Tochter denn auch bei nächster Gelegenheit: „Und hättest du Vetter Briest heiraten mögen?“, worauf Effi, in der Rolle einer gehorsamen Tochter bleibend, antwortet: „Heiraten? Um Gottes willen nicht. Er ist ja noch ein halber Junge.“ (30)

Dagoberts Entsagung

Mit Effis und Innstettens Umzug von Kessin nach Berlin tritt auch Vetter Dagobert wieder auf, der nun, in zeitlicher Distanz, mit Innstetten über seine Empfindungen sprechen kann. Wie Innstetten Effi berichtet, wolle Dagobert ihn „am liebsten fordern und totschießen“ (179), denn Innstetten habe ihn um einen „Engel“ (ebd.) gebracht. Dagobert wünscht sich in einem späteren Gespräch mit Effi schließlich einen Krieg, „um hier diese schreckliche Leere [...] endlich loszuwerden“ (193). Mit den Worten: „Du bist mir zu gefährlich, Cousine“ (195), begründet Dagobert seine immer selteneren Besuche und taucht im Roman nicht mehr auf. Mit dem damals zwanzigjährigen Innstetten hat Dagobert die Rolle des verzichtenden Liebhabers gemein, mit dem Major von Crampas die Fähigkeit, für Abwechslung, Unterhaltung und Heiterkeit zu sorgen. Er hat die Eigenschaften eines Verführers, ohne allerdings zum Zuge zu kommen.

Innstettens Welt

Innstetten

> „Innstetten, der übrigens von allen Damen härter beurteilt wird als er verdient." (Fontane, Brief vom 12. Juni 1895)

> „Ja Effi. Alle Leute sympathisieren mit ihr und einige gehen soweit, im Gegensatz dazu, den Mann als einen ‚alten Ekel' zu bezeichnen. [...] Denn eigentlich ist er [Innstetten] doch in jedem Anbetracht ein ganz ausgezeichnetes Menschenexemplar, dem es an dem, was man lieben muß, durchaus nicht fehlt." (Fontane, Brief vom 27. Oktober 1895)

Autorenurteil/ Leserurteil

Die verspäteten Ehrenerklärungen des Autors für seinen männlichen Romanhelden stehen bis heute in deutlichem Gegensatz zum vorherrschenden Leserurteil über Baron von Innstetten. Folgt man dem Erzähler des Romans, dessen Sympathielenkung zugunsten Effis unverkennbar ist, so dürfte es eigentlich nicht verwundern, dass sich schon zu Fontanes Zeit das Innstetten-Bild auf die „Ekel"-Charakterisierung zuspitzt. Da bricht ein fast vierzigjähriger adeliger Landrat in die behütete Welt eines siebzehnjährigen Mädchens ein, heiratet sie von der Schaukel weg, macht sie zur Frau Landrat in einem fernen Provinzkaff, entdeckt sieben Jahre später als Ministerialrat in Berlin eine kurzfristige Liebesbeziehung seiner Frau zu einem Major, schießt diesen im Duell tot, wirft die treulose Ehefrau aus dem Haus, behält das alleinige Sorgerecht über das Kind und schaut aus dem fernen Berlin zu, wie die geschiedene Frau am Ort ihrer Kindheit stirbt. Unstrittig doch ein „Ekel" und kein „ganz ausgezeichnetes Menschenexemplar".

Multiperspektivität

Betrachtet man die Figur Innstettens genauer, so treten neben die vorherrschenden Charakterisierungen aus der Perspektive Effis und des Erzählers die wenigen, aber in ihrer Bedeutung gewichtigen Selbstcharakterisierungen Innstettens in den Dialogen mit Wüllersdorf und in einem einzigen Selbstgespräch. Wer wen wie charakterisiert und aus welcher Perspektive dieses Urteil abgegeben wird, ist für die Bewertung der Romanfigur mit entscheidend.

Ein Landrat zu Besuch

Dies zeigt schon die Einführung Innstettens in den Roman. Effi erwähnt eher beiläufig den bevorstehenden Besuch der Jugendliebe ihrer Mama. Noch bevor der Name Geert von Innstetten fällt, charakterisiert Effi kurz und bündig: „[…] er ist Landrat, gute Figur und sehr männlich“ (6), womit Effi gegenüber den Freundinnen eher die Attraktivität der Mutter als die des Besuchers hervorzuheben beabsichtigt. Eingebettet in jene fast zwanzig Jahre zurückliegende Liebes- und Entsagungsgeschichte stellt Effi den 38-jährigen Baron von Innstetten dann in einer Art Kurzbiografie vor. Als kaum 20-jähriger Leutnant in die fast gleichaltrige Tochter Belling (jetzt Luise Briest) verliebt, zieht er im Brautwerben gegen den schon zu Ansehen und Wohlstand gekommenen Ritterschaftsrat von Briest aus Hohen-Cremmen den Kürzeren, nimmt daraufhin Abschied vom Soldatenleben, studiert Juristerei, dient danach im deutsch-französischen Krieg, erhält für seine Verdienste einen Orden und wird aufgrund bismarckscher und kaiserlicher Gunst „Landrat im Kessiner Kreise“. Das Letzte, was wir aus der Perspektive des Kindes Effi über den Jugendfreund der Mama erfahren, ist wenig schmeichelhaft: „Ältlich ist er auch, er könnte ja beinah mein Vater sein […].“ (12)

Vom Jugendfreund der Mutter zum Ehemann der Tochter

Alle folgenden Charakterisierungen gelten schon dem Baron von Innstetten, der um Effis Hand anhält. Diese Veränderung der Beziehungsstruktur, aus dem Jugendfreund der Mutter soll der Ehemann der Tochter werden, macht die Preisungen Innstettens durch die Mama zu einem Teil der Überredungsstrategie. „Ein Mann von Charakter, von Stellung und guten Sitten“ (14) wird hier feilgeboten, an dessen Karriere nicht zu zweifeln ist: „Du wirst deine Mama weit überholen.“ (Ebd.) Während uns der Erzähler wenigstens Elemente einer äußerlichen Beschreibung Innstettens anbietet „schlank, brünett und von militärischer Haltung“ (ebd.), verrät die erste Charakterisierung des zukünftigen Ehemannes durch Effi mehr über die Naivität der Briestschen Tochter als über Innstetten: „Gewiss ist er der Richtige […] jeder ist der Richtige. Natürlich muss er von Adel sein und eine Stellung haben und gut aussehen." (16) Hinter der Repetition tradierter Rollenklischees bleibt die Figur dem Leser hier ebenso fremd wie Effi. Erste Konturen gewinnt Innstetten erst, als der Bund fürs Leben schon geschlossen ist.

„Ein Mann von Charakter"

So erweist sich der Vorrang des Dienstlichen vor dem Privaten von Anfang an als roter Faden in der Biografie Innstettens. Im Romanverlauf gewinnt daher auch eher der Typus des preußischen Landrats als der des Ehemanns Charakter. Wie sehr die Person schon Teil ihres Amtes geworden, das lassen gleich die täglichen Briefe aus Kessin an Effi erahnen, die eher zu „landrätlichen Verordnungen" (29) geraten. Erstaunlich ist es, mit welcher Schärfe der meist auf die „Weites-Feld"-Pointe reduzierte Briest den Zwiespalt in Innstettens Charakter schon im 3. Kapitel benennt, ohne daraus allerdings mögliche Gefährdungen für die Ehe mit seiner 17-jährigen Tochter abzuleiten. Die landrätliche Stellung, für Innstetten „bloß eine Station" (119) nach Berlin, geht für Briest mit dem Verlust von persönlicher Freiheit einher: „So nach eigenem Willen schalten und walten zu können ist mir immer das Liebste gewesen [...] als so die Blicke beständig nach oben richten zu müssen. Man hat dann bloß immer Sinn und Merk für hohe und höchste Vorgesetzte." (17) In der Tat entpuppen sich die anfänglich als Bewunderung und Respekt gedachten Attribute „ein Mann von Charakter" (14) und „der Baron. Das ist ein Mann von Charakter, ein Mann von Prinzipien" (Pastor Niemeyer, 31) schrittweise als Zwangskorsett gesellschaftlicher Konventionen, denen letzten Endes auch Innstetten selbst zum Opfer fällt. Es spricht für die Sensibilität Effis, wenn sie noch vor der Hochzeit eher spürt als begreift, dass von „Grundsätzen" auch Bedrohungen auszugehen vermögen: „Er ist so lieb und gut gegen mich aber ich fürchte mich vor ihm." (32)

Pflichten

Konkretisiert man Innstettens Prinzipien, so lassen sie sich fast ausnahmslos der Kategorie der Pflicht zuordnen. Pflicht ist jedoch für Innstetten nicht Selbstzweck, sondern Grundlage eines zielgerichteten Lebensplans, der da heißt: „höher hinauf" (75), eine Berliner Karriere.

„Kein Zärtlichkeitsmensch"

Gleichsam symbolisch setzt der Fontane'sche Erzähler an den Beginn der Kessinhandlung – die Hochzeitsreise ist zu Ende, der Ehealltag und der Weg nach Berlin beginnen – Innstettens Programm der Zeitökonomie: „[…] es entsprach seinem Charakter und seinen Gewohnheiten, genau Zeit und Stunde zu halten“ (39). Kessin, das bedeutet strenger Arbeitsplan, und so verwundert es nicht, dass „der Herr“ das „lange Schlafen nicht leiden mag“ (50), dass für die Zerstreuungen und Ablenkungen der Ehefrau Gieshübler, Rollo oder das Hauspersonal zugeordnet werden, dass die Landpartien zum pommerschen Landadel zum Teil einer notwendigen „Umgangs- und Verkehrsfrage“ werden, ohne deren Erfüllung gesellschaftliche Karriere nicht zu machen ist. Folgerichtig begegnet uns und Effi daher selbst dort der Landrat, wo wir den Ehemann erwarten. In den wenigen Andeutungen einer eher intimen Atmosphäre, gemeint sind die Abendstunden im Kessiner Haus, bleibt vom Ehemann nur das „Blättern in dem Aktenstück“ und das „Kritzeln seiner Feder“ (100), während sich Effi im Nebenzimmer nach Zuwendung sehnt. Bilanzierend stellt denn auch der Erzähler fest: „Innstetten war lieb und gut, aber ein Liebhaber war er nicht“ (ebd.), ein Fontane'sches „aber“, das die positiven Charakterzüge seiner männlichen Romanfigur ständig begleitet.

So sehr Effi einerseits unter „ein paar wohlgemeinten, aber etwas müden Zärtlichkeiten“ (101) zu leiden scheint, so sehr vermag sie andererseits die Hintergründe für die Frostigkeit („frostig wie ein Schneemann“, 64) des Ehemanns gefühlsmäßig richtig zu deuten: „Du bist ein Zärtlichkeitsmensch […]. Du willst es bloß nicht zeigen und denkst, es schickt sich nicht und verdirbt die Karriere.“ (121) In der Tat wird hier wie in Vater Briests Hinweis auf die Zwänge von landrätlichen Stellungen ein Grundmuster von Innstettens Persönlichkeit getroffen. Sein Verhalten wird bestimmt von einem fast schon verinnerlichten Anpassungsdruck, der selbständige Entscheidungen und Handlungsalternativen verhindert.

„Ein Mann im Dienst“

Das auf dem Höhepunkt der Duelldiskussion mit Wüllersdorf formulierte Diktum: „Ich habe keine andere Wahl. Ich muss“ (240), ist der Schlüssel zum Verständnis von Innstettens Charakterstruktur. Schon in den Kessiner Anfangsjahren wird dieser Verlust innerer Freiheit bei Innstetten deutlich. Effis Ängste und Klagen über abendliche Einsamkeit vermögen nichts gegen die sich häufenden „Abberufungen“ Innstettens zu Bismarck nach

Varzin. Rücksichtnahme ist als menschliche Tugend ein Störfaktor auf der gesellschaftlichen Karriereleiter, über deren Sprossen der „Fürst“ (Bismarck) entscheidet. „Ich habe keine andere Wahl, ich bin ein Mann im Dienst“ (75), gibt Innstetten Effi zu verstehen und kann sich mit dieser Feststellung einer scheinbaren Ausweglosigkeit sogar noch der Zustimmung Effis sicher sein: „Du sollst recht haben, ich sehe es ein, das geht nicht. Und dann wollen wir ja auch höher hinaus.“ (Ebd.) Was sich hier wie bei Innstetten vordergründig als Einsicht darstellt, ist bei Lichte betrachtet eine Unterwerfungsgeste und zeigt beide Romanfiguren als Produkt ein und derselben gesellschaftlichen Sozialisation. Dabei tritt Innstetten sowohl als Garant wie als Opfer einer gesellschaftlichen Ordnung auf, deren Brüchigkeit er selbst in der Duell-Entscheidung erfasst.

Der Erzieher

Bei allen wohlwollenden Charakterisierungen Innstettens aus Effis Mund („lieb und gut“, 31, 100; „engelsgut gegen mich“, 38) überwiegt doch die Perspektive, dass er „mehr ein Erzieher als ein Ehemann [gewesen] sei“ (203), und dies wird am augenfälligsten im Zusammenhang mit der Spukgeschichte, selbst dann, wenn man nicht der Unterstellung Crampas zu folgen vermag, Innstetten benutze den Spuk ganz bewusst als „Angstapparat aus Kalkül“ (132). Als Erzieher und Lehrmeister zeigt sich Innstetten gerade dann, wenn, wie im Falle von Crampas, Zweifel an dem Dogma von Regeln und „Gesetzlichkeiten“ (Crampas: „Alle Gesetzlichkeiten sind langweilig“, 127) geäußert werden, und er wird nicht müde, „Disziplin“, „Zucht“ und „Ordnung“ einzufordern (ebd.). Greift man als Wesenszug von Innstettens Charakter nochmals auf den Vorrang des Dienstlichen vor dem Privaten zurück, so ist auffällig, dass im Romanverlauf bei scheinbar nachlassendem Anpassungsdruck der Baron ein menschlicheres Gesicht erhält. Mit dem Schauplatzwechsel von Kessin nach Berlin, ja gleichsam mit der Erzählerinformation, Innstetten werde als Ministerialrat nach Berlin berufen, treten Facetten der Romanfigur hervor, die bisher fremd waren. Der Versicherung des Erzählers, Innstetten sei „ernsthaft gewillt, auf das stille Leben […] ein gesellschaftlich angeregteres folgen zu lassen“ (220), entspricht im selben Zusammenhang die Bemerkung Effis: „Ach Geert, ich kenn dich ja

Menschlicheres Gesicht

gar nicht wieder, du sprichst ja wie ein Courmacher." (Ebd.) Wenige Seiten später erfährt der Leser, Innstetten sehe der Rückkehr seiner Frau „mit Sehnsucht entgegen" und, das Bild des pflichtbesessenen Landrats beginnt zu wanken: „Ja. Innstetten sehnt sich nach der Unterbrechung von Arbeit und Einsamkeit." (225) Was sich hier eher zaghaft andeutet, die Kategorien Sehnsucht und Sehnen blieben uns bisher am Landrat verborgen, unterstreicht den Doppelcharakter der Romanfigur, der vor allem im letzten Romandrittel das vereinfachende Feindbild „Ekel" relativiert.

Widersprüche

Der Spannungshöhepunkt des Romans, die Duellentscheidung, ist zugleich die Nahtstelle, an der der Zwiespalt der Figur Innstetten am sichtbarsten wird. In der Duellentscheidung und ihren unmittelbaren Folgen (Tod von Crampas, Verstoßung Effis, Abrichtung der Tochter) zeigt sich zum einen die zerstörerische Kraft des „Mannes von Prinzipien" und von „Grundsätzen", zum anderen die Tragik eines Individuums, das sich trotz Einsicht in gesellschaftliche Zwänge, aus diesen nicht mehr zu befreien vermag. Was sich aus der Sicht Innstettens im Gespräch mit Wüllersdorf als das „uns tyrannisierende Gesellschafts-Etwas" (235) darstellt, bleibt zwar noch merkwürdig diffus, leitet aber eine Korrektur in Innstettens Selbstverständnis ein. Er benennt die Widersprüche seines Verhaltens, entlarvt den Komödienaspekt des Ehrenkodex Duell, wenn auch ohne praktische Folgen.

Der Zweifler

Das Selbstgespräch Innstettens am Abend nach dem Duell ist in Form und Inhalt neben den beiden Gesprächen mit Wüllersdorf die entscheidende Quelle zum Verständnis seines Charakters. Formal, weil hier erstmals die Romanfigur selbst und nicht der Erzähler oder Effi ihre Handlungen bewertet, inhaltlich, weil hier Innstetten erstmals die Kategorie „Ich habe keine andere Wahl. Ich muss" (235) den Zweifel zur Seite stellt. Gewiss, die Veränderung im Bewusstsein Innstettens führt nicht zur Korrektur seines Verhaltens, und dem als „Unsinn" (243) erkannten Duell folgt in perverser Logik („die Komödie muss ich nun fortsetzen und muss Effi wegschicken und sie ruinieren und mich mit", ebd.) die noch unsinnigere Zerstörung Effis und ihrer Beziehung zur gemeinsamen Tochter.

Effis Verdammungsurteil

Am schonungslosesten ist daher die Abrechnung Effis mit Innstetten auch dort, wo sie als Mutter die Erziehungsmethoden Innstettens am eigenen Kinde erfährt: „[…] weil er klein ist, ist er grausam. […] ein Schulmeister war er immer […] ich hass euch […] was mich noch mehr ekelt, das ist eure Tugend. Weg mit euch." (281) In diesem Verdammungsurteil der fast wahnsinnigen Effi finden sich denn auch all diejenigen wieder, die entgegen der Ehrenrettung Fontanes für Innstetten am „alten Ekel" festhalten.

Ein gebrochener Charakter

Und doch verabschiedet sich mit Innstetten aus dem Roman kein „Mann von Prinzipien", sondern ein gebrochener Charakter, der zum Feindbild so recht nicht taugen will. Die Ernennung zum Ministerialdirektor am Romanende gilt nicht mehr dem ehemaligen Landrat, dem die Pflicht alles war, sondern einem Innstetten, für den das „Höherhinaufklimmen" (285) sich als Teil jenes „glänzenden Schein[s]" (ebd.), entpuppt, der auch sein Leben zerstört hat. Innstetten, der plötzlich gelernt hat, über Gefühle zu sprechen, bekennt gegenüber Wüllersdorf: „Ich habe mich zu freuen verlernt" (286) und gesteht: „[…] ich möchte aus dieser ganzen Geschichte heraus; nichts gefällt mir mehr, je mehr man mich auszeichnet, je mehr fühle ich, dass dies alles nichts ist." (287) Hier, im vorletzten Kapitel, zieht Innstetten ein vernichtendes Resümee seiner bisherigen Lebenseinstellung, die seinem Karriereweg von Hohen-Cremmen über Kessin bis Berlin als Orientierung gedient hatte. Auf dem Höhepunkt äußerlicher Anerkennung wird ihm das persönliche Scheitern bewusst: „Mein Leben ist verpfuscht." (Ebd.)

Fluchtgedanken

Während Effi am Ende des Romans bewusstseinsmäßig wie räumlich in ihre vermeintlich geborgenen Kindheitsmuster zurückkehrt, man denke an die Generalabsolution für Innstetten am Sterbebett in Hohen-Cremmen: „Und es liegt mir daran, dass er erfährt, dass er in allem recht gehandelt" (300), hat Innstetten am Romanende zumindest im Kopf, wenn auch nicht durch Handeln, eine deutliche Korrektur seiner bisherigen Maxime vollzogen, auch wenn seine Fluchtgedanken „weg von hier, weg und hin unter lauter pechschwarze Kerle, die von Kultur und Ehre nichts wissen" (294) mindestens ebenso viel über ethnische Vorurteile verraten wie über recht abstrakte Absetzbewegungen aus gesicherten preußischen Beamtenverhältnissen.

Täter und Opfer zugleich

Mildernde Umstände also, wenn es abschließend darum geht, der Romanfigur des Baron Geert von Innstetten gerecht zu werden? Oder unterliegen wir damit als Leser der Gefahr, dem Täter, wie so oft, durch die Stilisierung zum Auch-Opfer, die Verantwortung für sein Handeln zu nehmen? Kein Zweifel: „ein ganz ausgezeichnetes Menschenexemplar", zu dem Fontane seine Romanfigur umzudeuten versuchte, gibt der Roman nicht her, aber eben auch nicht „einen alten Ekel". Ein autoritärer Charakter, kein Fallensteller, zum Hass nicht fähig, ein Karrieremensch, aber kein Karrierist, ein treuer Ehemann, aber kein Liebhaber, pflichtbesessen, aber am Schluss nicht ohne Einsicht in die Grenzen der Pflicht, fremdbestimmt, aber sich der gesellschaftlichen Zwänge bewusst, grausam gegen Effi, gegen die Tochter und auch gegen sich selbst, aber nicht skrupellos, ein Ministerialdirektor von Adel, aber nicht um den Preis des gänzlichen Gesichtsverlusts, zu lange dem äußeren Schein erlegen, aber doch nicht verblendet, die Widersprüche gesellschaftlicher Rituale erkennend, aber unfähig sie zu durchbrechen, Täter und Opfer.

Bismarck

Trotz Abwesenheit allgegenwärtig

Im Roman als handelnde Figur abwesend, aber für die Handlungsweise der Schlüsselfiguren mitentscheidend, in dieser Rolle präsentiert Fontane „den Fürsten". Gerade diese Allgegenwart der Macht bei gleichzeitiger Ferne des Trägers der Macht zum Romangeschehen zeigt, dass es hier nicht um Persönlichkeitsmerkmale von Machtfiguren geht, sondern um die Auswirkungen von Machtstrukturen auf individuelles Verhalten. Die Omnipotenz des Fürsten – „Und der Fürst kann alles" (180) – wird daher auch nur in den freiwillig-unfreiwilligen Unterwerfungsgesten seiner Opfer sichtbar. Welch richtungsweisende Funktion der „Fürst" im Leben Innstettens und Effis spielt, verdeutlichen Beginn und Ende der Kessiner Handlung auf symbolischer Ebene.

Der Wegweiser

Kreuzt das Ehepaar schon am ersten Tag in das vermeintliche Glück die Weggabelung am Gasthaus „Zum Fürsten Bismarck", rechts nach Kessin, links nach Varzin (vgl.

40), so führt auch der spätere Karriereweg nach Berlin am letzten Tage der Kessiner Handlung über dieselbe Stelle. Diese Weggabelung, und damit der „Fürst“, haben für die Beziehung Effis zu Innstettens eine doppelte Bedeutung. Varzin und die damit verbundenen Abberufungen des Landrats aus Kessin, das steht einerseits für Effis Ängste und Einsamkeit, andererseits für die von Innstetten wie Effi gleichermaßen angestrebte „Nähe zum Hof“, eine Berliner Karriere.

Gewalt des Fürsten

Was sich im Roman schon früh als Wohlwollen des Fürsten gegenüber Innstetten ankündigt („Bismarck halte große Stücke von ihm“, 9), entwickelt sich in der Tat zu einem preußischen Karrieremuster und gibt Antwort auf die Frage, wer an wen und um welchen Preis gesellschaftliche Positionen vergibt. Dabei bleibt trotz des im Roman angedeuteten familiären Umgangs des Landrats bei Fürst und Fürstin in Varzin nicht verborgen, in welch personaler Abhängigkeit sich der Günstling befindet. Die Verfügungsgewalt des Fürsten wird willenlos akzeptiert, und die zarten Regungen von menschlichen Gefühlen und Ängsten, wie im Falle Effis, missachtet. Selbstaufgabe und Einsicht in reale Herrschaftsverhältnisse zugleich sprechen daher aus Effis Gewissheit: „[…] denn schließlich ist er doch der Mann, der über uns entscheidet. Auch über mich.“ (79)

Die Gewalt des Fürsten zeigt sich nicht nur auf der Ebene beruflicher Karriere, sondern auch auf einer ungleich bedeutenderen politischen Ebene, die Fontane zwar nur nebenbei, aber dafür umso kritischer beleuchtet. In einer auf den ersten Blick ironisch gemeinten Anmerkung Crampas' gegenüber Innstetten stellt der Major fest: Wer den Soldatentod sterben will, „[…] der muss sich erst bei Bismarck einen Krieg bestellen“ und fährt in Anspielung auf Innstettens Beziehungen zum Fürsten fort: „[…] da er ein liking für Sie hat […], so werden Sie einem alten Kameraden […] doch ein bisschen Krieg besorgen können. Der Fürst ist auch nur ein Mensch, und Zureden hilft.“ (123) Auch wenn sich der Erzähler bemüht, Crampas' Ausführungen als „scherzhafte Bemerkungen“ (124) zu entschärfen, so vervollständigen sie doch das Bild eines personalisierten Obrigkeitsstaates und damit eines gesellschaftlichen Kontexts, in dem Fontanes Romanfiguren handeln.

Wüllersdorf

Der Vertraute

Geheimrat von Wüllersdorf, vom Erzähler erst im 24. Kapitel in den Roman eingeführter „Spezialkollege" (207) Innstettens im Berliner Ministerium, erfüllt im Schlussteil des Romans in zweifacher Hinsicht eine wichtige Funktion. Zum einen übernimmt er die Rolle des Vertrauten Innstettens im Duellgeschehen, zum andern stammen aus seinem Munde die beiden abschließenden wichtigen Bewertungen der Gieshübler- und Roswitha-Gestalt. Auch wenn Wüllersdorf letzten Endes doch dem scheinlogischen Begründungszusammenhang in der Duelldiskussion folgt und Innstetten in seinem Beschluss bestärkt, tritt uns hier nicht mehr der Vertreter eines prinzipientreuen Beamtenadels entgegen.

Der Fragensteller

Während Innstettens Duellentscheidung eigentlich schon feststeht, stellt Wüllersdorf Fragen, erwägt, gibt zu bedenken und bringt gegenüber der vermeintlichen Unerbittlichkeit des Ehrenkodex das Rechtskonstrukt der „Verjährung" ins Spiel. Seine Zustimmung ist denn auch nicht mehr Folge von Überzeugung, sondern Unterwerfung unter Bedingungen, die er längst als überholt erkannt hat. „Die Welt ist einmal wie sie ist, und die Dinge verlaufen nicht wie wir wollen, sondern wie die *andern* wollen." (237)

Resignation statt Protest

In der Figur Wüllersdorf wird in Argumentation und Ausdrucksweise ein Spannungsverhältnis zwischen Staatstreue und Aufbegehren angedeutet, das jedoch nicht zum Ausbruch kommt. Stattdessen verflüchtigt sich der Protest des Ministerialdirektors bei seinem zweiten Auftritt anlässlich der Ernennung Innstettens zum Ministerialdirektor zur Pose. Während Innstetten ob seines zerstörten privaten Glücks weltflüchtige Utopien vom Rückzug zu den Wilden träumt, rät Wüllersdorf zum Pragmatismus. Seine Utopie ist realer und endet an diesem Tage, ein kleines Dienstvergehen ganz ohne Zweifel, statt im Ministerium bei einem „kleine[n] Vorsprechen bei Huth" (289), einem Berliner Weinlokal. Von Wüllersdorf verbal mutiger Verhöhnung der Ehre als „Götze" (237) führt ein direkter Weg zu seiner Einsichtsfähigkeit, dass sowohl Roswitha Gellenhagen als auch der Apotheker Gieshübler mehr menschliche Tugenden repräsentieren als der gesellschaftliche Stand, dem Innstetten und er selbst angehören („die ist uns über", 287;

„Es wäre zu wünschen, dass es mehr Gieshübler gäbe", 244). Dennoch bleiben auch diese Bekenntnisse für die Romanhandlung völlig folgenlos, weil sich Wüllersdorf einrichtet in einer gesellschaftlichen Situation, deren Sterbeglöckchen er schon vernimmt: „Einfach hierbleiben und Resignation üben. Wer ist denn unbedrückt? Wer sagt nicht jeden Tag: ‚Eigentlich eine sehr fragwürdige Geschichte.'" (288) Für den zeitgenössischen Leser signalisieren diese Bekenntnisse des preußischen Geheimrats von Wüllersdorf allerdings eher die Aufforderung zur Überwindung dieser Fragwürdigkeiten.

Landadel

„Mittelmäßige Menschen"

In den Repräsentanten des pommerschen Landadels zeichnet Fontane das Bild des konservativen Preußen. Wenige Episoden anlässlich von „pflichtschuldigen Besuchen" (62) der Landratsfamilie oder im Rahmen zweier geselliger Ereignisse (Taufe im Hause Innstetten und Weihnachtsfeier im Haus des Oberförsters Ring) genügen, um Ständetypisches zu erfassen. Nicht um die Individualisierung geht es bei der Charakterisierung der Borckes, Ahlemanns, Jatzkows, Grasenabbs und Güldenklees, und so fasst denn auch Effis erster Eindruck wenig schmeichelhaft zusammen: „[...] mittelmäßige Menschen, von meist zweifelhafter Liebenswürdigkeit" (ebd.). Auch wenn dieses Urteil in einem späteren Brief an die Mama in Hohen-Cremmen etwas wohlwollender ausfällt, bleibt die Welt des pommerschen Landadels Effi fremd: „Mit den Borckes, den Flemmings, den Grasenabbs, so freundlich die Familien [...] gesinnt waren, es wollte mit allen nicht so recht gehen." (99 f.)

Altpreußische Reaktionäre

Was Effi hier eher als emotionale Distanz andeutet, zeigt sich bei genauerer Betrachtung als Kluft zwischen gesellschaftlichen Werthaltungen. Die männlichen Vertreter des Landadels erweisen sich nämlich in sprachlichem Pathos und politischer Programmatik als Überbleibsel eines altpreußischen Patriotismus, den sie durch diffuse Bedrohungsängste gefährdet sehen. Für den heutigen Leser nicht ohne Komik nutzt der alte Borckes die Taufe Annies, um sich zu einer flammenden Rede auf altpreußische Traditionen in die Brust zu werfen: „Meine Herrschaften, es sind schwere Zeiten, in denen wir leben, Auflehnung, Trotz, Indisziplin, wohin wir blicken. Aber solange wir noch Männer haben [...] solange wir noch Männer haben wie Baron Innstetten, [...] so lange geht es noch, so lange hält unser altes Preußen noch. Ja, meine Freunde, Pommern und Brandenburg, damit zwingen wir's und zertreten dem Drachen der Revolution das giftige Haupt." (115) Dumpf Reaktionäres begegnet uns auch anlässlich einer Weihnachtsfeier im Hause des Oberförsters Ring.

Latenter Antisemitismus

Während der Fontane'sche Erzähler genüsslich Tafelgeschirr, englisches Roastbeef, Kuchenpyramiden vor unseren Augen entfaltet, nutzt der „alte Papernhagner" Güldenklee einen Trinkspruch auf Oberförster Ring, um seine Sichtweise der „Judengeschichte" (153) von der Ringparabel zu erläutern. Zeigen die kalauerhaften Wortspielereien noch Berührungspunkte zum Heiteren, so entlarvt die Diffamierung der Parabel, „die wie der ganze liberale Krimskrams, nichts wie Verwirrung und Unheil gestiftet hat und noch stiftet" (ebd.), neben den Güldenklees auch jene Gäste, die in Fontanes Roman unter der anonymisierten Klammerbemerkung „lauter Jubel" in solcherlei Glorifizierung für „einen Ring" des lutherisch-altpommerschen Kessiner Kreises eintreten (vgl. 154).

Senile „Philistereien"

Dass das anschließende Preußenlied und das Patriotismus-Bekenntnis des alten Borckes trotz der vielfachen Hinweise auf die „Einschenkkünste" (155) bei Rings Feier den Verstand der Gäste nicht gänzlich benebelt haben, deuten zaghafte Hinweise an, so wenn abschließend versichert wird, dass Innstetten „von solchem Patriotismus nicht viel hielt" (154). Überhaupt gewinnt man den Eindruck, dass der eher nüchterne Landrat die reichlich senilen „Philistereien" (63) und historischen Legendenbildungen der Güldenklees und Borckes nur im Blick auf das „Höherhinaufkommen" und im Wissen um seine damit verbundenen gesellschaftlichen Verpflichtungen zu ertragen vermag. Ein Zweckbündnis also, das auch auf historischer Ebene altpreußische Strukturen mit den Anforderungen eines modernen Beamtenstaates zu versöhnen sucht. Dass auch die gesellschaftlichen Kontakte zwischen Landadel und bürgerlich orientierten Kessiner Honoratioren nicht ganz spannungsfrei waren, zeigen die Verdächtigungen des alten Güldenklee gegenüber dem „städtischen Ressourcenvorstand“, den er „destruktiver Tendenzen“ bezichtigt (163). Der Protest des Adels bleibt hier allerdings auf den Boykott des städtischen Silvesterballs beschränkt und gerät damit eher zur Provinzposse.

Weiblicher Nachbaradel

In der Engstirnigkeit ihren männlichen Vertretern verwandt und doch mit ausgeprägteren possenhaften Zügen, so erscheinen die weiblichen Repräsentanten des Nachbaradels. Führen die Ersteren in klassisch geschlechtsspezifischer Trennung das Wort, wenn es politisch um Preußen geht, so übernehmen Sidonie von Grasenabb oder die Ritterschaftsrätin von Padden den Part, wenn es um Religion und Erziehung geht. Gegenüber Effi treten denn auch beide als Garanten lutherisch-preußischer Glaubensstrenge auf und verursachen mit ihrem Tugendhochmut und Puritanismus eher eine Atmosphäre der Bedrückung. Für die „vierzigjährige alte Jungfer“ Sidonie Grasenabb ist die 17-jährige Frau Landrätin „einfach Atheistin, kein Zollbreit weniger“ (62) und die Koketterien der 14-jährigen Cora Ring sind ihr Anlass für grundsätzliche Kritik am „Geist der Zeit“ (152). Roastbeef verzehrend beklagt sie mangelnde „Zucht“ und „Pflicht“ und sieht die „gesellschaftlichen Ordnungen“ gefährdet angesichts eines Oberförsters, der „solche Weinkühler und solch Silberzeug“ hat: „[…] das alles ist ungehörig und zieht dann noch solche Kinder groß wie das Fräulein Cora.“ (Ebd.)

Fluch der Amoralität

In noch deutlicherer Weise belegt der einmalige Auftritt der „alten Ritterschaftsrätin von Padden und einer etwas jüngeren Frau von Titzewitz“ (164) die moralische Rigidität des pommerschen Landadels. Dass dieser Auftritt anlässlich eines Silvesterballs nur drei Tage nach der von Fontane angedeuteten Verführung Effis erfolgt, weist ihm symbolische Bedeutung für die Beurteilung des Fehltritts aus der Sicht derer zu, die sich politisch wie moralisch für unfehlbar ausgeben. Man mag einen Eindruck vom Dogmatismus jener „christlich-germanischen Glaubensstrenge“ der Ritterschaftsrätin bekommen, wenn der Erzähler fast süffisant bemerkt, im Vergleich dazu könne Sidonie von Grasenabb als „eine Art *esprit fort*“ (ebd.) gelten. In der Tat stellen die von Paddenschen Warnungen vor der Verführbarkeit alles Fleischlichen, ihre Aufforderungen zum beständigen

„Ringen mit dem natürlichen Menschen“ und ihr Pochen auf den „Gottesmann“ Martin Luther (ebd.) und seine Tischreden eine Mixtur aus messianischer protestantischer Sittenlehre und preußischer Wehrhaftigkeit dar, angesichts derer Natürlichkeit und Kreatürlichkeit zum Synonym von Amoralität werden.
So spiegeln sich in den politischen und moralischen Bekenntnissen des pommerschen Landadels letztlich die Strukturen, die der Selbstverwirklichung des Individuums auf allen Ebenen entgegenwirken. Dass die Repräsentanten dieser Strukturen nicht frei von karikaturesken Zügen sind, dass ihren Offenbarungen selbst von Seiten Innstettens eher mit Verlegenheit als mit Wohlwollen begegnet wird, darf nicht über reale Machtstrukturen hinwegtäuschen und ist nur ein Beleg dafür, wie nahe sich Tragisches und Komisches in dieser Roman-Gesellschaft kommen.

Dienstpersonal

Johanna

Blond, mit „Siegermiene“

Neben dem Kutscher Kruse, seiner gemütskranken Frau, die beständig mit einem schwarzen Huhn beschäftigt und kaum ansprechbar ist, der Köchin Christel und dem Diener Friedrich zählt das Hausmädchen Johanna zu jenem Teil des Kessiner Personals, der Innstetten schon als Junggeselle gedient hat und den Effi bei ihrer Ankunft im Hause vorfindet. Johanna wird vom Erzähler als „hübsche, nicht mehr ganz jugendliche Person“ (46) von stattlicher Körperfülle und blondem Haar eingeführt, Innstetten stellt sie Effi als „märkische Landsmännin“ (ebd.) vor und betont damit geschickt das Verbindende und Vertraute. Auf die blonden Haare, um die Effi sie beneidet, weil das die „Männer am liebsten“ (70) hätten, wird ebenso oft verwiesen wie auf ihre üppige und dabei straffe Figur. Ihren Blick bezeichnet der Erzähler als „gradlinig und blauäugig“, ihren Gesichtsausdruck als „Siegermiene“ (226). Dem guten Aussehen entsprechend tritt Johanna selbstbewusst, „mit Haltung und Anstand“ (ebd.) auf und lässt deutlich gesellschaftliche Ambitionen und einen Hang zum Feinen erkennen. Was Roswitha als Vornehmtun abwertet (vgl. 172), bezeichnet Innstetten als einen „ausgesprochen großstädtischen Chic" (203) und erklärt ihre „vornehme Gesinnung" und die „besondere Plastik der Gesamterscheinung" (205) mit einem Kessiner Gerücht, dem zufolge Johanna die Tochter eines „Garnisonsoffiziers sein solle" (ebd.).

Orientierung an Innstettens Werten

Ihrem Aussehen, ihrem Anspruch und der Vorgeschichte zufolge ist Johanna somit eher dem Wertsystem Innstettens verpflichtet und seinem Lebensstil zugetan. Zwar lässt Johanna im Gespräch mit Effi eine gewisse Vertraulichkeit erkennen, zeichnet sich ihr Verhalten durch Hilfsbereitschaft und Loyalität aus, doch bleibt die Beziehung durchweg förmlich und eher kühl als vertraut. So nimmt Johanna Effis Klage in der Spuknacht: „Ach wenn ich doch wen hier hätte, bei dem ich weinen könnte" (73) korrekt, aber gefühllos und ohne Verständnis für die Situation entgegen: „Der Herr kann jede Stunde kommen." (Ebd.) Effi selbst kann Johanna als „geschickt und brauchbar" anerkennen, freut sich in Berlin auch über ihre Ankunft, der Erzähler fügt indessen hinzu: „wenn die hübsche Blondine dem Herzen Effis auch nicht ganz so nahe stand wie […] Roswitha, so war sie doch gleichermaßen angesehen […]" (205).

Johannas „Intimitätsstellung"

Dass die die Normen Innstettens vertretende Johanna bei der Erziehung Annies für den Anstand zuständig ist (vgl. 226), ist ebenso selbstverständlich wie ihre Parteinahme für Innstetten nach Bekanntwerden des Duells. Johanna, als Erste von Innstetten über Effis künftige Abwesenheit informiert, genießt ihre „Intimitätsstellung zum gnädigen Herrn" und küsst ihm die Hand, „von Stolz und Überlegenheit ganz erfüllt" (244). Doch Innstettens Wertschätzung Johannas ändert sich in dem Maße, wie ihm am Ende des Romans sein eigenes Wertesystem fragwürdig wird. Voller Überdruss und Resignation vertraut er Wüllersdorf schließlich an: „Wenn die Johanna eintritt, ein sogenanntes Juwel, so wird mir angst und bange. Dieses Sich-in-Szene-Setzen […], diese halb komische Büstenplastik, die wie mit einem Spezialanspruch auftritt, ich weiß nicht, ob an die Menschheit oder an mich – ich finde das alles so trist und elend, und es wäre zum Totschießen, wenn es nicht so lächerlich wäre." (286 f.)

Roswitha

Mehr als ein Kindermädchen

Eine besondere Stellung innerhalb der Nebenfiguren des Romans nimmt Roswitha als liebevolles Kindermädchen und Dienerin Effis ein. Dabei beschränkt sich diese Hervorhebung keineswegs auf den Kreis des Hauspersonals, in dem Johanna formal und inhaltlich als Vertreterin von Innstettens Lebensauffassung eine Kontrastfigur darstellt. Ihre Tugenden erweisen sich am Ende als das positive Gegenbild zu dem brüchig gewordenen Verhaltenskodex der gesellschaftlichen Führungsschicht, und es hat gewiss gesellschaftspolitischen Signalcharakter, wenn Fontane seine Roswitha-Figur mit der Einsicht Wüllersdorfs und Innstettens verabschiedet: „[…] die ist uns über." (287) In der Tat verkörpert Roswitha Gellenhausen neben Gieshübler und Doktor Rummschüttel ein Maß an Wärme, das den in Konventionen und Ritualen erstickten Schlüsselfiguren des Romans fremd ist.

Treue Seele

Dabei fällt auf, dass die fast stereotyp wiederkehrenden Charakterisierungen Roswithas als „treu und zuversichtlich", „gute, treue Person" oder „treue Seele" vielfach verbunden sind mit dem Hinweis auf ihre einfache Herkunft und ihren bescheidenen Bildungsstand. Liebevoll gemeint, aber nicht frei von Dünkel bemerkt die 18-jährige Effi in ihrer ersten Roswitha-Charakterisierung gegenüber Innstetten: „Gute, braune Augen, die einen treu und zuversichtlich ansehen. Aber ein bisschen dumm" (105), und man könnte fast den Eindruck gewinnen, hier gehe es um Rollo und nicht um das zukünftige Kindermädchen. Auch Jahre später in Berlin hält Roswitha als Einzige zur verstoßenen „gnädigen Frau" und zieht zu ihr in die Wohnung in der Königgrätzer Straße; damit scheint Herzensgüte bei Fontane zum Komplementärbegriff für Bildung zu werden: „Mit Roswitha ließ sich allerdings kein ästhetisches Gespräch führen, auch nicht einmal sprechen über das, was in der Zeitung stand; aber wenn es einfach menschliche Dinge betraf […], dann wusste die treue Seele jedesmal gut zu antworten und hatte immer Trost und meist Rat." (265)

Roswitha steht jedoch innerhalb des Romangeschehens für weit mehr als für ursprüngliche Menschlichkeit. Ihre Lebensgeschichte wird zur Spiegelungsgeschichte für Effis Ehebruch und seine Folgen. Verführung bildet den gemeinsamen Ausgangspunkt, und was Roswithas Vater

Des Vaters glühende Eisenstange

als Mittel der Konfliktlösung dient, jene „ewige Geschichte von dem Vater mit der glühenden Eisenstange" (226), das verfeinert sich in den Händen des Adels zum Pistolenduell. Dass Roswitha erstmals ihre Lebenstragödie, die erzwungene Trennung von einem unehelichen Kind und die Vertreibung aus dem Elternhaus, der „gnädigen Frau" gerade in dem Kapitel erzählt, das der Verführung Effis durch Crampas folgt, zeigt die von Fontane beabsichtigte Spiegelung besonders auffällig. „Ach, gnädige Frau, die Heil'ge Mutter Gottes bewahre Sie vor solchem Elend" (176), so beschließt Roswitha ihre Erinnerungen und kann dabei nicht ahnen, wie sehr sich diese Hoffnung Jahre später im Duell, in der gesellschaftlichen Isolation Effis und ihrer Trennung von der Tochter in eine vergleichbare Elendsgeschichte verkehrt. Effi hingegen scheint den bedrohlichen Charakter, der von Roswithas Erzählung ausgeht, unmittelbar zu spüren, und so sind fast alle nachfolgenden Gespräche mit Roswitha geprägt vom Wissen um ein gemeinsames Frauenschicksal. Dieses Wissen bleibt jedoch bis zur Entdeckung der Crampas-Briefe einseitig. So bleibt Roswitha auch verborgen, dass die Warnungen vor einer angeblichen Liebelei mit Kruse in Kessin oder Fragen nach Roswithas Einstellung zur katholischen Beichte, sieben Jahre später in Berlin, ausschließlich Effis Ängsten aus der nicht verarbeiteten Verführung durch Crampas entspringen.

Roswitha erhält daher für Effi eine Bedeutung, die weit über die Rolle der Bediensteten hinausgeht, und die Feststellung des Erzählers, sie sei „die Einzige, mit der sie [Effi] […] frei und unbefangen reden konnte" (223), unterstreicht dies.

Frei von Sünde

Auch in der Rolle der „gefallenen" und „verstoßenen" Frau gewinnt die „halb bäuerisch gebliebene Roswitha" (226) gegenüber der „gnädigen Frau" eine Bedeutung, die über den Roman hinausweist. Während Effi in unentwirrbarer Schuld-Sühne-Verstrickung am Ende des Romans ihr Frauenschicksal hinnimmt, begegnet Roswitha dem Vorwurf, der Tod ihres unehelichen Kindes sei „doch eigentlich eine große Sünde" (224) gewesen, unter Hinweis auf die Verursacher selbstbewusster: „Aber ich war es ja nicht, das waren die anderen." (224)

Major von Crampas

> „Wer gerade gewachsen ist, ist für Leichtsinn. Überhaupt ohne Leichtsinn ist das ganze Leben keinen Schuss Pulver wert." (Major von Crampas, 128)

Ankündigung im Brief

Verhält sich Innstetten auch im Privaten noch als ein „Mann im Dienst" (75), so ist bei seiner Gegenfigur, Major von Crampas, vom Dienst nicht die Rede. Zwar ist er als neuer Landwehrbezirkskommandeur in Kessin für die Musterung der Reservisten zuständig, doch erfährt man von dienstlichen Handlungen nichts, von privaten Vergnügungen umso mehr. Als einen „Mann vieler Verhältnisse", einen „Damenmann" (103) kündigt Effi den neuen Bezirkskommandeur im Brief an die Mutter an. „Um eben solcher Dinge willen" (ebd.) soll er sich bereits mit einem Kameraden duelliert haben und hat, was Effi tief beeindruckt, eine noch sichtbare Verletzung am Arm davongetragen. Effi beurteilt ihn nach einem ersten Gespräch als „ausgelassen und übermütig", als „vollkommenen Kavalier" und „ungewöhnlich gewandt" (ebd.). Der Leser, der Effis Aussage: „Was ich nicht aushalten kann, ist Langeweile" (28) noch im Gedächtnis hat, wird verstehen, dass sie diesem neuen Mann in Kessin angesichts des gesellschaftlichen Notstands als „Trost- und Rettungsbringer" (102) entgegensieht.

Erscheinung und Charakter

Über das Äußere erfährt man wenig Genaues. Frau von Padden bezeichnet ihn gleich zweimal als schönen Mann, „ein bisschen zu sicher" (165), Innstetten rückblickend als „ganz Beau" und, in Anspielung auf seinen „rotblonden Sappeurbart" (166), als halben „Barbarossa" (221). Mit 44 Jahren unwesentlich älter als Innstetten, ist er ebenfalls verheiratet und hat zwei Kinder von zehn und acht Jahren. Obwohl aus Pommern stammend, kennt er keine „pommerschen Vorurteile" (103), wie Effi meint, aber auch preußische Tugenden scheinen ihm fremd zu sein. So sieht es zumindest Innstetten, der auf polnische Einflüsse verweist: „So'n halber Pole, kein rechter Verlass, eigentlich in nichts, am wenigsten mit Frauen." (146)

Verandaszene

So taucht der Verführer Crampas genau in dem Augenblick auf Innstettens Veranda auf, wo von Verführung die Rede ist. Dass er mit noch nassen Haaren vom herbstlich kalten Meerbad kommt, bietet gleich einen unkonventionellen Gesprächsanlass, in dessen Verlauf sich Crampas nicht nur als kühn redend, sondern auch als beherzt handelnd einführt. Dabei werden schon beim ersten Treffen die Gegensätze zwischen Innstetten und Crampas deutlich: Innstetten spielt den Part des Mahnenden, Vernünftigen, während Crampas die Rolle des selbstbewusst Scherzenden, an seine Bestimmung Glaubenden („Wer für den Strick geboren ist, kann im Wasser nicht umkommen", 122) und Zuversichtlichen übernimmt.

Leichtsinn gegen Gesetzlichkeit

Deutlicher noch tritt dieser Gegensatz in der Lebenseinstellung und dem moralischen Denken in der anschließenden Robbenszene zutage: Während Crampas auf einem gemeinsamen Ausritt beim plötzlichen Anblick von Robben von Jagdfieber erfasst wird, pocht Innstetten streng auf die Gesetze. Er stellt den Grundsatz der „Zucht" und „Ordnung" gegen den Leichtsinn des Majors, der mit der Entgegnung: „Muss denn alles so furchtbar gesetzlich sein? Alle Gesetzlichkeiten sind langweilig" (127) die applaudierende Effi für sich einnimmt.

Crampas eröffnet Effi neue Perspektiven

Während Innstetten mit „seinem Ernst und seiner Zugeknöpftheit" (129) Effi bei der Verwirklichung ihrer Bedürfnisse nach Bewegung und Abwechslung einschränkt, eröffnet Crampas ihr neue Perspektiven und Realitäten mit der Überzeugungskraft des Zuversichtlichen. Schon die erste Kraftprobe mit Innstetten gewinnt er. Als Effi überraschend wünscht, mit ausreiten zu dürfen, schützt Innstetten, „dem es augenscheinlich weniger passte" (125), äußere Gründe wie das Fehlen eines geeigneten Pferdes vor. Crampas hingegen findet „die Sache kapital" (ebd.) und findet auch Mittel und Wege, Effi ein Pferd zu verschaffen. Verharrt Innstetten unter dem Anpassungsdruck der Gesellschaft, entwickelt Crampas Einfühlungsvermögen und selbständige Initiative.

Unterhalter und Regisseur

Angesichts des in Liebesdingen eher spröden Innstetten („[…] aber ein Liebhaber war er nicht", 100) ist es schließlich nur zu verständlich, dass Crampas Effis Zuneigung mit leichter Hand zu gewinnen versteht. Zum einen sorgt er in Abstimmung mit Gieshübler als Vizevorstand der Ressource (vgl. 124) für Abwechslung und Zerstreuung. Zwar kann er aus Kessin kein Berlin machen, doch inszeniert er erfolgreich Wicherts *Ein Schritt vom Wege* mit Effi in der Hauptrolle und verschafft ihr, dabei selbst in den Hintergrund tretend, Ablenkung und gesellschaftliche Anerkennung. Zum andern kann er auf zunehmend intimer werdenden Ausritten mit Effi auf ihre Ängstlichkeit dämpfend und auf ihre Gefühlswelt verwirrend einwirken.

Spiel mit der Balladenwelt Heines

Zunächst versteht es Crampas mit Erfolg, vor Effi und auf ihre ausdrückliche Bitte hin Innstettens Methode der Angsterziehung zu entlarven, ohne die damit verfolgte Absicht, Innstettens Autorität insgeheim zu untergraben, allzu deutlich werden zu lassen. Dann gelingt es Crampas, Effi in eine gezielt geschaffene Atmosphäre der Erotik, der Romantik und des Schauers einzubeziehen, in der Anzüglichkeiten, gewagte Andeutungen und symbolhafte Vorgänge den Ton bestimmen. Dazu bedient sich Crampas, der sich schon selbst gelegentlich als Dichter heimlich erprobt hat, der poetischen Welt des von ihm verehrten Heinrich Heine. Gestützt durch den Stellenwert des Literarischen, berichtet Crampas von Heine-Balladen, die alle um phantastische Visionen, heimliche Liebschaften, Eifersucht und Mord kreisen und Effi auf deren Gefühlswelt einstimmen sollen. Dabei spürt Crampas seinerseits aus den Worten der arglosen Effi Anzüglichkeiten heraus, deren Aufdeckung sie verlegen macht. Wenn Effi sagt: „Wünsche aber liegen meist schon auf der Lippe“, antwortet Crampas: „Nur nicht gerade diesen Vergleich“ (134) und verleiht damit Effis Sprache erotische Untertöne. Wenn er schließlich ein Glas behält, aus dem Effi getrunken hat, geht er in der deutlichen Symbolik dieser Szene bis an die Grenze des Schicklichen. „Ich werde Innstetten davon erzählen“, antwortet Effi und Crampas entgegnet unwidersprochen: „Das werden Sie nicht tun, meine gnädigste Frau.“ (140)

Moralisch zweifelhaft

Crampas’ Strategie der Verführung mit Hilfe der poetischen Welt Heinrich Heines erreicht zwar mühelos ihr Ziel, doch Crampas büßt sein Verhalten, den Normen seiner und Innstettens Gesellschaft entsprechend, mit dem Tod. Doch auch vorher schon wird Crampas immer wieder in ein zweifelhaftes Licht gerückt. Sogar der Erzähler mischt sich in den Kreis der moralisch Wertenden: „Einem Freunde helfen und fünf Minuten später ihn betrügen, waren Dinge, die sich mit seinem Ehrbegriffe wohl vertrugen.“ (134) Dass Effi Gieshübler gegenüber bekennt: „[…] der Major hat so etwas Gewaltsames, er nimmt einem die Dinge gern über den Kopf fort“ (143), ist ebenso verständlich wie Innstettens schroffes Urteil: „Er ist ein Mann der Rücksichtslosigkeiten“ (162). Am gerechtesten wird ihm möglicherweise Wüllersdorf, der im abgeklärten Ton des Romanendes nach seiner kurzen Begegnung mit Crampas urteilt: „Wenn ich ihn richtig beurteile, er lebt gern und ist zugleich gleichgültig gegen das Leben. Er nimmt alles mit und weiß doch, dass es nicht viel damit ist.“ (239)

Gleichgültigkeit gegenüber dem Leben

Damit verweist Wüllersdorf auf einen wichtigen Aspekt von Crampas' Lebenssicht, auf seine Gleichgültigkeit gegenüber den alltäglichen Dingen des Lebens. Schon wie Crampas auf Innstettens Veranda über seine Todesarten scherzt, wie er sich wie selbstverständlich über Innstettens Gesetzestreue und sein Ordnungsdenken hinwegsetzt, zeigt seine leichte Lebensart, die Innstetten zu der Bemerkung veranlasst: „Indessen, ich weiß schon, Sie haben einen himmlischen Kehr-mich-nicht-dran und denken, der Himmel wird nicht gleich einstürzen. Nein, gleich nicht. Aber mal kommt es.“ (127) Die geöffneten Liebesbriefe werfen schließlich ein letztes Licht auf Crampas' Denkweise: „Wenn das alles gelten sollte, was zufällig gilt“, so schreibt er dort und spielt damit auf die gesellschaftlichen Umstände an, die ihrer Leidenschaft im Wege stehen, wäre das Leben nicht des Lebens wert: „Alles Beste liegt jenseits davon.“ (232) Erst die Überschreitung der von Recht und Gesetz gezogenen Grenzen schafft letzte Befriedigung. Das bedingt allerdings, dass man das Leben „leicht nehmen kann“, denn „Leichtsinn ist das Beste, was wir haben“ (ebd.). Alles Weitere überlässt Crampas dem Schicksal, dem er sich fügt: „Alles ist Schicksal“, so schreibt er Effi. „Es hat so sein sollen.“ (Ebd.)

Das gesellschaftliche Umfeld

Gieshübler

„Seele von Mensch“

Der Besitzer der Kessiner Mohrenapotheke Alonzo Gieshübler verkörpert neben Roswitha die menschliche Seite der Fontane'schen Romanfiguren. Schon seine

Einführung durch Innstetten verrät die Exemplarität der Apotheker-Gestalt: „[...] er ist unsere beste Nummer hier, Schöngeist und Original und vor allem Seele von Mensch, was doch immer die Hauptsache bleibt.“ (48) In der für Effi fremden Welt von Kessin wird Gieshübler zum Rettungsanker. „Ich steh und falle mit Gieshübler. Es klingt etwas komisch, aber er ist wirklich der Einzige, mit dem sich ein Wort reden lässt, der einzig richtige Mensch hier“ (65), offenbart sie Innstetten, der nach den ersten Monaten in Kessin und den obligatorischen Stadtbesuchen und Visiten beim Landadel eher sorgenvoll fragt: „Wirst du dich einleben?“ (Ebd.)

Kompensation

In der Tat vermag das Auftreten Gieshüblers für Effi in den Kessiner Jahren manch schmerzlich empfundenes Defizit zu kompensieren, manches Defizit aber auch erst bewusst zu machen. Während die Plauderstündchen mit Gieshübler Angst- und Einsamkeitsgefühle für Stunden vergessen machen, während die Tripelli-Abende mit Gieshüblers Rheinwein einen Hauch von „Galaoper“ in die gesellschaftliche Langeweile Kessins tragen, stellen sich bei Effi angesichts der vielfachen Zuneigungen Gieshüblers auch Gedanken daran ein, „was ihr in ihrer Ehe eigentlich fehlte: Huldigung, Anregungen, kleine Aufmerksamkeiten“ (100), und es heißt dem Apotheker gewiss nicht unrecht tun, wenn man in ihm auch einen vorbereitenden „Schritt vom Wege“ und hin zur Crampas-Geschichte erkennt. Jener über alle Maßen liebenswürdige Gieshübler, der für die „ihm so sympathische junge Frau [...] alle schönen Liebesgefühle durch- und nebeneinander hatte, die des Vaters und Onkels, des Lehrers und Verehrers“ (ebd.), ist der platonische Verführer, dessen von Mirambo überbrachte Briefchen im weißen Kuvert, Schokoladentafeln „in Satineepapier und einem roten Bändchen drum“ (ebd.) jedoch keinerlei weitere Begehrlichkeiten nach sich ziehen. Solche Begehrlichkeiten wusste Fontane schon durch die Einführung der Gieshübler-Figur auszuschließen: Der inneren Herzensgüte Gieshüblers wird das äußerliche Bild eines „schiefschultrige[n] und fast schon so gut wie verwachsene[n] Herrn“ (58) beigegeben. Dass die Außergewöhnlichkeit Gieshüblers und damit auch seine Menschlichkeit über die bürgerliche Nische der Mohrenapotheke und der Plauderstündchen bei Effi nicht hinauskommt und stattdessen sogar noch der reaktionären Geselligkeit des pommerschen Landadels seine Referenz erweist, signalisiert, dass es Fontane hier um ein „ganz ausgezeichnetes Menschenexemplar“ gegangen ist und nicht um einen gesellschaftlichen Typus.

Vorbildfunktion

Und doch verhilft Fontane seiner Apotheker-Gestalt zu einem über den Roman hinausweisenden Abgang, der dem der zweiten wahrhaft menschlichen Figur Roswitha in doppelter Hinsicht gleicht. Eben derselbe Geheimrat Wüllersdorf, der Roswithas Brief an Innstetten mit der Bemerkung kommentiert „die ist uns über“ (287), teilt Innstetten in wenigen Zeilen mit, was er in Kessin nach dem Duell vorfindet: „Eine Welt von Dingen erlebt: Schmerzliches, Rührendes; Gieshübler an der Spitze. Der liebenswürdigste Pucklige, den ich je gesehen. Von ihnen sprach er nicht allzuviel, aber die Frau, die Frau! Er konnte sich nicht beruhigen, und zuletzt brach der Mann in Tränen aus. Was alles vorkommt. Es wäre zu wünschen, dass es mehr Gieshübler gäbe. Es gibt aber mehr andere […].“ (244) Keine andere Romanfigur erhält eine solche Würdigung.

Die Thematik

Die Ehegeschichte: Der Chinese und die Angst

Überraschende Verlobung

Nicht Nähe und Vertrautheit, sondern Distanz und Fremdheit sind die Begriffe, mit denen sich Effis Beziehung zu Innstetten beschreiben lässt. „Wir nennen uns auch schon du und bei Vornamen" (16), gesteht Effi kurz nach der Verlobung ihren Freundinnen, als könnte sie stolz sein über diese plötzliche Intimität. Aber zur Entwicklung eines vertrauteren Umgangs bestand bisher auch keine Zeit. So ist es nicht verwunderlich, dass Effis Einverständnis mit der überraschenden Verlobung nur als fehlender Widerspruch, als schweigendes Gehorchen, nicht als freudige Zustimmung ausfällt. Denn Effis Kenntnisse über Innstetten reichen kaum zu mehr als einer Anteilnahme an seiner „Liebesgeschichte" (6) mit ihrer Mutter und einem Respekt vor seiner männlichen Erscheinung und seiner gesellschaftlichen Stellung. Ehe sich mehr Intimität entwickeln könnte, reist Innstetten, in Sachen Brautwerbung diesmal erfolgreich, nach Kessin zurück, um erst zur Hochzeit wieder aufzutauchen.

Effis Erwartungen

Die drei Monate, die Effi bis zur Hochzeit noch verbleiben, stoßen eher einen schrittweisen Prozess der Ernüchterung und des Sich-Abfindens als eine emotionale Verstrickung an. Auf der einen Seite entwickelt Effi in Gesprächen mit ihrer Mutter ihre Vorstellungen vom künftigen ehelichen Zusammenleben. Dabei schwärmt sie von einem Schlafzimmer in fernöstlichem Dekor, einem „japanischen Bettschirm […] schwarz und goldene Vögel drauf, alle mit einem langen Kranichschnabel" und einer „Ampel […] mit rotem Schein" (26) und gibt ihrer Mutter damit einen Einblick in ihre erotischen Phantasien. Auch kreisen ihre Zukunftsträume um ein vornehmes, gesellschaftlich angesehenes Haus, um „Hofball", „Galaoper" und Zerstreuungen jeglicher Art: „[…] ja, Zerstreuung, immer was Neues, immer was, dass ich lachen oder weinen muss. Was ich nicht aushalten kann, ist Langeweile." (28) Effi wünscht sich, ihre Schaukelleidenschaft lässt kaum anderes vermuten, ein kontrastreiches, aufregendes Leben in extremen Gefühlslagen.

Innstettens Briefe

Auf der anderen Seite treffen in Hohen-Cremmen täglich Innstettens Briefe ein, die Effi mit wenig Spannung erwartet, gelegentlich auch ungelesen in die Tasche steckt und erst nach Mahnung der Mutter öffnet und regungslos überfliegt. Wenn Innstetten über sein Kessiner Leben berichtet, über die Renovierungsarbeiten im künftigen Haus, kleine lokale Episoden schildert, dann enthalten seine Briefe nichts, was Effis Gefühle ansprechen könnte: „Geheimnisse! Ja, er nimmt immer einen Anlauf, aber das meiste könnt ich auf dem Schulzenamt anschlagen lassen, da wo immer die landrätlichen Verordnungen stehen." (29) Innstettens „Anlauf" zu Vertraulichkeit erschöpft sich in Zärtlichkeitsfloskeln wie „meine süße, kleine Effi" (ebd.), statt einer Poesie der Gefühle bietet Innstetten die Prosa des künftigen Kessiner Lebens. Nicht zu verargen ist Effi deshalb, dass ihre Briefe mit nahendem Hochzeitstag eher „sparsamer" (30) werden und sie sich lieber in Phantasien flüchtet.

Beschwichtigende Rolle der Mutter

Dass zwischen ihren hochgespannten Zukunftserwartungen und der sich abzeichnenden Realität kaum überbrückbare Widersprüche bestehen, wird Effi denn auch deutlich bewusst, wenngleich ihre Mutter alles unternimmt, ihr über diese enttäuschende Erkenntnis hinwegzuhelfen. Innstettens förmlichen Briefstil bewertet sie als „das richtige Maß" (30), mit der fast schon als Drohung formulierten Frage: „[...] wünschtest du, dass er zärtlicher wäre, vielleicht überschwänglich zärtlich?" (ebd.) provoziert sie Effi zu der Beteuerung: „Nein, nein, Mama. Wahr und wahrhaftig nicht, das wünsche ich nicht. Da ist es doch besser so." (Ebd.) Da sie selber im Verzicht auf Innstetten und in der Ehe mit Briest Entsagung gelernt hat, rät Mutter Briest ihrer Tochter zu weniger phantasievollen erotischen Erwartungen: „[...] wir müssen vorsichtig im Leben sein, und zumal wir Frauen" (26) und empfiehlt, auf den roten Schein der Ampel im Schlafzimmer zu verzichten: „[...] oft ist es gut, dass es statt Licht und Schimmer ein Dunkel gibt." (27) Mutter Briest, die die Dynamik einer Ehe mit Innstetten sicher richtig einzuschätzen weiß, stimmt Effi auf Sich-Abfinden und Anpassung ein. So bleiben Effis letzte Worte vor der Hochzeit: „aber [...] ich fürchte mich vor ihm"

(31) ohne verständnisvolle Entgegnung. Aber eine Ehe, in der Furcht vor einem „Mann von Grundsätzen" (ebd.) geschlossen, bietet wenig glückliche Perspektiven.

Hochzeitsreise

Die ersten Nachrichten über Effis Befinden an der Seite Innstettens bewegen selbst Mutter Briest zu der verspäteten Erkenntnis: „Das arme Kind. Sie hat Sehnsucht." (38) Statt Raum und Zeit der Hochzeitsreise für mehr Intimität zu nutzen, absolviert Innstetten ein anstrengendes Kulturprogramm. Effi ihrerseits schreibt über Innstetten so, als reise sie in Begleitung eines väterlichen Freundes. Gleich zweimal berichtet sie, er sei „engelsgut" (38, 39) zu ihr, sie lobt ihn als „sehr aufmerksam" (38), „sehr gerecht" (39), „gar nicht überheblich und auch gar nicht alt" (ebd.). Wenn Effi ein Kompliment Innstettens wiedergibt: „draußen sei Herbst, aber er habe in mir den Frühling" (38), so vermag man hier eher ein literarisches Klischee als die Leidenschaft eines frisch Vermählten zu erkennen. Die erste Nacht in Kessin muss Effi schließlich vollends ernüchtern: „Zu müde" (48), um von der neuen Umwelt noch genauer Notiz zu nehmen, geht sie zu Bett, liegt nachts eine Stunde wach, sonderbare Töne und schleifende Geräusche vom oberen Stock her hörend, und erwacht ohne Innstetten, der bereits seiner Arbeit nachgeht. Fremdheit und Distanz werden für Effi nunmehr bedrückend.

Effis Isolation

Von der ersten Begegnung in Hohen-Cremmen bis zur ersten gemeinsamen Nacht in Kessin, so zeigt sich, stellt Fontane Effis Verbindung mit Innstetten als einen Prozess zunehmender Isolation in der scheinbaren Geborgenheit gesellschaftlicher Konventionen dar. Als beklemmend erscheint dabei die offenkundige Unabwendbarkeit dieses Schicksals. Weder ist Innstetten ein Vorwurf zu machen: Effi erkennt in ihm später sogar einen versteckten „Zärtlichkeitsmensch[en]" (121), der nur mit Rücksicht auf seine berufliche Karriere seine Gefühle nicht so zeigen wolle. Noch ist Effi guter Wille nicht abzusprechen. Wie die Unterhaltungen mit ihrer Mutter deutlich zeigen, ist sie immer wieder bereit, ihre Ansprüche an ein emotional wie gesellschaftlich befriedigendes Leben zurückzuschrauben. Mit ihrer Ankunft in Kessin überschreitet Effis Isolation allerdings das Maß dessen, was sie ohne größere psychische Schäden ertragen könnte. Angst ist die Folge. Was sich von nun ab in

Effis Psyche und in der Beziehung zwischen Effi und Innstetten abspielt, hat Fontane in dem vielschichtigen und für den Roman zentralen Motiv des Chinesen verdichtet.

Einführung des Chinesen

Eingeführt wird der Chinese bereits ganz zu Beginn der Kessiner Handlung. Noch auf der Kutschenfahrt zu ihrem Haus berichtet Innstetten, aus welch unterschiedlichen Nationalitäten sich die Bevölkerung Kessins zusammensetzt. Effi ist angenehm überrascht und entgegnet, sie habe ein kleines Nest erwartet und finde „eine ganz neue Welt hier. Allerlei Exotisches. […] vielleicht einen Neger oder einen Türken oder vielleicht sogar einen Chinesen" (42). Mit seiner Antwort: „Auch einen Chinesen. Wie gut du raten kannst. Es ist möglich, dass wir wirklich noch einen haben, aber jedenfalls haben wir einen gehabt; jetzt ist er tot und auf einem kleinen eingegitterten Stück Erde begraben, dicht neben dem Kirchhof" (42) bestätigt Innstetten zwar Effis Vermutung, doch weckt er gleichzeitig ihre Ängstlichkeit. Denn die Formulierung: „Es ist möglich, dass wir wirklich noch einen haben" (42) gibt zu verstehen, dass dieser Chinese, in welcher Weise auch immer, noch gegenwärtig sein könnte. Bei Effis angespannter Erwartungshaltung finden solche Bemerkungen auch gleich einen Widerhall. Effi befürchtet „Visionen" und „Träume" (43) und ist an einer Fortführung des Gesprächs nicht mehr interessiert, denn sie „möchte doch nicht, wenn ich diese Nacht hoffentlich gut schlafe, gleich einen Chinesen an mein Bett treten sehen" (ebd.). Als Innstetten ihrem Wunsch nicht sofort nachkommt und sie mit ähnlichen Bemerkungen weiter ängstigt, wehrt sich Effi sehr entschieden gegen Innstettens Versuch, Kessin auf diese Weise interessant machen zu wollen. Damit hat der Chinese, kaum sind sie in Kessin angekommen, bereits zu einer ersten kleinen Verstimmung geführt. Von nun ab steht der Chinese zwischen Effi und Innstetten, als Symbol für Effis Wünsche und Ängste, als Chiffre für Innstettens Umgang mit Effi und als dominierender Gesprächs- und Konfliktgegenstand.

Der Chinese als Zeitkolorit

In das öde pommersche See- und Handelsstädtchen Kessin bringt der Chinese, wenn auch nicht Hofball und Galaoper, so aber doch einen schwachen Abglanz imperialistischer Wirtschaftspolitik. Furcht vor den als unberechenbar angesehenen Charaktereigenschaften der

Chinesen, der Genügsamkeit und dem Fleiß auf der einen, der Grausamkeit, der Hinterlist und dem Treuebruch auf der anderen Seite, bestimmte das Bild des Chinesen in der deutschen Öffentlichkeit zur Entstehungszeit des Romans (vgl. Utz, 1984, S. 215f.). Zur Überwindung dieses Angstklischees reizten jedoch die ungeahnten Möglichkeiten, die der Kultur- und Wirtschaftsraum China einem Handel mit Europa bieten konnte. Diese die öffentliche Meinung bestimmende zwiespältige Haltung, die sich als schauderndes Zurückschrecken bei gleichzeitig magischem Angezogensein beschreiben lässt, prägt auch Effis Umgang mit dem Chinesen. Als echtes Kind ihrer Zeit liebt sie das Exotische als reizvollen Dekor und vermag auch seine erotischen Impulse aufzunehmen, ist andererseits aber nur allzu leicht von dem „Grusligen" (43) der Chinesenvorstellung zu beeindrucken. Dass sich diese emotionale Betroffenheit aber bis zu Spukvisionen steigert, hängt eng mit ihrer Isolation in der Zweisamkeit, dem unbefriedigenden Eheleben in Kessin zusammen.

Unbefriedigte Sexualität

Die Informationen, die der Leser über die intimeren Aspekte von Effis Ehe erhält, legen die Annahme eines sexuellen Notstands nahe. Als nur zu wahr erweist sich die nüchterne Vorausdeutung Vater Briests, Innstetten sei „bei all seinen Vorzügen" nicht der Mann, Effis „Liebe mit leichter Manier zu gewinnen" (34). Bereits an „Huldigungen, Anregungen, kleinen Aufmerksamkeiten" (100) fehlt es ihr, statt zärtlicher Zuwendungen in der Kutsche erlebt Effi einen Ehemann, „frostig wie ein Schneemann. Und immer nur die Zigarre" (64). Noch deutlicher wird Fontane bei der exemplarischen Beschreibung eines häuslichen Abends. Mit Rollo in ihrem Zimmer allein, hört Effi aus Innstettens Arbeitszimmer nicht mehr als „das Blättern in dem Aktenstück oder das Kritzeln seiner Feder" (100), ein Gespräch über politischen Tagesärger, ein paar Takte aus einer Wagneroper folgen. Den restlichen Abend fasst der Erzähler in dem Satz zusammen: „Um zehn war Innstetten dann abgespannt und erging sich in ein paar wohlgemeinten, aber etwas müden Zärtlichkeiten, die sich Effi gefallen ließ, ohne sie recht zu erwidern." (101) Effis rückblickende, auf Innstetten bezogene Bemerkung: „Und fremd war er auch in seiner Zärtlichkeit. Ja, dann am meisten; es hat Zeiten gegeben, wo ich mich davor fürchtete“ (215) verschärft noch einmal den bisher vermittelten Eindruck, dass Effis erotische wie sexuelle Bedürfnisse noch nicht einmal angesprochen, geschweige denn befriedigt werden.

Der Chinese als Objekt der Angstlust

Effi, deren Leben so sehr auf Bewegung abgestellt ist, auf Fliegen und Schaukeln, muss in Kessin die Erfahrung machen, dass ihr Lebensfluss zu stocken droht. Innstetten lässt ihr Gefühlsleben weitgehend unberührt, Kessin bietet außer einem Tripelli-Abend und Silvesterball kaum Zerstreuungen, und der gesellschaftliche Umgang reduziert sich auf den Apotheker Gieshübler. In dieser Situation sind die Spukvisionen Ausdruck ihrer Wünsche wie Materialisierungen ihrer Ängste. Bereits in ihrer ersten Nacht in Kessin nimmt sie Geräusche wahr, „als tanze man oben, aber ganz leise“ (50), später glaubt sie auch Musik und „Schuhe auf der Erde schleifen“ (55) gehört zu haben. Das sind Sinneseindrücke von einer festlichen Tanzgesellschaft, wie sie von ihr eigentlich gerade herbeigesehnt wird. Wenn Innstetten zum ersten Mal bis tief in die Nacht hinein beim Fürsten Bismarck ist, glaubt Effi in einem nächtlichen Angstanfall, der Chinese sei an ihr Bett getreten (vgl. 73), wie sie es schon bei ihrer Ankunft in Kessin befürchtet hat. Furcht und Wunsch lassen sich hier ebenso wenig trennen wie bei Effis Hang zum Schaukeln. So gesehen übernehmen der Chinese und die mit ihm verknüpften Spukerscheinungen eine ähnliche Funktion wie vordem das Schaukeln. Auch sie provozieren jenen „Schauer süßer Gefahr“ (116), jene Angstlust, die für Effi wichtiger Bestandteil ihres Lebensgefühls ist. Nur so wird verständlich, dass sie schon im Februar des darauf folgenden Jahres den Spuk bereits vermisst und, wie sie ihrer Mutter schreibt, geradezu herbeisehnt, „wenn es doch nur wiederkäme, nur nicht zu arg und nicht zu nah“ (102).

Innstettens Verhalten

Schon im Verlauf des ersten Gesprächs über den Chinesen wird deutlich, dass Innstetten auf Effis furchtsame Reaktionen nicht eingeht. Als fehle ihm jegliche situative Sensibilität, hält er am Chinesenthema auch dann noch fest, als Effi einen Themenwechsel nahelegt. Auch in allen folgenden Gesprächen gelingt es Effi nicht, ihrem Mann auch nur ein einziges Zugeständnis an ihre Furchtsamkeit abzuringen. Die Gardinen im oberen Raum, die sich ohne großen Aufwand kürzen ließen, bleiben unverändert (vgl. 56), ein Wohnungswechsel wird von Innstetten argumentativ so geschickt verworfen, dass Effi ihre Wünsche beschämt zurücknimmt (vgl. 79). Auch muss Effi nach allen Gesprächen über den Chinesen und ihre Spukängste den Eindruck gewinnen, Innstetten behandle ihre nächtlichen Erscheinungen so ernst, „als ob es doch etwas sei“ (58). Alle Anzeichen deuten darauf hin, dass Innstetten den Chinesen in seinem Haus als eine Art Kultfigur behandelt.

Der Chinese als Kultfigur

Für eine solche Annahme spricht bereits, dass Innstetten den Saal und die vier einfenstrigen Zimmer im oberen Stock über Jahre hinweg unverändert gelassen hat und für Renovierungsmaßnahmen nicht zu gewinnen ist. Alle Räume sind in auffälliger Weise „gelb getüncht“, in einem der kleinen Zimmer stehen noch drei durchgesessene Binsenstühle, an deren einem ein kleines Chinesenbildchen klebt. Als Effi den Vorschlag macht, den großen Saal in „zwei hübsche Fremdenzimmer“ (58) aufzuteilen, um auch einmal ihre Mutter beherbergen zu können, stimmt Innstetten diesem Vorschlag zunächst zu, besinnt sich dann allerdings anders: „Aber es ist doch am Ende besser, wir logieren die Mama drüben ein, auf dem Landratsamt; die ganze erste Etage steht da leer, gerade so wie hier, und sie ist da noch mehr für sich.“ (58) Offensichtlich möchte Innstetten seine ehemalige Jugendliebe doch nicht so unmittelbar unter seinem Dach wohnen lassen, zumindest nicht in jenem Raum, wo seinerzeit die Hochzeit von Kapitän Thomsens Nichte oder Enkelin Nina gefeiert wurde.

Der Chinese als Spiegelungsfigur

Hier könnte schließlich ein sehr privater, in Innstettens Biografie wurzelnder Grund für seinen Chinesenkult liegen. Das Schicksal des Chinesen weist eine Reihe von Übereinstimmungen mit Innstettens Lebenslauf auf (vgl. Schuster, 1978, S. 121), um dann in einem entscheidenden Punkt abzuweichen. Wie Innstetten hat der Chinese offensichtlich eine junge Frau geliebt, die dann mit einem älteren, gesellschaftlich bereits etablierten Mann verheiratet wird. Beide, der Chinese wie Innstetten, hatten eine „Entsagung“ zu verarbeiten. Während aber der Chinese nach vierzehn Tagen gestorben ist, hat Innstetten weitergelebt, allerdings seine Militärlaufbahn abgebrochen, den Wohnort gewechselt und ein Studium begonnen. Als Bertha zu Beginn des Romans Effis Bericht über Innstetten unterbricht und fragt: „Und nun sage, was tat Innstetten, was wurde aus ihm? Das Leben hat er sich nicht genommen, sonst könntet ihr ihn heute nicht erwarten“ (9), antwortet Effi: „Nein, das Leben hat er sich nicht genommen. Aber ein bisschen war es doch so was.“ (ebd.) Der Chinese könnte somit eine Art Parallelschicksal zu dem Innstettens verkörpern. Als Außenseiter in der Kessiner Gesellschaft beantwortet er den Verzicht auf seine Geliebte mit dem Tod. Eingebettet in die Gesellschaft, erlebt Innstetten nur „ein bisschen [...] doch so was“ (ebd.), findet aber Möglichkeiten, den Schmerz der erlittenen Versagung durch Berufs- und Ortswechsel in erträglichen Grenzen zu halten.

Sich-Abfinden statt Veränderung

Wenn die oberen Räume des Hauses etwas mit Innstettens Vergangenheit und ihrer Bewältigung zu tun haben, wird verständlich, warum er sich so beharrlich und für seine Umwelt in so undurchsichtiger Weise gegen alle Veränderungen im Hause sträubt, und das schon seit langem. Johanna weiß zu berichten, dass sich früher bereits der Prediger und der Apotheker Gieshübler mit den beunruhigenden Geräuschen beschäftigt hätten: „Nun aber wissen wir, dass es die Gardinen sind.“ (50) Dennoch vermag auch Effi selbst an den oberen Räumen nichts zu verändern. Sich-Abfinden und Gewöhnung, nicht Veränderung sind offensichtlich im Hause Innstetten die verbindlichen Verhaltensweisen.

Spukstolz statt Angst

Nicht genug damit, dass alle Gespräche über den Chinesen und den Spuk ohne praktische Konsequenzen enden, sie verstärken auch noch den Druck, dem Effi in Innstettens Haus ausgesetzt ist. Statt verständnisvoll auf Effis Ängste einzugehen, wertet er ihre Gefühle als mit ihrem gesellschaftlichen Stand unvereinbar ab: „Und dann bin ich überrascht, solcher Furcht und Abneigung gerade bei *dir* zu begegnen, bei einer Briest. Das ist ja, wie wenn du aus einem kleinen Bürgerhause stammtest“ (77). Mit Verweis auf ihre adlige Herkunft und seine gesellschaftliche Position in Kessin zwingt Innstetten Effi nicht nur zur Duldung der sie ängstigenden Erscheinungen, er erwartet sogar einen „adligen Spukstolz“ (ebd.), eine positive Einstellung zu dem, was sie quält. Von ihrem Mann unverstanden und zusätzlich geängstigt, bewegt sich Effi somit in einem eng abgesteckten Raum angstauslösender Reize: über ihr der Saal mit den Gardinen, der Binsenstuhl mit dem Chinesenbild, im Flur der Haifisch und das Krokodil, in der Küche die geistesgestörte Frau Kruse mit ihrem schwarzen Huhn, neben dem Kirchhof das Chinesengrab. Innstetten erscheint ihr als ein persischer oder indischer Fürst, umgeben von „Schwertern, Dolchen und Parderfellen und Schilden und langen türkischen Flinten“ (52f.). Das Chinesenmotiv und die es umgebenden Requisiten des Exotischen machen deutlich, wie fremd der eigentlich vom Exotischen und Aparten angezogenen Effi die Kessiner Umgebung sein muss. Gleichzeitig zeigt sich Innstettens Unfähigkeit, aus seiner eigenen, von gesellschaftlichen Normen geprägten Welt herauszutreten und sich auf Effi als fühlenden Menschen einzustellen.

Crampas´ Deutungen

Aus dieser Enge bietet Crampas einen Ausweg. Wenn sie ihn so eindringlich als „Trost- und Rettungsbringer“ (102) bezeichnet, geht sie zuerst von sich selbst und ihrer seelischen Notlage aus. Wichtig ist da bereits, dass Effi in Crampas' Begleitung durch die Dünen reiten und dem bedrückenden Einfluss des Spukhauses entkommen kann. Um weitere Annäherungen einzuleiten, muss Crampas allerdings zuerst den Chinesen aus Effis Angstbesetzung lösen. Dazu bietet er zwei Erklärungsmodelle an: Zum einen wolle Innstetten das eigentlich kärgliche Haus durch so etwas Apartes wie einen Spuk interessant machen, weil sich „Ungewöhnlichkeiten nach oben hin besser empfehlen“ (132). Zum andern verfolge Innstetten damit aber auch einen erzieherischen Zweck: „Eine junge Frau ist eine junge Frau, und ein Landrat ist ein Landrat. Er kutschiert oft im Kreise umher, und dann ist das Haus allein und unbewohnt. Aber solch Spuk ist wie ein Cherub mit dem Schwert [...].“ (Ebd.) Mit dieser Deutung unterstellt Crampas seinem Regimentskameraden Innstetten, er betreibe eine systematisch geplante Angsterziehung mit dem Ziel, Effi auch während seiner Abwesenheit in seiner Gewalt zu behalten. Dieser „Angstapparat aus Kalkül“ (ebd.), wie es Effi zusammenfassend formuliert, empört sie in mehrfacher Hinsicht. Zum einen verletzen sie die Grausamkeit und Kälte, die sie hinter einem so systematisch geplanten Vorgehen mit Recht vermutet. Zum anderen muss sie sich auch in ihrem Selbstwertgefühl missachtet vorkommen, wenn ausgerechnet Innstetten, der auf ihre emotionalen Bedürfnisse so wenig eingeht, sie mit Methoden der Angsterziehung an sich zu binden und ihre Lebenslust zu ersticken versucht.

Interessenbezogenheit der Deutung

Sicherlich verhält sich Innstetten auf den Chinesen und den Spuk bezogen so, dass er zwar auf Effis Befürchtungen argumentativ eingeht, letztlich aber alle Entscheidungsfragen offen lässt und immer wieder neue Angstreize ins Gespräch bringt. Effi hat diese schwankende Haltung Innstettens schon im ersten Gespräch über das Chinesengrab erkannt und sowohl Innstetten als auch ihrer Mutter gegenüber deutlich formuliert. Doch wenn auch das Operieren mit der Angst in der damaligen Zeit ein beliebtes Erziehungsmittel war, geht Crampas mit seiner Deutung doch einen Schritt zu weit. Er kann insofern kein zuverlässiger Interpret von Innstettens Verhaltensweisen sein, als er Effi gegenüber ganz eindeutige Interessen verfolgt. Zu seiner Verführungsstrategie gehört es, Innstettens Autorität zu schwächen und Effi aus seinem Machtbereich herauszulösen. Wenn er dabei Innstettens Angst förderndes Verhalten als bewusste Erziehungsstrategie deutet, wird er der Person Innstettens nicht gerecht. Aber auch unter romantechnischen Aspekten wäre es nicht statthaft, der Crampas'schen Deutung den Stellenwert einer nachträglichen Enthüllung der Wahrheit beizumessen. Bewusst ist die Vielfalt der Perspektiven in diesem Roman so genutzt, dass erst deren Summe eine ausgewogene Einschätzung der Zusammenhänge ermöglicht.

Wandlung des Chinesenmotivs

In dem Maße, wie Effi an Selbstbewusstsein zunimmt, vermindert sich ihre Angst vor dem Chinesen und dem Spuk. Schon als Major von Crampas nach Kessin kommt, glaubt sie den Spuk fast zu vermissen, unmittelbar nach dem Enthüllungsgespräch blickt sie auf dem Rückweg ungerührt „nach dem Stein und der Tanne hinüber, wo der Chinese lag" (132). Mit der beginnenden Liebesbeziehung zu Crampas ändert sich schließlich auch die Bedeutung des Chinesenmotivs in Effis Leben. Ließen sich die Spukerscheinungen, auf Effi bezogen, als Sehnsucht nach Sinnlichkeit und gleichzeitig als Angst vor ihr deuten, so übernehmen sie nun die Funktion, Effi an ihren ehelichen Treuebruch zu gemahnen. Wenn sich nun die Spukerscheinungen früherer Nächte zu wiederholen scheinen, Licht und Schatten hin und her fliegen, Rollo anschlägt und sie die Empfindung hat, „als sähe ihr wer über die Schulter", ist sie um eine Deutung nicht mehr verlegen: „,Ich weiß schon, was es ist; es war nicht *der*', und sie wies mit dem Finger nach dem Spukzimmer oben. ,Es war was anderes ... mein Gewissen ... Effi, du bist verloren.'" (168) Die sie jetzt ganz beherrschende Furcht vor der Entdeckung ihres Ehebruchs lässt alte Spukängste so weit verblassen, dass sie sie schon zu einem Komödienspiel missbrauchen kann. Mit ihrer gespielten Aufregung: „Nie bin ich die Angst hier ganz losgeworden, nie" (181) versucht sie Innstetten darüber hinwegzutäuschen, dass sie sich in ihren wirklichen Gefühlen, der Erleichterung, die Affäre mit Crampas abbrechen zu können, beinahe verraten hätte. Dass Johanna das Chinesenbildchen von einem der Binsenstühle in Kessin mit nach Berlin nimmt, verweist schließlich darauf, dass die Erinnerung an Effis Schuld auch durch einen Wohnortwechsel nicht auszulöschen ist.

Vieldeutigkeit des Chinesenmotivs

Wenn Fontane einen seiner Kritiker dafür lobt, dass er als Erster die Bedeutung des Spukhauses und des Chinesen erkannt habe, da doch der Spuk „ein Drehpunkt für die ganze Geschichte" sei (Fontane, *Effi Briest*, mit Materialien, S. 313), weist er dem Chinesenmotiv eine herausragende Rolle zu. Doch kann es die Funktion, fast alle thematischen Aspekte des Romans miteinander zu verknüpfen, nur übernehmen, weil es sich allen verengenden Deutungen widersetzt. Von seiner Herkunft her auf übergreifende historische Zusammenhänge, auf Imperialismus und Chinahandel verweisend, provoziert das Chinesenmotiv ganz unterschiedliche Deutungen. Zum einen verweist es auf Effis psychische Notlage in den ersten Ehemonaten, auf ihre Entbehrungen und Ängste. Zum andern wirft es ein Licht auf Innstettens Psyche, seine Geschichte und die gesellschaftlichen Zwänge. Der Chinesenspuk und die mit ihm verknüpften Motive entwickeln sich in Kessin zu einem zentralen Gesprächspunkt, an dem die unvereinbaren Interessengegensätze zwischen Effi und Innstetten deutlich werden. Mit dem Chinesenspuk tritt schließlich auch der Verführer an Effis Bett, der in Innstettens Haus immer schon präsent ist. Und in der Erinnerung an begangenen Treuebruch wirkt das Motiv, nun auf das Papierbild reduziert, auch in Berlin noch nach.

Die Gesellschaftsgeschichte: Roman der Bismarck-Zeit

Politische und gesellschaftliche Ordnung

Wer Fontanes *Effi Briest* nicht nur als individuelle Ehetragödie, sondern als historisches Paradigma versteht, kommt um eine genauere historische Einordnung des Handlungsgeschehens nicht herum. Mögen dem zeitgenössischen Fontane-Leser noch die zahlreichen politischen und gesellschaftlichen Anspielungen und Verweise vertraut gewesen sein, so schafft die historische Distanz zunehmend Erklärungsbedarf. Dabei kann es an dieser Stelle nicht um eine differenzierte Darlegung des komplexen sozialökonomischen und politischen Entwicklungsprozesses der Jahre zwischen 1877 und 1889 gehen. In jene zwölf Jahre der Spätbismarck-Ära nämlich lässt sich die Romanhandlung von Effis Hohen-Cremmer Kindertagen bis zu ihrem Tod relativ präzise einordnen. Notwendig erscheint es vielmehr, Handlungsweisen und Bewusstseinsstrukturen der Romanfiguren auch aus den Bedingungen der Zeitumstände verstehbar zu machen und nicht allein auf individualpsychologische Erklärungsmuster zu reduzieren. Zu offenkundig sind die ständetypischen Prägungen der Figuren, zu übermächtig die ungeschriebenen Verhaltenskodizes, zu gegenwärtig „Der Fürst", als dass man die gesellschaftliche Dimension dieses Romans außer Acht lassen könnte.

Herrenhaus-Perspektive

Was sich im scheinbar privaten Milieu in und um die Familie Briest und von Innstetten ereignet, spiegelt Einstellungen und Werthaltungen wider, die als altpreußische Traditionskonstante bis ins ausgehende 19. Jahrhundert Bestand hatten. In der relativen Abgeschlossenheit des Herrenhauses von Hohen-Cremmen wie im Kessiner Landkreis scheint die Welt des havelländischen und pommerschen Landadels noch fast unberührt von den politischen und ökonomischen Umbrüchen im Zuge bürgerlich-industrieller Entwicklung. Machtstellung und Selbstwertgefühl orientieren sich an Stand, Titularien, Größe von Grundbesitz und nachweisbarer Familientradition. Das Herrenhaus in Hohen-Cremmen, lässt uns Fontane gleich in der ersten Romanzeile wissen, ist Familienbesitz schon aus Zeiten des brandenburgischen Kurfürsten Georg Wilhelm, eine Angabe, die beim heutigen Leser wenig, beim traditionsbewussten zeitgenössischen Fontane-Publikum aber tiefen Respekt ausgelöst haben mag. Unter den Bedingungen solcher Geschichtsverpflichtung werden Ordnungsmuster unwidersprochen übernommen: Uradel sticht Adel, Landadel sticht Beamtenadel, der Ritterschaftsrat den Leutnant, der Oberförster den Förster. Stets verfügbar, aber immer im Hintergrund, ein eilfertiges Dienstpersonal, die Kompetenzen mit feinen hierarchischen Abstufungen auf Haushalt, Kinder, Küche, Garten, Kutsche sorgsam verteilt. Das untadelige „Gesindebuch", wir erfahren es am Beispiel Roswithas ganz nebenbei, entscheidet über den Dienst bei den „Herrschaften". Der Blick für die soziale Wirklichkeit über die Fassade des Herrenhauses hinaus, am landrätlichen Spukhaus vorbei auf und in die Häuser der bürgerlichen Kaufleute und „einfachen Leute" Kessins, auch der Einblick in die Berliner Metropole (1885 ca. 1,5 Millionen Einwohner) jenseits von Keithstraße und Hofballatmosphäre, er bleibt schmal und veranschaulicht damit den Wahrnehmungshorizont der Romanfiguren, dem der Fontane'sche Erzähler bewusst treu bleibt. Die Begrenztheit eines solchen Horizontes ist Folge ständehomogener Abgrenzung und trägt damit auch Züge gesellschaftlicher Isolation, die derjenige aber nicht wahrnehmen kann, der die Kategorie Gesellschaft mit dem Machtgefüge von Herrschaftseliten gleichsetzt.

Eine preußische Gesellschaftspyramide im Kleinen

Welche Bedeutung ständischem Denken zukommt, belegt ein Gespräch zwischen Effi und Innstetten in den ersten Kessiner Ehewochen, aus dem sich gleichsam eine preußische Gesellschaftspyramide im Kleinen ableiten lässt. „Habt ihr denn Leute von Familie in der Stadt?", will die 17-jährige Frau Landrätin wissen und begegnet Innstettens Bemerkung: „In der Nähe haben wir ein paar Adelige […], aber hier in der Stadt ist gar nichts" mit Verwunderung: „[…] unter dreitausend Menschen muss es doch außer so kleinen Leuten wie Barbier Beza […] auch noch eine Elite geben, Honoratioren, oder dergleichen […]" (53). Die Antwort Innstettens vervollständigt das gesellschaftliche Ordnungsmodell: „Innstetten lachte: ‚Ja, Honoratioren, die gibt es. Aber bei Lichte besehen, ist es nicht viel damit. Natürlich haben wir einen Prediger und einen Amtsrichter und einen Rektor und einen Lotsenkommandeur, und von solchen beamteten Leuten findet sich ausschließlich wohl ein ganzes Dutzend zusammen [...]. Und was dann noch bleibt, das sind bloß Konsuln'" (ebd.), womit er auf die bürgerlichen Kaufleute des Küstenstädtchens Kessin verweist. Die Formulierungen markieren eindeutige Hierarchien und Wertungen: Leute von Familie, das meint Adel und damit Elite, was folgt, das sind Stadthonoratioren, angeführt vom beamteten Bürgertum, Funktionsträger wie Rektor, Richter oder Prediger, die bürgerlichen Handelskaufleute sind aus der pommerschen Landratsperspektive „bloß" Konsuln, der Rest in der Sprache Effis „einfache Leute". Wer in solch klaren sozialen Zuordnungen denkt und im überschaubaren „Oben" und „Unten" sich der eigenen Privilegien sicher weiß, für den definieren sich zwischenmenschliche Beziehungen nicht durch Neigung oder gar Zuneigung, sondern durch Notwendigkeit und Nützlichkeit. „Wie stehst du zu dieser ganzen Umgangs- und Verkehrsfrage?" wendet sich Innstetten nach den pflichtschuldigen Visiten in Kessin nicht ohne Ironie an Effi, um wenig später hinzuzufügen: „Daran hängt doch am Ende Leben und Sterben." (65)

Gesellschaftlicher Erwartungsdruck

In der Tat wird die „Umgangs- und Verkehrsfrage" über die Kessiner Situation hinaus zur Schlüsselkategorie des gesamten Romans. Betrachtet man die handlungsrelevanten Beziehungen und Entscheidungen der Romanfiguren unter dem Aspekt, welche Rolle dabei der Autonomie des Subjekts zukommt, so mag man ermessen, welcher gesellschaftliche Erwartungsdruck bewusst oder unbewusst ausgeübt werden musste, um ständehomogene Ehebindungen, rollentypisches Verhalten, ständeadäquate Karrieren durchzusetzen. Nicht erst die signifikant gesellschaftliche Szenerie des Duells und seiner Folgen offenbart, welcher Zwangscharakter von dem Normgefüge einer gesellschaftlichen Klasse ausging, die ihre Privilegien nur um den Preis der Verhinderung individueller Freiheit zu bewahren vermochte. Die Eheentscheidung Luise von Bellings für den Ritterschaftsrat von Briest, das Ehearrangement für Effi von Briest mit Baron von Innstetten, das „Emporklimmen" vom preußischen Leutnant zum Berliner Ministerialrat, die ritualisierte Sanktion für Abweichungen von der „Gesellschafts- und Verkehrsfrage", Duell mit dem Liebhaber, gesellschaftliche Isolation der Frau, belegen den Fortbestand einer gesellschaftlichen Moral im spätbismarckschen Preußen-Deutschland, die am Schein der Äußerlichkeiten selbst dann noch festhält, wenn das zerstörerische Potential von Pflicht und Ehre seine Opfer fordert.

Machtstütze Adel

Die Wesenszüge eines autoritären Systems, dessen gesellschaftliche Stütze immer noch der preußische Adel ist, dessen institutionelle Fundamente preußisches Heer und Beamtentum sind, dessen politische Leitfiguren Kaiser Wilhelm oder Fürst Bismarck heißen, werden im Fokus einer Ehegeschichte konkretisiert. Familie und Ehe der alten Traditionseliten erscheinen als zentrale Bastion, die Kontinuität des alten Ordnungs- und Wertgefüges gegen bürgerlich-liberale Emanzipationsbestrebungen durchzusetzen. Solange die familiäre Sozialisation in Adelsfamilien noch Töchter hervorbrachte, die sich zur ständehomogenen Partnerwahl funktionalisieren ließen („Jeder ist der Richtige. Natürlich muss er von Adel sein […]"), solange abweichendes Verhalten noch als Angriff auf Standesehre ausgegeben werden konnte und entsprechend geahndet werden musste (vgl. Duell), so lange das Sich-Einfügen in ständische Selbstzwänge noch Voraussetzung für den Erwerb und Erhalt von privilegierten Machtstellungen war (vgl. Karriere Innstettens), so lange war dem Anspruch des Individuums auf Selbstentscheidung und Selbstverwirklichung noch zu begegnen.

Wo ein Glied in der Kette der sich gegenseitig stabilisierenden Faktoren brach, ja nur durch eine „naive Vorfrage: muss es sein?" (233) in Zweifel gezogen wurde, dort geriet mehr ins Wanken als nur die Akzeptanz einer bestimmten Werthaltung.

Gesellschaft heißt Exklusivität

An dem, was aus der Perspektive der Fontane'schen Romanfiguren „Gesellschaft" heißt, wird jeweils deutlich, womit die Zugehörigkeit zu diesem Ordnungsgefüge im Kleinen einhergeht. Gesellschaft meint immer Exklusivität und dient primär der Abgrenzung gegenüber dem Zugang anderer. Sie sichert nicht nur Anerkennung, sondern entscheidet über Machtpositionen. Der Preis der Exklusivität ist die Akzeptanz eines starren Reglements, das Züge von repressiver Gewalt trägt. Sie zu ertragen, fällt umso leichter, als der Ausschluss von dem, was in Fontanes Roman Gesellschaft heißt, dem sozialen Kältetod gleichkommt. Je kleiner dabei die Räume sind, in

denen sich die Träger gesellschaftlicher Auszeichnung bewegen, umso unmittelbarer wirken die Zwänge und Kontrollinstanzen. Für das Herrenhaus in Hohen-Cremmen bringt dies der alte Briest selbst auf den Begriff. Abgrenzung von der Gesellschaft, das „Haus von aller Welt abschließen", dieser von Luise Briest nach dem Ehebruch der Tochter befürchtete soziale Kältetod, hieße schlicht, Verzicht auf den Besuch der „Rathenower". Und um der Aufrechterhaltung dieser ständehomogenen Beziehung willen erscheint die Isolation der Tochter unausweichlich. Für die Landratsfamilie in Kessin heißt Gesellschaft pommerscher Nachbaradel und städtische Ressource. Einhaltung der herrschaftsstabilisierenden Machtstrukturen auch hier, zuerst der Adel, dann das Bürgertum, dies sichert die Stellung und ebnet den Weg nach Berlin. Nicht Wohlfühlen ist gemeint, wenn Innstetten Effi fragt: „Wirst du dich einleben?" (65), sondern die Bereitschaft zur gesellschaftlichen Anpassung. „Wirst du populär werden und mir die Majorität sichern, wenn ich in den Reichstag will? Oder bist du für Einsiedlertum, für Abschluss von der Kessiner Menschheit, so Stadt wie Land?" (ebd.) Instrumentalisierung der Frau für die Karriere des Mannes, auch dies ein Merkmal nicht nur der Gesellschaft des ausgehenden 19. Jahrhunderts. Mit der Ministerialratsernennung richtet sich der Blick auf die Berliner Gesellschaft, die schon aus der Perspektive der 17-jährigen Effi auf Hofball- und Galaoper beschränkt blieb. Die Attribute ständischer Exklusivität nehmen zu. Effi wird von der Kaiserin in den Kreis der Ehrendamen für eine Stiftung eingereiht, Kaiser Wilhelm richtet anlässlich des Hofballs „gnädige, huldvolle Worte an die schöne junge Frau" (222). Gleichzeitig verdichten sich in der Figur Effi Anzeichen dafür, dass sie dem Erwartungsdruck nicht mehr standzuhalten vermag, der mit jeder Form gesellschaftlicher Auszeichnung unausgesprochen verbunden war. Gerade die unverarbeitete Kessiner Affäre musste dazu führen, dass ihr mit jeder Hervorhebung und Ehrung zugleich die Gefahr des Falls und damit der gesellschaftlichen Isolierung vor Augen stand.
Gesellschaft, das war je nach Standort das Regiment, der Nachbaradel der Landgüter, die Berliner Ministerialbürokratie, Bismarck oder die Nähe zum Hof. Gesellschaft, das war gleichbedeutend mit Privileg und Elite. Je exklu-

siver der Stand, umso rigider Etikette und Verhaltenszwänge. Letztere dienten vor allem der Aufrechterhaltung des äußeren Scheins einer von Adel und Tradition geprägten Gesellschaftsform, die mit der Dynamik der realen politischen und ökonomischen Entwicklung der bürgerlich-kapitalistischen Entwicklung nicht mehr Schritt halten konnte.
Der Fassadencharakter der bestehenden Gesellschaft und der unaufhaltsame Transformationsprozess zu einer bürgerlichen Gesellschaft blieb auch Fontane nicht verborgen:

> „Alles antiquiert! Die Bülows und Armins sind zwei ausgezeichnete Familien, aber wenn sie morgen von der Bildfläche verschwinden, ist es nicht bloß für die Welt (da nun schon ganz gewiß), sondern auch für Preußen und die preußische Armee ganz gleichgültig und die Müllers und Schulzes rücken in die leergewordenen Stellen ein. Mensch ist Mensch." (Fontane, 1894, in: Materialien, S. 323)

Drei Adelsgesichter

Die Welt des Adels erscheint in Fontanes Roman vor allem in drei Gesichtern. In der Figur des havelländischen Ritterschaftsrat von Briest (alter brandenburgischer Adel), in der Figur des Baron von Innstetten (weniger alter brandenburgischer Adel) und in den wenig schmeichelhaften Charakterisierungen des pommerschen Landadels.
Bei aller standestypischen Gemeinsamkeit von preußischer Tradition und Ehrauffassung, bei aller Überzeugung von der geburtsrechtlichen Privilegierung des Adels, dürfen jedoch die feinen Differenzierungen Fontanes, die für die gesellschaftliche Umbruchsituation des Kaiserreichs wichtig sind, nicht unterschlagen werden.

Landadel

Von Briest ist der Repräsentant eines eher unpolitischen Landadels, der die Freiräume des Gutsherren jeder Form von politischer und gesellschaftlicher Karriere vorzieht. Sein Selbstbewusstsein entspringt aus uradeliger Familientradition und Grundbesitz. Landrätliche Stellungen, lässt er den Schwiegersohn von Innstetten wissen, kommen für ihn nicht in Frage: „So nach meinem eigenen Willen schalten und walten zu können, ist mir immer das Liebste gewesen [...] als so die Blicke beständig nach oben richten zu müssen." (17) Steht der Raps gut und der Kornpreis hoch, dann herrscht im Hause von Briest Zufriedenheit. Klagen verursacht nur der Preisverfall, und so wird uns der Ritterschaftsrat, Fontane auch hier in der Erzählchronologie historisch präzise, im Jahre 1879 im Zusammenhang mit der Wohnungssuche der Innstettens in Berlin als Anhänger der Schutzzollforderungen geschildert, die allein seinen wirtschaftlichen Ruin zu verhindern vermögen.

Unser altes Preußen

Auf Großgrundbesitz und alte Privilegien gegründet ist auch das Selbstbewusstsein der pommerschen Landadelsfamilien. Auch ihre Blicke sind nicht „nach oben" gerichtet, sondern ausschließlich auf sich selbst, was sie mit „oben" gleichsetzen. Altererbter Latifundienbesitz (im östlichen Preußen um 1885 bis zu 70 000 ha, vgl. Heß, 1990, S. 83) und damit vielfach noch verbundene Patrimonialrechte (Polizeigewalt, Einsetzung des Dorfschulzen usw.) machen verständlich, dass die politischen Entwicklungen nach 1871 hier nicht nur Zustimmung fanden. Versuche Bismarcks, auf dem Lande im Sinne der Modernisierung und Effektivierung eine neue Kreisordnung einzuführen, die alte Patrimonialrechte durch Selbstverwaltungsprinzipien ersetzen sollte, führten zur „Rebellion der Junker gegen Bismarcks Politik" (vgl. Carsten, 1987, S. 124). Allgemeines Wahlrecht zum Reichstag galt diesen stockreaktionären Kräften als viel zu weitgehendes Zugeständnis an den „Zeitgeist", und um sich witterten sie wie der alte von Borckes „schwere Zeiten [...] Auflehnung, Trotz, Indisziplin" (115). Das Reich, der deutsche Nationalstaat, das Aufkommen bürgerlich liberaler Ideen, das war für den pommerschen Landadel eine Existenzbedrohung, und so beschwor er immer wieder „unser altes Preußen [...] Pommern und Brandenburg" (ebd.).

Beamtenadel

Baron von Innstetten verkörpert den modernen Typus des preußischen Adels, der die Reichsgründung und den damit verbundenen Innovationsschub in Staat und Gesellschaft begrüßt. Mit dem Landadel und dem Offiziersadel verbindet ihn zwar noch das Bewusstsein von Standesehre und Abgrenzung, aber seine gesellschaftliche Stellung leitet er nicht mehr aus dem Besitz von Grund und Boden oder aus militärischem Rang ab. Er fügt vielmehr dem Adelsprivileg das bürgerliche Gut der Bildung in Form eines juristischen Studiums hinzu. Die Kombination von beidem, Auszeichnung und Bildung, eröffnen ihm Perspektiven bis an die Spitze der staatlichen Hierarchie. Während der Landadel eher bewahrend und bodenständig ausgerichtet bleibt, ist der Weg des Adels im Staatsdienst dynamischer. Mit dieser Dynamik erhöht sich aber zugleich der Anpassungsdruck, weil es gilt, in Konkurrenz zu anderen, etwas zu erreichen und nicht nur etwas zu erhalten. Während z.B. für den Ritterschaftsrat von Briest mit der Eheschließung die gesellschaftliche Position endgültig festgelegt ist, steht die Beamtenadelsehe Innstettens erst am Anfang seiner nach oben offenen Karriereleiter. Diese Perspektive des „Höher-hinauf“ (75) ließ sich umso rascher verwirklichen, als man sich denen unterordnete, die über die Vergabe von staatlichen Schlüsselpositionen verfügten. Die Nähe zum Reichskanzler als Chef der Verwaltung, die Besuche beim „Fürsten“ in Varzin, waren damit die Garantie für Karriere. Der Preis für die Karriere war die Akzeptanz der Normen, die auch für den Fürsten galten.

Die Standesehe als Garant gesellschaftlicher Ordnung

Eine gesellschaftliche Veranstaltung

Der Garant für die Vermittlung, Bewahrung und Einhaltung ständischer Werthaltungen war die Kontinuität relativ ständehomogener Ehebindungen. War diese Kontinuität nicht mehr gegeben, dann war nicht nur die Tradition der Standesehre unterbrochen, sondern auch die Selbstrekrutierung adliger Eliten in Frage gestellt. Insofern fehlte den Ehen in den oberen Ständen vielfach der Charakter des Privaten und waren sie „eine gesellschaftliche Veranstaltung schlechthin“ (Müller-Seidel, 1980, S. 354).

Aristokratisierung des Bürgertums

Selbst dort, wo aus Gründen der Verschuldung eine Geldheirat zwischen adeligem Grundbesitz und bürgerlichem Kapital zur Aufstockung des Familienvermögens dringend geboten war, führte dies nicht zur Aushöhlung des adligen Verhaltenskodex. Zu bereitwillig verzichteten die Bürgerlichen auf ihre eigenen Vorstellungen und Werte, um sich in der Aura adliger Exklusivität zu sonnen, ein Vorgang, der sich als „Aristokratisierung des Bürgertums“ teilweise über das Ende des Kaiserreichs hinaus erhielt. Der notwendige Abschied von Standesritualen und überlebter Etikette war dadurch bestenfalls zu verzögern, nicht zu verhindern.

Ehe Briest

Am Beispiel der märkischen Landadelsfamilie von Briest werden uns zwei fast deckungsgleiche Muster standesgemäßer Heirat vorgeführt. Ausgerichtet an den Partnerwahlkriterien Stand, Besitz und Ansehen heiratet zunächst die 20-jährige Luise von Briest (Tochter eines Grundbesitzers in Schwantikow) den als deutlich älter beschriebenen Herrn von Briest, „der schon Ritterschaftsrat war und Hohen-Cremmen hatte“ (9), und beendet damit die Liebesgeschichte zu einem 20-jährigen Rathenower Leutnant namens Geert von Innstetten. Die Gründung einer Ehe, wie wir sie hier aus dem Munde der 17-jährigen Tochter erfahren, vollzieht sich nach einer nüchternen Güterabwägung im wortwörtlichen Sinne. Herrenhaus im benachbarten Hohen-Cremmen, Ritterschaftsrat gesetzten Alters, Eheperspektive, dagegen konnten Liebe und ein junger Leutnant nicht ankommen. Effi berichtet denn auch in der gebotenen Kürze: „[…] und als mein Papa sich einfand […] da war kein langes Besinnen mehr, und sie nahm ihn und wurde Frau von Briest […].“ (Ebd.)

18 Jahre später, und damit beginnt das zweite Muster einer standesgemäßen Heirat, findet sich wiederum in einem märkischen Landgut ein Herr ein, diesmal im Hause von Briest: Ein „Baron“, „Landrat aus Hinterpommern“ und „ältlich“, hält bei den Eltern um die Hand der 17-jährigen Tochter an. Bis hierher erleben wir fast eine Neuauflage der Ehegründung von Briest, wäre der Herr nicht der ehemals leer ausgegangene jugendliche Freund der Mutter.

Ersatzehe

Bedarf letzteres Phänomen der „Ersatzehe“, in der Luise von Briest Schuldgefühle oder auch erotische Erinnerungsphantasien abzuarbeiten hoffte, eher einer sorgsamen psychoanalytischen Betrachtung, so soll an dieser Stelle der Blick ausschließlich auf ständetypische Merkmale der Eheschließung gelenkt werden.

Kuppelei

Die Ehe zwischen Effi und Innstetten gründet wie die Ehe von Briest auf dem Prinzip der Standesheirat und ist keine Liebesbeziehung. Der von Fontane geschilderte Ablauf der ersten Eheschließung trägt Züge der Kuppelei. Der Antragsteller ist zwar Innstetten, aber das Arrangement („du siehst so unvorbereitet aus, so gar nicht

zurechtgemacht, und darauf kommt es in diesem Augenblick an", 14) und die Begründung für diese Ehe übernimmt die Mutter („Effi schwieg", ebd.). Hinter den Karriere- und Aufstiegsverheißungen der Mutter („so stehst du mit zwanzig Jahren da, wo andere mit vierzig stehen. Du wirst deine Mama weit überholen", ebd.) steckt weit mehr als nur die Aussicht auf ständehomogene Heirat im märkischen Landadel. Vielmehr scheint der aufstiegsorientierte Adel im preußischen Staatsdienst die Chance zu bieten, über den Zwischenschritt eines pommerschen Küstenstädtchens den Sprung nach Berlin und damit vor allem in die Nähe des Hofes zu schaffen. Für die adlige Tochter eines abgelegenen märkischen Landguts waren bei Lichte betrachtet die Auswahlmöglichkeiten für ständehomogene Beziehungen nicht gerade üppig. Besuche der Rathenower Offiziere und umliegende Landadelsvisiten, darauf beschränkte sich im Wesentlichen das „Angebot". Griff man da nicht rechtzeitig zu und verweigerte man sich gar den elterlichen Verknüpfungskünsten, so drohte lebenslange Jungfernschaft (vgl. Sidonie von Grasenabb, „eine dreiundvierzigjährige alte Jungfer", 62), was bei dem De-facto-Arbeitsverbot adliger Frauen vielleicht noch in Berlin durch gesellige Ablenkungen, nicht aber in Hohen-Cremmen zu ertragen war.
In der Metapher vom „weit überholen" zeigen sich aber auch Elemente nicht realisierter Wunschvorstellungen der Mutter nach Aufstieg innerhalb des Standes, die sie über die Tochter zu befriedigen hoffte. So wird verständlich, dass mit dem entdeckten Ehebruch der Tochter auch die Überhol-Träume der Mutter ein jähes Ende finden und dass diesem Ende eine unerbittliche Sanktion vor allem von Seiten Luise von Briests folgt.

Familiäre Sozialisation

Die Inszenierung der Standesheirat funktioniert nur so lange, wie sich die an ihrem Zustandekommen beteiligten Spieler rollen- und standesgemäß verhalten. Nur weil die zur zweiten Natur gewordenen Zwänge familiärer Sozialisation im Falle von Effi noch reibungslos greifen, kommt es zur von Eltern und Adelsgesellschaft gewünschten Eheschließung. Gerade an der austauschbaren Begründung für die Eheentscheidung gegenüber den Freundinnen: „Gewiss ist es der Richtige [...]. Jeder ist der Richtige. Natürlich muss er von Adel sein [...] und gut aussehen" (16) macht Effi deutlich, wie sehr ständische Wertvorstellungen verinnerlicht worden sind. Zugleich wird offenkundig, worin das Gefährdungspotential zwischenmenschlicher Beziehungen liegt, die sich ausschließlich auf solche Äußerlichkeitsattribute gründen.

Disziplinierung von Sinnlichkeit

Mit der Akzeptanz der von Effi genannten Partnerwahlkriterien ist unabdingbar die Disziplinierung von Sinnlichkeit verbunden. Wer daher wie Effi auch das Gefühl von „Zärtlichkeit und Liebe" spürt, wer gar wie Effi meint, „Liebe kommt zuerst, aber gleich hinterher kommt Glanz und Ehre" (28), der ist eigentlich für die Standesheirat schon verloren.

Fontanes Roman zeigt, dass die Standesehe formal nur noch unter drei Bedingungen funktionsfähig ist: Entweder lassen die Ehepartner, wie der alte Briest, Liebe zum „Papperlapp" verkommen, oder sie erstarren in völliger emotionaler Dumpfheit wie die pommerschen Landadelsehen. Oder aber das noch vorhandene Bedürfnis nach Liebe findet in äußeren Anerkennungen und Auszeichnungen und in gesellschaftlichen Ablenkungen und Zerstreuungen einen befriedigenden Ersatz. Letzteres wäre die einzige Chance gewesen, die Ehe Effis wenigstens nach außen zu retten. Dass diese sich nicht bietet, liegt nur daran, dass die kompensatorischen Entsprechungen für Liebe „Höher-hinauf", „Hofball", „Galaoper", „Frau Ministerialdirektorin" für den Bestand der Ehe zu spät kommen und dass Kessin und ein Spuk im doppelten Sinne Effi erst in die Lage versetzen, Gefühlsdefizite wahrzunehmen.

Gefühlskultur

Es ist für die emotionale Kälte der adligen Romanfiguren bezeichnend, dass gerade mit der Figur des bürgerlichen Apothekers Gieshübler ein „Mensch" (!) der Gefühlskultur in die Handlung und damit in die Ehe Effis eingeführt wird. Erst er lässt Effi erkennen, „was ihr in ihrer Ehe eigentlich fehlte" (100).

Mit dieser Erkenntnis sind Forderungen und Erwartungen verbunden, die über die Angebote der Ständeheirat weit hinausgehen. Dass der Kessiner Landrat die emotionalen Bedürfnisse seiner Ehefrau nicht zu erfüllen vermag, ist seinerseits Ausdruck einer gesellschaftlich bedingten Disziplinierung von Sinnlichkeit, die Effi selbst als Zwiespalt zwischen Zärtlichkeit und Karriere auf den Begriff bringt: „[D]u bist eigentlich […] ein Zärtlichkeitsmensch […]. Du willst es bloß nicht zeigen und denkst, es schickt sich nicht und verdirbt einem die Karriere" (121). Die unabdingbar an den gesellschaftlichen Aufstieg des Mannes gebundene Lebensperspektive zwingt Effi, solche Verhaltenszwänge auszuhalten. Persönliche Angstgefühle (vgl. Spukmotiv) galt es zu ersticken, um die karrierefördernden Aufenthalte des Ehemanns bei Bismarck nicht zu gefährden, Zärtlichkeitsempfindungen und Einsamkeitsgefühle galt es durch Apothekerfreundschaft oder Tierliebe (Rollo) auszugleichen, um Innstetten den Weg nach oben zu ermöglichen. Dem Landrat, der sich in der Regel am Abend zum Aktenstudium auf sein Zimmer zurückzog, um die „Ernennungen und Ordensverleihungen" (101) durchzugehen (solche Tätigkeiten trugen den Charakter der Ersatzbefriedigung), während die Ehefrau im Kaminzimmer zurückblieb, gelang die Disziplinierung des „Zärtlichkeitsmenschen" umso einfacher, weil er den preußischen Ehr- und Pflichtbegriff verinnerlichte („[i]ch habe keine Wahl, ich bin ein Mann im Dienst", 75), der allein den gesellschaftlichen Aufstieg in die Beamtenelite ermöglichte.

Naturkind statt Adelstochter

Effi scheiterte an dieser Gefühlsunterdrückung, weil sie letztlich zu sehr „Naturkind" und zu wenig adlige Tochter war. Damit geriet die gesellschaftliche Institution Standesehe ins Wanken.

Aristokratischer Ehrenkodex und Duellpraxis

Duellkonventionen

In der Duellforderung findet der aristokratisch geprägte Ehrenkodex seinen sichtbarsten und aus heutiger Zeit zugleich fragwürdigsten Charakter. Die Verwunderung mag zunehmen, wenn man erfährt, dass jene ursprünglich dem Adel vorbehaltene Form des Konfliktaustrags mit dem Aufstieg des Bürgertums im 19. Jahrhundert, vor allem aber nach der Reichsgründung 1871 in Deutschland, auch in bestimmte bürgerliche Kreise Einzug hielt. Im historischen Szenario war der Zweikampf mit Waffen sowohl für verbale, schriftliche oder mündliche Beleidigungen, für Tätlichkeiten oder für Verführung eines weiblichen Familienmitglieds vorgesehen. Für den militärischen Ehren- und Duellkodex, der auch für andere Duellgebräuche maßstabsetzend war, gab es gar Nachschlagewerke über „die konventionellen Gebräuche beim Zweikampf", die im Kaiserreich als eine

Art „offiziöses Regelhandbuch“ (Frevert, 1991, S. 128) für Offiziere galten. Hier wurde festgelegt, welcher Beleidigung ein Duell und mit welchen Waffen zu folgen hatte, wer überhaupt satisfaktionsfähig war, wie viel Zeit zwischen Beleidigung, Forderung und Austrag liegen durfte und wie der Duellablauf zu regeln war.

Ehebruch als Ehrverletzung

Die Verführung eines weiblichen Familienmitglieds galt in der Regel als Beleidigung 3. Grades, der schwersten Form der Ehrverletzung, und wurde meistens mit Pistolenduell beantwortet. Die Vorschriften sahen vor, dass der Beleidigte (Betrogene) in diesem Falle nicht nur die Wahl der Waffen zu bestimmen hatte, sondern auch das Recht besaß, den ersten Schuss abzugeben, eine Festlegung, mit der „ein Anflug von Gerechtigkeitsdenken doch wieder Einzug in das ansonsten von der Schuldfrage gänzlich abstrahierende Zweikampfreglement [hielt]“ (ebd., S. 204).

Militärischer Duellzwang

Fest verankert war die Duellpraxis bis zum Ende des Kaiserreichs vor allem im preußischen Offizierskorps, eine Praxis, die dort faktisch dem Duellzwang gleichkam. Die Verweigerung der Duellforderung oder der Duellannahme zog wenigstens militärische Degradierung, im Regelfalle aber die Entlassung aus dem Militärdienst nach sich.

Gesetzliches Zweikampfverbot

Dass dies entgegen den strafrechtlichen Bestimmungen der Zeit (das Reichsstrafgesetzbuch von 1873 enthält ein Zweikampfverbot mit Waffen) möglich war, belegt, dass die entscheidenden Machtpositionen in Staat, Verwaltung und Justiz eben von denjenigen eingenommen wurden, die die Kategorie Ehre noch selbst als Schlüsselbegriff ständischer Ordnung und damit als Bestätigung eigener Privilegien anerkannten. Zugleich dokumentiert gerade der Duellzwang in Offizierskreisen das Fortbestehen eines Ausnahmebewusstseins militärischer Führungsschichten, das aus dem preußischen Weg zur Einigung eine besondere Bestätigung zog, und es verwundert bei der engen Verflechtung von Militär und Beamtenapparat im Kaiserreich nicht, dass auch in Kreisen der Ministerialbürokratie die Duellbefürworter überwogen. Hinzu kam, dass der Kaiser selbst in der „Ehrenwahrung“ des Duells eine unentbehrliche Pflichtübung von Adel, Offizierskorps und höherer Beamtenschaft sah und bei strafrechtlichen Ahndungen von Duellvergehen durch sein äußerst mildes Begnadigungsrecht (vgl. Fall von Ardenne) stets entsprechend Partei ergriff.

Ehrbegriff

Die Duellpraxis bleibt unverständlich ohne den ihr zugrunde liegenden Ehrbegriff, der sich weniger als Ausdruck einer individuellen Empfindung, denn als Wesensmerkmal einer angeborenen und anerzogenen Standesauszeichnung verstand. Wer an einer solchen Vorstellung von Standesehre festhielt, für den war folgerichtig, jede Form von Ehrverletzung einer spezifisch ständisch geprägten Sanktion zu unterwerfen.

Duell als Abgrenzungsritual

Mochte für die Massen das staatliche Gewaltmonopol in Form von Gesetz und Gericht allgemein gültige Spielregeln vorsehen, so war die ehrenrührige Beleidigung eines Mannes von Stand nur durch besondere Formen der Ehrengerichtsbarkeit (z.B. militärische Ehrengerichte) und durch entsprechende Duellregelungen wiederherzustellen. Letztere verstanden sich als kultivierte Formen des Konfliktaustrags und trugen im institutionalisierten Ablauf scheinlegitimatorische Züge, denen gegenüber die Wirtshausprügelei, der Faustschlag oder die „glühende Eisenstange“ (vgl. Roswitha-Geschichte) als eher barbarische Varianten des einfachen Mannes erschienen. So waren Ehre und Duell vor allem Ausdruck eines gesellschaftlichen Elitebewusstseins, das einer klaren Abgrenzung gegenüber nicht satisfaktionsfähigen Schichten (Kaufleute, Handwerker, Arbeiter) diente.

Folgen des Duellverzichts

Mit der Akzeptanz dieser Attribute der Abgrenzung war die Teilnahme an Machtpositionen und Privilegien verbunden, wer sie in Frage stellte oder mit ihnen brach, der verlor mit der Ehre auch die gesellschaftliche Stellung: „Im Duell kämpfte die Person gegen die Gefahr ihres sozialen Todes, gegen die soziale Desintegration. Das Duell war so gesehen nicht bloß ein Verstoß gegen staatliche Gesetze, sondern es integrierte die Privatperson in die gesellschaftliche Ordnung.“ (Guttandin, 1981, S. 38)

Männerehre

Neben dem sozialen Druck, der dem Duellgeschehen innewohnte, hat vor allem Ute Frevert in ihrer sehr umfangreichen Untersuchung über „Ehrenmänner“ auf den Zusammenhang von Ehre, Duell und Männlichkeit hingewiesen. Das Duell war und blieb bis zu seinem Verschwinden ein männerbündisches Ritual, das die diffuse Kategorie der Ehre und damit auch die eines möglichen Ehrverlusts zum Kennzeichen eines Geschlechtscharakters machte. „Nicht verletzte Liebe, sondern verletzte Männlichkeit und Ehre bewogen den Ehemann zu diesem Schritt, von dem er seine Frau in der Regel – sofern er es dann noch konnte – erst nach dem Duell in Kenntnis setzte."

Die Frau als Opfer

Wehrlos blieb die Frau in doppeltem Sinne. War sie die Betrogene, so blieb ihr um des Bestands der Familie und der materiellen Sicherheiten willen im Regelfalle nur das Schweigen, verursachte sie den Ehebruch selbst „schuldhaft", sei es als Verführte oder Verführende, so war die Entdeckung des Ehebruchs gleichbedeutend mit gesellschaftlicher Ächtung. Während der Mann im Duell seine scheinbar verletzte Mannesehre wiederherstellte, kam die quasi öffentliche Veranstaltung des Duells für die Frau einer Aburteilung gleich.

Das Duell im Roman

In Fontanes Roman wird die Duellproblematik weit vor der eigentlichen Duellhandlung durch zwei vorausdeutende Hinweise erzählerisch vorbereitet. Beide Hinweise beziehen sich auf Crampas und legen schon früh Spuren für das, was in dem Schlüsseldialog Wüllersdorf/Innstetten und in dem Selbstgespräch Innstettens am Abend nach dem Duell gipfelt.

Verführungs- und Duellmotiv

Mit dem Auftreten des Landwehrmajors ist zugleich das Motiv der Verführung wie das Duellmotiv etabliert. In einem ersten Brief Effis an die Mama heißt es: „Er, Crampas, soll nämlich ein Mann vieler Verhältnisse sein, ein Damenmann, etwas, was mir immer lächerlich ist und mir auch in diesem Falle lächerlich sein würde, wenn er nicht, um eben solcher Dinge willen, ein Duell mit einem Kameraden gehabt hätte. Der linke Arm wurde ihm dicht unter der Schulter zerschmettert [...]." (103)
Gleichsam warnend richtet sich im Zusammenhang mit Crampas Ausführungen über den „Leichtsinn" und seinem Plädoyer für die kleinen Gesetzwidrigkeiten im 16. Kapitel der Blick des Landrats von Innstetten „auf des Majors linken, etwas verkürzten Arm" (128).
Eine weitaus verstecktere Anspielung beleuchtet eine andere Form des duellfähigen Vergehens, das der verbalen Beleidigung. In einem zunächst eher scherzhaft geführten Dialog über die Chancen eines Soldatentodes

in Friedenszeiten bemerkt Crampas provozierend: Wer den Soldatentod sterben will, „[d]er muss sich erst bei Bismarck einen Krieg bestellen [...]. Aber das ist doch für Sie eine Kleinigkeit. [...] in zehn Wochen spätestens ist der Fürst wieder in Varzin, und da er ein liking für Sie hat – mit der volkstümlicheren Wendung will ich zurückhalten, um nicht direkt vor Ihren Pistolenlauf zu kommen –, so werden Sie einem alten Kameraden [...] ein bisschen Krieg besorgen können." (123)

Fall Ardenne als Duellvorlage

Dass anstelle einer „volkstümlicheren Wendung" für Innstettens Bismarck-Verhältnis (wie hätte diese Wendung wohl lauten können?) das Motiv des Ehebruchs trat, das Crampas schließlich doch vor den Pistolenlauf Innstettens kommen lässt, dafür trägt vor allem die historische Vorlage des Romans Verantwortung, jene 1886 mit großem öffentlichen Interesse verbundene Geschichte des Baron von Ardenne, der nach der Entdeckung von Liebesbriefen, seinen ehemaligen Freund Emil Hartwich, einen Amtsrichter, wegen Ehebruchs zum Zweikampf fordert.

Veränderung der Duellvorlage

Belegen die stofflichen Übernahmen Fontanes vor allem die äußeren, aber gesellschaftlich zugleich erhellenden Folgen der männlichen Duellkonvention: Öffentlichkeit des Ehebruchs, Scheidung, gesellschaftliche Isolation der Ehefrau, Übertragung des Sorgerechts für das Kind auf den Ehemann, symbolische Festungshaft des Duellforderers, Begnadigung durch den Kaiser, Fortsetzung der beruflichen Karriere, so verdeutlicht die grundlegende Veränderung des Stoffes die eigentliche gesellschaftspolitische Absicht Fontanes. Mit der Verlagerung der Ausgangssituation für das Duell auf eine sechseinhalb Jahre zurückliegende kurze Kessiner Beziehung zwischen Effi und Crampas, die nach den behutsamen Andeutungen des Fontane'schen Erzählers alles andere als ein angstfreies und befriedigendes Verhältnis ist, mit der Charakterisierung einer Frauenfigur, für die der „Schritt vom Wege" von Anfang an mit quälenden Selbstvorwürfen und psychosomatischen Krankheitssymptomen (vgl. Kuraufenthalte in Bad Schwalbach und Bad Ems) verbunden ist, und mit der Darstellung relativ glücklicher Berliner Ehejahre von Effi und Innstetten enthebt Fontane für den Leser die Duellfrage schon im Ansatz von all den subjektiv nachvollziehbaren Beweggründen, die vielleicht für die Duellforderung von Ardennes noch gegolten haben mögen. In dieser historischen Vorlage verschafft sich nämlich ein misstrauisch gewordener Ehemann mit einem Nachschlüssel Zugang zu einer verschlossenen Kassette von Briefen, aus denen hervorgeht, dass seine Ehefrau und deren ebenfalls verheirateter Liebhaber die Absicht haben, sich scheiden zu lassen und eine gemeinsame Ehe einzugehen.

Duellkritik

Mit der Veränderung der Ausgangssituation rückt Fontane zugleich die Fragwürdigkeit des Duells in den Vordergrund und greift somit die aktuelle Duelldebatte seiner Zeit auf. Diese Debatte hatte in einer scharfen Auseinandersetzung im Reichstag infolge der Ardenne-Affäre das Lager der Konservativen und Nationalliberalen deutlich vom Lager des Zentrums, der Sozialdemokraten und Linksliberalen getrennt. Für Fontane bestand kein Zweifel, dass sich das Duellritual überlebt hatte.

Wüllersdorfs „Vorfrage"

In den Gesprächen seiner Romanfiguren Innstetten und Wüllersdorf entpuppt sich der „Ehrenkultus" als „Götzendienst" (237). Folgt der Entdeckung der Crampas-Briefe noch die scheinbar unausweichliche Duellabsicht Innstettens, so führt die „naive Vorfrage: muss es sein" (233) des herbeigerufenen Freundes und Sekundanten Wüllersdorf zum Diskurs über die Notwendigkeit. Was Fontane hier in provozierender Bescheidenheit Wüllersdorf als Ausdruck von Naivität in den Mund legt, ist die zentrale gesellschaftliche Frage des Romans. Schon allein die Fragestellung Wüllersdorfs, übrigens wie Innstetten Repräsentant preußisch adeliger Ministerialbürokratie, macht klar, dass zumindest aus der Perspektive des Fragestellers Handlungsalternativen denkbar sind. Auch als Wüllersdorf die wahren Hintergründe erfährt (der ständische Ehrenkodex kannte für den Ehebruch als Ehrverletzung höchsten Grades nur das Duell), überwiegen die Zweifel an der Unausweichlichkeit.

„Tyrannisierendes Gesellschafts-Etwas"

Sowohl die ins Spiel gebrachte Verjährungstheorie (übrigens ein dem bürgerlichen Rechtsbewusstsein entspringender Gedanke) als auch die Frage nach dem persönlichen „Lebensglück" und dem Maß persönlicher Betroffenheit („Fühlen Sie sich so verletzt, beleidigt, empört [...]" 234) rückt völlig ab von der Legitimation des Duells aus ständischer Pflichtauffassung und unterstellt, eine subjektive Willensentscheidung sei möglich. Gerade diese Entscheidungsfreiheit ist aber aus der Sicht Innstettens nicht gegeben. Damit legt Fontane den gesellschaftlichen Ritualcharakter des Duells offen, dem auch im Falle Innstettens jede sittliche Rechtfertigung und jede Form innerer Überzeugung fehlt. Vielmehr ergibt sich die Duell-"Entscheidung" aus einem von Innstetten eher empfundenen als präzise bestimmbaren „uns tyrannisierende[n] Gesellschafts-Etwas" (235), dem der Einzelne willenlos ausgeliefert ist. Indem der zwangsneurotische Charakter von Ehrenkodex und Duell hier erstmals thematisiert, wenn auch noch nicht durchbrochen wird, verlieren ständisch geprägte Werthaltungen an Verbindlichkeit.

Öffentlichkeit und Verschwiegenheit

Mit seinem zweimaligen Einwand „Ich weiß doch nicht" (235), der die Schlüssigkeit von Innstettens Argumentation immer noch in Zweifel zieht, lenkt Wüllersdorf den Blick auf einen wesentlichen Gesichtspunkt des Duellgeschehens. Innstetten und letztendlich auch Wüllersdorf erkennen, dass die Unausweichlichkeit des Duells an die Veröffentlichung des ihm zugrunde liegenden „Vergehens" gebunden ist. Erst am Schluss des Dialogs wird Innstetten der einzig mögliche Ausweg bewusst: „Verschwiegenheit" (236).

Machen die entdeckten Briefe allein ihn zum Mitwisser, so bleibt die Privatheit gewahrt. In diesem Rahmen wäre es möglich gewesen, „alles im eigenen Herzen aus[zu]kämpfen [...]" (ebd.). Nun, nachdem er selbst Wüllersdorf zum „halben Mitwisser" (240) macht, ist für Innstetten eine Form von Öffentlichkeit hergestellt, die in ihren standesbewussten Repräsentanten nicht die Sprache des Herzens einfordert, sondern das Duell. In der Logik zeitgenössischer Duellbefürworter war ja gerade die Öffentlichkeit des Ehrverlustes die Voraussetzung dafür, im Ehrenzweikampf die verlorene Standes- und Mannesehre für jedermann sichtbar wiedergewinnen zu können. Innstetten entzieht sich solchen Begründungsmustern schon dadurch, dass er den Schritt in die Öffentlichkeit im Nachhinein als Unbedachtsamkeit tadelt („ich hätte mich besser beherrschen und bewachen, alles in mir verbergen [...] sollen", 236).

Ehrenkultus als Götzendienst

So fehlt der Duellentscheidung jede Form von Überzeugung, und das Fazit Wüllersdorfs kann die Kläglichkeit der Schlussfolgerung kaum verdecken: „[U]nser Ehrenkultus ist ein Götzendienst, aber wir müssen uns ihm unterwerfen, solange der Götze gilt" (237).

Angesichts des realen Duellgeschehens bricht am Abend nach dem Duell die scheinbar zwingende Schlussfolgerung des Innstetten/Wüllersdorf-Dialogs in sich zusammen. Innstetten, zu Beginn des Romans als Mann von „Grundsätzen" und „Prinzipien" eingeführt, zeigt sich als Mann voller Zweifel und Selbstvorwürfe. An die Stelle wiedererlangter Mannes- und Standesehre tritt die Gewissheit, dass dem Ehrbegriff wie der Duellvorstellung nichts „Menschliches" und keinerlei „natürlich menschliches Recht" zugrunde liegt, sondern eine „gemachte Geschichte" (243). Dass Innstetten wie zuvor in der numinosen Kategorie des „Gesellschafts-Etwas" nicht nach den Machern dieser Geschichte fragt, sondern die Geschichte resignativ-fatalistisch zu Ende spielt („Und diese Komödie muss ich nun fortsetzen und muss Effi wegschicken und sie ruinieren und mich mit [...]", ebd.), zeigt, wie sehr er noch Teil des gesellschaftlichen Verblendungszusammenhangs seiner Zeit gewesen ist. Noch gibt es für Fontane das Duell, aber seine Legitimation ist schon verloren, noch gibt es für Fontane die Kategorien der Ehre und des Ehrverlusts, aber der Maßstab ist nicht mehr der Stand, sondern das Individuum.

Abschied vom Zeitalter der Prinzipien

Ende einer preußischen Karriere

Dass die willenlose Unterwerfung unter das Diktat eines von außen gesetzten Ehrenkodex letztlich zur Selbstzerstörung des Individuums führt, dies ist die gesellschaftspolitische Botschaft der Fontane'schen Duellgeschichte. Mochte die preußische „Äußerlichkeitsherrschaft" (Fontane) noch den Anschein erwecken, dass der gesellschaftliche Tauschwert ständischer Exklusivität und die Bewahrung von Stellung und Privilegien außergewöhnliche Verpflichtungen und Konventionen fordere, so zählt für Innstetten nur die Gewissheit vom Verlust privaten Glücks. Nicht einmal die gleichsam als „kompensatorische Belohnung für den frustrierenden Selbstzwang" (Elias, 1989, S. 101) zu verstehende Karriereleiter vermag Innstettens persönliche Tragödie zu verbergen.

„Mein Leben ist verpfuscht"

Vielmehr ist es gerade Ausdruck tragischer Ironie, dass Innstetten auf dem Höhepunkt seiner gesellschaftlichen Auszeichnung, die Ernennungsurkunde zum Ministerialdirektor in Händen, seine subjektive Bilanz zieht: „Mein

Leben ist verpfuscht." (287) Erstmals durchbricht Innstetten in diesem für die gesellschaftliche Perspektive des Romans zentralen zweiten Dialog mit Wüllersdorf seine bisherigen Orientierungsmuster. War die Lebensphilosophie des preußischen Beamten von Hohen-Cremmen zielgerichtet auf ein „[H]öher hinauf" (75), das die Nähe zu Bismarck notwendiger machte als die Nähe zu Effi, so werden die Maßstäbe des „Höherhinaufklimmen[s]" (285) angesichts der Duellfolgen bedeutungslos. Innstetten durchschaut die gönnerhaften Attribute der Macht, „Ehren und Gunstbezeugungen", die ihm selbst zur zweiten Natur geworden sind, als „glänzenden Schein" (285), macht sich über die Posen des „Sich-in-Szene-Setzen[s]" im Kleinen lustig (286), bezichtigt sich selbst des „Schulmeistertum[s]" (287) und entwirft gegenüber Wüllersdorf gar Fluchtgedanken aus preußischem Beamtendienst.

Übergangsfiguren

Auch wenn Letztere nicht umgesetzt werden, so zeigt die innere Verfassung Innstettens und Wüllersdorfs, dass mit ihnen kein preußischer Staat mehr zu machen ist. So gesehen stehen beide als historische Übergangsfiguren exemplarisch für den Ablösungsprozess von ständischen Normbindungen.

Weibliches Selbstopfer

Dass im Gegensatz zur männlichen Hauptfigur des Romans die weibliche Hauptfigur hinter der Einsicht in gesellschaftliche Zwänge zurückbleibt, dass sie die ihr zugewiesene Rolle des Opfers annimmt, dass sie gesellschaftlich verursachte Schuld verinnerlicht, bleibt zwar dem Naturkind-Topos des Erzählers treu, reiht sie aber historisch in die Tradition von Frauenfiguren ein, die durch Selbstaufopferung noch zur Stabilisierung von Männerherrschaft beigetragen haben.

Menschlichkeit vor Gesellschaftlichkeit

Der Ablösungsprozess von ständischen Normbindungen kündigt sich im Schlussteil des Romans auch an anderer Stelle an und wird sichtbar am Vorrang der Menschlichkeit vor der Gesellschaftlichkeit. Diese veränderte Prioritätensetzung bestimmt letztlich auch das Verhalten des Ritterschaftsrates von Briest, der Effi die Rückkehr nach Hohen-Cremmen ermöglicht. An der Unerbittlichkeit elterlicher Strenge zeigt sich nach dem Bekanntwerden von Effis Fehltritt zunächst, was elterliche Fürsorge gegen den Erwartungsdruck dessen vermag, „was sich ‚Gesellschaft' nennt" (255). Um der eigenen gesellschaftlichen Isolation in Hohen-Cremmen zu entgehen („dies Haus von aller Welt abschließen", 255), um „vor aller Welt" Farbe zu bekennen, erscheint die Ächtung der eigenen Tochter ebenso unausweichlich wie die Duellentscheidung für Innstetten, und so schreibt Luise Briest an Effi: „Du wirst am besten in Berlin leben (in einer großen Stadt vertut sich dergleichen am besten) und wirst da zu den vielen gehören, die sich um freie Luft und lichte Sonne gebracht haben. Du wirst einsam leben, und wenn Du das nicht willst, wahrscheinlich aus Deiner Sphäre herabsteigen müssen. Die Welt, in der du gelebt hast, wird dir verschlossen sein." (255) Diese Ausführungen weisen den Weg des Typus ‚gefallene Frau von Stand': Die Anonymität der Großstadt ist Auffangbecken für die Tragödie geschiedener Ehefrauen (es scheinen nicht wenige gewesen zu sein!), eine erneute Ehebindung erscheint, wenn überhaupt, nur unter den Bedingungen des sozialen Abstiegs möglich, das, was in Berlin Gesellschaft heißt, wird zur Tabuzone. Drei Jahre dauert die Abgrenzung durch die Eltern, bis ein „Effi, komm"-Telegramm des Vaters die Tochter zurückholt. Spät, vielleicht zu spät, erkennt der alte Briest, dass der Verzicht auf „die Gesellschaft" („Kommen die Rathenower, so ist es gut, und kommen sie nicht, so ist es auch gut", 277), immer noch einfacher zu bewältigen ist als der Verzicht auf das eigene Kind.

Eine neue Moral

Die Rückkehr Effis und damit der Vorrang der Menschlichkeit vor den gesellschaftlichen Rücksichten wäre jedoch unmöglich gewesen, ohne die Vermittlung einer jener Nebenfiguren, die sich in Fontanes Roman fast durchgängig durch moralisch-humane Qualitäten auszeichnen. Wie in diesem Falle der Berliner Arzt Dr. Rummschüttel, so erlangen die beiden liebenswürdigsten Figuren des Romans, Gieshübler und Roswitha, gegenüber den Standesvertretern des preußischen Adels, ob sie nun von Briest, von Innstetten, von Crampas, von Güldenklee heißen, fast Vorbildfunktion. In ihren Verhaltensweisen kündigt sich das Wertesystem einer neuen Epoche an, und es belegt die Sensibilität und den gesellschaftlichen Weitblick Innstettens und Wüllersdorfs gleichermaßen, wenn sie angesichts eines Bittbriefes Roswitha Gellenhagens feststellen: „die ist uns über" (287). Damit werden zumindestens im Kopf die Wertmaßstäbe nicht mehr an ständische Hierarchisierungen gebunden.

Fontane selbst hat der alten preußischen Gesellschaft mit dem Widerspruch von Schein und Sein immer wieder den Spiegel vorgehalten und den Abschied vom ständischen Kodex der „Äußerlichkeitsherrschaft" gefordert. War der Adel nicht bereit, seinen Hochmut aufzugeben, „wonach die Menschheit erst nach dem Baron anfängt" (Fontane), so war er verloren. Fontane plädierte gar in seiner schärfsten Abrechnung mit der Herrschaft der Junker für deren gesellschaftliche Entmündigung.

Kritik an der Äußerlichkeitsherrschaft

Entgegen seinen Hoffnungen hielten sich die Strukturen länger als ihm lieb war. Ein Brief an seine Tochter Mete 1880 und das Schicksal seiner literarischen Tochter Effi 1888 geben davon Zeugnis:

> „Nun aber sind wir aus dem Gröbsten heraus und es muß mit dem Scheinwesen ein Ende haben. Ein Leutnant darf eben nur ein Leutnant sein und muß darauf verzichten, selbst wenn er bei den Zietenhusaren steht oder gar wohl einen Totenkopf an der Pelzmütze trägt, ein Halbgott oder überhaupt etwas Exzeptionelles sein zu wollen. Aber wir arbeiten immer noch mit den falschen Werten und stecken immer noch im ‚Wichtignehmen' drin, wo längst nichts mehr wichtig zu nehmen ist. Wir müssen jetzt anfangen, mit wirklichen Größen zu rechnen und die Dinge zu nehmen als das, was sie sind, nicht als das, was sie scheinen. Kraft und Vermögen, sie mögen nach einer Seite hin liegen, wohin sie wollen, sind immer eine wirkliche Macht; Titularien, Orden und andere Wichtigtuns-Attribute sind aber Alfanzereien, gehören der Vergangenheit an und haben mit Freiheit und Gesittung nichts zu schaffen." (Fontane, 8. August 1880, in: *Briefe*, Bd. 3, S. 96f.)

Die Skandalgeschichte: Der historische Stoff

Die Ehegeschichte Armands und Else von Ardennes bildete die Vorlage für Fontanes Roman. Bekannt geworden war diese Geschichte durch ihr Ende: ein Duell, das im Jahre 1886 öffentliche Beachtung fand. Die 1853 auf einem märkischen Landgut geborene Elisabeth („Else") Freiin von Plotho verlobt sich im Jahre 1871 mit einem 22-jährigen Leutnant namens Armand Leon von Ardenne, der bei den Zieten-Husaren in Rathenow in der Nähe des Landguts von Plotho dient. Die Verlobung mit Ardenne kommt nach mehreren vergeblichen Abweisungen durch Else unter Vermittlung der Mutter zustande.
1873 heiraten die Verlobten und ziehen nach Berlin. 1881 kehrt Ardenne als Rittmeister zu den Husaren nach Düsseldorf zurück, Else folgt. Seit 1880 ist die Familie Ardenne dem Amtsrichter Emil Hartwich, er ist zehn Jahre älter als Else, freundschaftlich verbunden. Aus dieser Verbundenheit wird mehr. Mit 31 Jahren geht Else mit dem ebenfalls verheirateten Hartwich eine Beziehung ein, die auch fortdauert, als Ardenne 1884 an das Kriegsministerium nach Berlin abkommandiert wird. Diese Beziehung geht sogar so weit, dass beide sich mit Scheidungsgedanken tragen und eine gemeinsame Ehe erwägen. Der misstrauisch gewordene von Ardenne entdeckt in einer verschlossenen Kassette die Pläne der beiden, reicht seinerseits die Scheidungsklage ein und fordert Emil Hartwich zum Duell, das am 27. November 1886 mit der schweren Verwundung Hartwichs endet. Am 1. Dezember stirbt Hartwich an den Folgen der Verwundung. Im Frühjahr 1887 wird die Ehe Ardenne geschieden, die Kinder werden dem Vater zugesprochen. Von Ardenne wird nach kurzfristiger Festungshaft wegen Duellvergehens vom Kaiser begnadigt, bleibt im Kriegsministerium und ist zur Entstehungszeit von Fontanes Roman Major im Landwehr-Dragonerregiment. 1896 wird er Oberst und erwirbt weitere militärische Ränge. Die geschiedene Else von Ardenne widmet sich dem Dienst an hilfsbedürftigen und kranken Menschen und stirbt 1952 fast 100-jährig am Bodensee. (Vgl. H. W. Seiffert, 1964, S. 260–266.)

Die literarische Technik

Die Erzählsituation

Erzähler mit Übersicht

Zu Beginn des Romans, in einer breit angelegten Beschreibung des Briest'schen Wohnsitzes in Hohen-Cremmen, ist ein Erzähler am Werk, der Wert auf klar aufgebaute, detaillierte und begrifflich exakte Beschreibung legt. Er überschaut nicht nur die gesamte Topografie Hohen-Cremmens, er verweist auch auf die zweihundertjährige Tradition des Wohnsitzes, kennt die Architektur der Gebäude ebenso wie den Pflanzenbestand des Parks. In einem dichten, bis an die Grenze der Anschaulichkeit gehenden hypotaktischen Stil entwirft er die Szenerie der ersten Romanszenen, flicht er bedeutsame Details wie beiläufig ein. Den schattigen Fliesengang zur Gartenseite als Ort des Geschehens langsam einkreisend, bewegt er sich auf Mutter und Tochter Briest zu, die bei ihrer Arbeit am Altarteppich gezeigt werden. Der Leser, das lässt sich bereits dem Romananfang entnehmen, wird von einem Erzähler geleitet, der das Geschehen mit Übersicht und Kenntnisreichtum ordnet.

Funktion des Erzählers

Zwar sind erzählende Passagen insgesamt eher knapp gehalten, doch zeigt dieser Erzähler über den ganzen Roman hinweg seine Präsenz immer wieder. An einigen Stellen sorgt er für zeitliche Orientierung: „Das war am 2. Dezember. Eine Woche später war Bismarck in Varzin [...]“ (65), „Das war Mitte Juni, dass Innstetten und Effi dies Gespräch hatten“ (105) oder auch: „Drei Jahre waren vergangen, und Effi bewohnte seit fast ebenso langer Zeit eine Wohnung in der Königgrätzerstraße [...]“ (258). An anderen Stellen zieht er eine Art Schlussstrich unter eine vorangegangene Erzählpassage: „Das war so das Resultat des ersten Umgangs im Hause gewesen“ (58) oder „So war Effis erster Tag in Kessin gewesen“ (62). Aber nur in ganz wenigen Situationen greift der Erzähler ergänzend oder gar wertend in das Geschehen ein.
Auf die Rede von Luise Briest, Effi sei anspruchslos und lebe nur in ihren Vorstellungen und Träumen, antwortet er mit einem Zusatz: „Das alles war auch richtig, aber

doch nur halb." (19). Einen Brief Effis kommentiert er mit der Überleitung: „Effi hatte ganz Recht gehabt, und es kam wirklich zu keiner weiteren Annäherung mit dem Crampasschen Paare." (103) Schon etwas engagierter schlägt sich der Erzähler auf Effis Seite, als angesichts des ausbleibenden Kindersegens in den Berliner Jahren Effis Sorglosigkeit zur Sprache kommt: „Ja", so meldet sich der Erzähler zu Wort, „Effi nahm die Erbfolgefrage leicht, wie junge, reizende Frauen das tun." (222) Zwar spricht hier der Erzähler den Besorgnissen der Eltern Briest ihre Berechtigung nicht ab, doch wird Effi mit einem charmanten Kompliment in Schutz genommen. Mit humorvoller Distanz zu seiner eigenen Erzählweise geht der Erzähler auch auf einen fiktiven Einwand seines Lesers ein und holt in einer Rückblende nach, was er zu berichten vergessen hatte:

> „‚Schicken Sie mir doch einfach Roswitha …' hatte Rummschüttel gesagt. Ja, war denn Roswitha bei Effi? War sie denn statt in der Keith- in der Königgrätzerstraße? Gewiss war sie's, und zwar sehr lange schon, geradeso lange, wie Effi selbst in der Königgrätzerstraße wohnte." (260)

Am auffälligsten schließlich mischt sich der Erzähler gegen Ende des Romans in Effis Schicksal ein: „Arme Effi, du hattest zu den Himmelswundern zu lange hinaufgesehen und darüber nachgedacht, und das Ende war, dass die Nachtluft und die Nebel, die vom Teich her aufstiegen, sie wieder aufs Krankenbett warfen […]." (292) Dies ist die einzige Textstelle, wo der Erzähler seine gefühlvolle Beziehung zu seiner Hauptfigur in einer unmittelbaren Anrede zu erkennen gibt. Ansonsten bemüht sich der Erzähler eher um Sachlichkeit und Neutralität, reduziert seine Funktionen auf ein erzähltechnisch notwendiges Mindestmaß. Aus den brisanten Fragen des Romans, wie Effis Ehebruch, wie Innstettens Duellentscheidung zu bewerten sind, hält er sich weitgehend heraus.

Auktoriale Erzählsituation

Die Anwesenheit eines souverän disponierenden Erzählers, der Handlungsstränge zusammenfasst, ordnend, ja korrigierend in das Geschehen eingreift und Personen unmittelbar anspricht, lässt auf eine auktoriale Erzählsituation schließen. Doch schöpft Fontane die mit der auktorialen Erzählweise verbundenen Möglichkeiten bei weitem nicht aus. Zwar schafft ein erkennbarer Erzähler spürbare Distanz zwischen dem Geschehen und dem Leser, doch bekommt dieser Erzähler keine eigenständigen persönlichen Konturen. Zu selten, zu knapp sind seine Eingriffe.

Personale Erzählweise

Über weite Strecken des Romans tritt der Erzähler vielmehr so weit hinter seine Figuren zurück, dass man mit Recht bereits von einer personalen Erzählsituation sprechen kann. Dann nämlich gestaltet der Erzähler das Geschehen entweder aus der Sichtweise seiner Hauptfigur Effi, oder er bedient sich unterschiedlicher Formen des Personengesprächs und des Briefs. Eine solche personale Erzählweise wird insbesondere in jenen Teilen des Romans deutlich, in denen der Erzähler Effis Geschichte folgt, ihre Einsamkeitsgefühle und Ängste wiedergibt.

Innensicht bei Effi

So sind beispielsweise am Abend vor der Spuknacht die Grenzen zwischen äußerem Geschehen und Effis innerer Erlebnisweise fließend und die Übergänge unmerklich. Effis Handlungen wie das Briefschreiben, Lesen und Klavierspielen sind eingeflochten in eine lange Reflexion über ihr Einsamkeitsgefühl, die Furcht, ihre gesellschaftliche Rolle nicht ausfüllen zu können und Erinnerungen an Hohen-Cremmen:

> „Hatte sie schon vorher ein Gefühl der Einsamkeit gehabt, so jetzt doppelt. Was hätte sie darum gegeben, wenn die beiden Jahnkeschen Rotköpfe jetzt eingetreten wären oder selbst Hulda. Die war freilich immer so sentimental und beschäftigte sich meist nur mit ihren Triumphen; aber so zweifelhaft und anfechtbar diese Triumphe waren, sie hätte sich in diesem Augenblick doch gern davon erzählen lassen. Schließlich klappte sie den Flügel auf, um zu spielen; aber es ging nicht. ‚Nein, dabei werd ich vollends melancholisch; lieber lesen.'" (66f.)

Erlebte Rede, Erzählerbericht, innerer Monolog

Der Erzähler, wie selbstverständlich von der Wiedergabe äußerer Ereignisse zur Innensicht seiner Hauptperson übergehend, bedient sich bei der Darstellung innerer Vorgänge unterschiedlicher Techniken: Zunächst beginnt er mit einem Erzählerbericht, doch der dritte Satz ist bereits eher als eine erlebte Rede zu deuten. Denn die Einleitung „Die war freilich […]" entspricht mehr dem Sprachverhalten Effis als dem des Erzählers und könnte von ihr gedacht sein. Schließlich endet die Gedankenkette Effis, wie häufig bei längeren Wiedergaben gedanklicher Zusammenhänge, in einem Monolog, einer direkten Rede, die mit ihrem lebendigen, dramatischen Charakter den Gedankengang vorläufig abschließt. Zugunsten einer lebendigen Darstellung innerpersonaler Vorgänge bevorzugt der Erzähler meist den zwanglosen Wechsel unterschiedlicher Präsentationsformen, wobei die Grenze zwischen dem Erzählerbericht und der erlebten Rede, der Wiedergabe von Gedachtem in der dritten Person des Imperfekts, oft kaum mit Sicherheit auszumachen ist:

> „Das war die erste lange Trennung, fast auf zwölf Stunden. Arme Effi. Wie sollte sie den Abend verbringen? Früh zu Bett, das war gefährlich, dann wachte sie auf und konnte nicht wieder einschlafen und horchte auf alles. Nein, erst recht müde werden und dann ein fester Schlaf, das war das Beste. Sie schrieb einen Brief an die Mama und ging dann zu der Frau Kruse […].“ (66)

Innensicht bei Innstetten

Während sich Effis Überlegungen zum frühen Schlafengehen ziemlich deutlich als erlebte Rede zu erkennen geben, bleibt die Zuordnung der Sätze: „Arme Effi. Wie sollte sie den Abend verbringen?“ in der Schwebe. Deutbar sind sie sowohl als erlebte Rede als auch als ein Eingriff des auktorialen Erzählers, der hier seine emotionale Nähe zu seiner Hauptfigur dokumentiert.
Während somit der Leser über weite Strecken des Romans an Effis Empfindungen und Gedanken unmittelbar teilhat, bleibt bei personaler Erzählweise Innstettens Innenleben weitgehend verborgen. Dabei empfindet der Leser zunächst keinen Mangel. Ist doch der Roman bis in die Berliner Zeit hinein vorwiegend die Geschichte von Effis Kessiner Einsamkeit, von ihren Spukerlebnissen, von ihren Kutschenfahrten und ihren Spaziergängen in den Dünen. Innstetten hingegen wird in Kessin nie allein gezeigt, von seiner Arbeit auf dem Landratsamt, seinen Abenden mit Bismarck in Varzin, seinem Vorsprechen im Berliner Ministerium erhält der Leser kaum mehr als ein paar zusammenfassende Worte im Gespräch mit Effi. Aber auch dort, wo Innstetten mit Effi zusammen ist, hält sich der personale Erzähler an die erzähltechnisch bedingten Grenzen und lässt einen Blick in Innstettens Inneres nur in engsten Grenzen zu. Während es bei der

Beschreibung des zweiten Weihnachtsabends im Hause Innstetten von Effi heißt: „Sie fühlte sich bedrückt und wusste nur nicht, wen sie dafür verantwortlich machen sollte, Innstetten oder sich selbst" (146), berichtet der Erzähler von Innstetten: „Innstetten, unbefangen und heiter, schien sich seines häuslichen Glücks zu freuen und beschäftigte sich viel mit dem Kinde." (Ebd.) Während der personale Erzähler über Effis Empfindungen ohne Vorbehalt berichtet, signalisiert er bei Innstetten durch das eingeschobene „schien", dass die Angaben über sein Innenleben Mutmaßungen sind.
Solche Einschränkungen, bis zum Abschied aus Kessin noch häufiger zu finden (vgl. etwa: „Innstetten sah in einer kleinen Verlegenheit vor sich hin und schien schwankend [...]", 55), werden im weiteren Verlauf des Romans zumindest punktuell aufgegeben und zwar dann, wenn es zur Motivation des Geschehens unabdingbar ist und sich der auktoriale Erzähler durchsetzt. Dies lässt sich zum ersten Mal in jener Schlüsselsituation beobachten, in der Effi für Innstetten verdächtig leidenschaftlich den angekündigten Umzug nach Berlin mit einem „Gott sei Dank" (184) aufnimmt:

> „Innstetten hatte kein Auge von ihr gelassen und war jedem Worte gefolgt. Was sollte das heißen: ‚Du bist ein Erzieher'? und dann das andere, was vorausging: ‚und ich hab es auch glauben sollen, das mit dem Spuk'. Was war das alles? Wo kam das her? Und er fühlte seinen leisen Argwohn sich wieder regen und fester einnisten. Aber er hatte lange genug gelebt, um zu wissen, dass alle Zeichen trügen, und dass wir in unsrer Eifersucht, trotz ihrer hundert Augen, oft noch mehr in die Irre gehen als in der Blindheit unsres Vertrauens." (181 f.)

Wenn der Erzähler hier von den Möglichkeiten der auktorialen Erzählweise Gebrauch macht, auch eine andere Innensicht als die der Hauptperson zu geben, und teils im Erzählerkommentar, teils in der erlebten Rede die Gedanken Innstettens wiedergibt, so geschieht dies sicherlich auch in der Absieht, Innstetten in der Einschätzung des Lesers aufzuwerten. Erscheint Innstetten bis zu diesem Zeitpunkt weitgehend ahnungslos im Hinblick auf die Liebesbeziehung seiner Frau, so wird er nun als aufmerksamer Beobachter gezeigt, der aber aufgrund seiner Lebenserfahrung und seiner Grundsätze ihn beängstigende Beobachtungen in sympathischer Weise bagatellisiert hat.

Funktion der Außensicht

Abgesehen von einer zwischen Erzählbericht und erlebter Rede schwankenden Wiedergabe von Innstettens sehnsüchtigen Erinnerungen auf dem Schiff nach Kessin (vgl. 237f.), dem großen inneren Monolog über Verjährung und Lächerlichkeit des Duells auf der Rückfahrt im Zug (vgl. 242f.) und seinen Gedanken über das „Höherhinaufklimmen" anlässlich seiner Beförderung (vgl. 285) erfährt der Leser wenig Genaues über Innstettens Empfindungen. Selbst an einer Stelle, die für die dramatische Wiedergabe einer Innensicht geradezu prädestiniert erscheint, der Öffnung der gefundenen Liebesbriefe, bleibt der Erzähler auffallend zurückhaltend. Einzig als Innstetten die Handschrift des Majors von Crampas erkennt, lässt der Erzähler einen kurzen Blick in die Gefühlswelt des Betroffenen zu: „[…] und in seinem Kopfe begann sich alles zu drehen." (231) Sonst beschränkt sich der Erzähler konsequent auf die Wiedergabe äußerlich wahrnehmbarer Bewegungen und die Beobachtungen der anderen Figuren:

> „Er steckte das Paket zu sich und ging in sein Zimmer zurück. Etliche Minuten später und Johanna, zum Zeichen, dass der Kaffee da sei, klopfte leis an die Tür. Innstetten antwortete auch, aber dabei blieb es; sonst alles still. Erst nach einer Viertelstunde hörte man wieder sein Auf- und Abschreiten auf dem Teppich. […] Das Auf- und Abschreiten nebenan wollte kein Ende nehmen. Endlich erschien Innstetten wieder im Nebenzimmer und sagte: ‚Johanna, achten Sie auf Annie und dass sie ruhig auf dem Sofa bleibt. Ich will eine Stunde gehen oder vielleicht zwei.'" (231)

Bewusst gestaltet ist hier das Gegenstück einer Innensicht: die konsequente Außensicht bei verschlossener Tür. Nur dem Hin- und Hergehen Innstettens ist seine Gemütsbewegung zu entnehmen, dem Bild des gefassten Mannes entsprechend, trägt Innstetten seine Spannungen unbeobachtet in seinem Zimmer aus. Lediglich im Spiegel Johannas bekommt der Leser noch einen Hinweis auf Innstettens Gefühlschaos: „Ja, Annie. Er muss einen großen Ärger gehabt haben. Er war ganz blass. So hab ich ihn noch nie gesehen." (Ebd.)

Ein Merkmal der personalen Erzählsituation ist schließlich auch der häufige Einsatz szenischer Darstellungen, die innerhalb des Romans ganz unterschiedliche Funktionen wahrnehmen können. So ist Effis Hochzeit mit Innstetten zwar erzählerisch ausgespart, doch wird tags darauf in einem Gespräch der Eltern thematisiert, ob der „Karrieremacher" (36) Innstetten Effis Hang zum Abenteuer, ihr Bedürfnis nach Zerstreuung wirklich befriedigen kann. Über Effis Beziehung zu Crampas wird der Leser zur Zeit des Geschehens nur in Anspielungen informiert, doch im Nachhinein erhält er durch die aufgefundenen Briefe des Majors einen Einblick in die Dynamik des Geschehens. Gespräche und Briefe eröffnen somit eine weitere Ebene des Berichtens, Kommentierens und Bewertens, ohne dass der Erzähler seinen eigenen Standpunkt offenbaren müsste.

Szenische Darstellung und Briefe

So wird es dem Erzähler möglich, die Zusammenhänge seiner fiktiven Romanwelt aus den unterschiedlichen Sichtweisen seiner Personen schrittweise zu erstellen und immer wieder zu relativieren. Dass es dabei zu gezielt eingesetzten Diskrepanzen zwischen Erzählerbericht und Figurenrede kommen kann, zeigt beispielhaft die Wiedergabe von Effis Spukerlebnis. Hier berichtet zunächst der personale Erzähler über die nächtlichen Vorkommnisse: Ihm zufolge schreckt Effi mit einem Schrei aus dem Schlaf hoch und hört ihren Hund Rollo anschlagen. Weiter heißt es:

Perspektivität

> „Ihr war, als ob ihr das Herz stillstände; sie konnte nicht rufen, und in diesem Augenblick huschte was an ihr vorbei, und die nach dem Flur hinausführende Tür sprang auf. Aber eben dieser Moment höchster Angst war auch der ihrer Befreiung, denn statt etwas Schrecklichem kam jetzt Rollo auf sie zu, suchte mit seinem Kopf nach ihrer Hand und legte sich, als er diese gefunden, auf den vor ihrem Bett ausgebreiteten Teppich nieder." (72)

Während sich der personale Erzähler aller weiteren Ergänzungen und Kommentierungen des Vorgangs enthält, schildert Effi der kurz darauf herbeigeeilten Johanna das Ereignis in erweiterter Fassung: Auf die selbst gestellte Frage, was denn da an ihrem Bett vorbeigehuscht sei, ergänzt die verlegene Effi nach einigem Anlauf: „Und wenn ich mich recht frage ... ich mag es nicht sagen,

Johanna ... aber ich glaube der Chinese." (73) Gezielt wird hier mit der Möglichkeit gespielt, Geschehensdeutungen subjektiv ergänzen zu lassen, ohne dass der Erzähler für die Verbindlichkeit des Geschilderten bürgt.

Erzähltheoretische Diskussion

Wenn Fontane in diesem Roman die auktoriale mit der personalen Erzählsituation ohne erkennbare Brüche verbindet, so geschieht dies nicht zuletzt auf dem Hintergrund einer schon lang andauernden erzähltheoretischen Diskussion. Historisch gesehen ist die auktoriale die traditionellere Erzählweise und beherrscht die europäische Romantradition im 18. und 19. Jahrhundert. Erst seit der Mitte und insbesondere Ende des 19. Jahrhunderts mehren sich die Stimmen derer, die die Loslösung des Romangeschehens von der Willkür eines nach persönlichem Geschmack schaltenden und waltenden Erzählers fordern. So antwortet Fontanes Schriftstellerkollege Friedrich Spielhagen 1895 auf die Frage, was er von einem Roman verlange:

> „Dies: daß er zuerst – und ich möchte sagen, und zuletzt – wie das homerische Epos, nur handelnde Personen kennt, hinter denen der Dichter völlig und ausnahmslos verschwindet, so, daß er auch nicht die geringste Meinung für sich selbst äußern darf: weder über den Weltlauf noch darüber, wie er sein Werk im ganzen, oder eine spezielle Situation aufgefaßt wünscht; am wenigsten über seine Personen, die ihren Charakter, ihr Wollen, Wähnen, Wünschen ohne seine Nach- und Beihilfe durch ihr Tun und Lassen, ihr Sagen und Schweigen exponieren müssen." (Zit. nach: Friedemann, 1965, S. 1)

Fontanes Position

Dieser Forderung nach radikalem Rückzug des Erzählers, dem Vorbild Flauberts entsprechend, kann sich Fontane nicht ganz so rückhaltlos anschließen, wenngleich er als Antwort auf diese Passage in einem Brief an Spielhagen grundsätzliche Übereinstimmung signalisiert:

> „Das Hineinreden des Schriftstellers ist fast immer von Übel, mindestens überflüssig. Und was überflüssig ist, ist falsch. Allerdings wird es mitunter schwer festzustellen sein, wo das Hineinreden beginnt. Der Schriftsteller muß doch auch, als er, eine Menge tun und sagen. Sonst geht es eben nicht oder wird Künstelei. Nur des Urteilens, des Predigens, des klug und weise Seins muß er sich enthalten." (*Briefe*, Bd. 4, S. 533)

Fontane, in deutlicher Abgrenzung von Spielhagen, hält zwar an der Person des Erzählers grundsätzlich noch fest, grenzt seine Kompetenzen aber erheblich ein. Dem entsprechen die auktorialen Erzählanteile im Roman: Ein persönlich nicht ausgeprägter Erzähler beschränkt sich auf erzähltechnisch notwendige Funktionen wie räumliche und zeitliche Lokalisierung des Geschehens, hält sich aber mit direkten Kommentaren, unmittelbaren Bewertungen der Figuren und ihres Verhaltens deutlich zurück. Über weite Teile des Romans hinweg nutzt Fontane die Vorteile der personalen Erzählsituation, lässt den Erzähler zurücktreten und entwickelt das Geschehen aus der Sicht seiner Hauptfigur Effi. So erweitert er seine Möglichkeiten, auch psychische Zusammenhänge darzustellen. Die damit verbundene Zunahme des Dialogischen eröffnet Perspektivenvielfalt, Möglichkeiten der Brechung und der indirekten Bewertung des Geschehens durch beteiligte Figuren. Dass dabei gerade die Nebenpersonen dem Autor gelegentlich aus dem Herzen reden, zeigt das Beispiel der Geheimrätin Zwicker, die nach Kenntnis der Duellaffäre an eine alte Freundin schreibt:

> „Es ist unglaublich – erst selber Zettel und Briefe schreiben und dann auch noch die des anderen aufbewahren! Wozu gibt es Öfen und Kamine? So lange wenigstens, wie dieser Duellunsinn noch existiert, darf dergleichen nicht vorkommen; einem kommenden Geschlechte kann diese Briefschreibepassion (weil dann gefahrlos geworden) vielleicht freigegeben werden. Aber soweit sind wir noch lange nicht." (258)

Zeitstruktur

Chronologisches Erzählen

Von der Eingangsbeschreibung des Hohen-Cremmener Anwesens bis zum letzten Elterngespräch über die Schuldfrage ist der Roman fast durchgängig chronologisch gegliedert. Ohne Vorgriffe und ohne längere Rückwendungen werden die Ereignisse in ihrer zeitlichen Reihenfolge linear dargestellt. Die einzige Rückblende, ein nachgeholter, zeitraffender Bericht über Effis Pensionszeit und über die ersten drei Jahre in der Königgrätzer Straße (vgl. 260–267) bleibt vereinzelt und erzähltechnisch unauffällig.

Inneres Zeitgerüst

Auffälliger ist hingegen, dass Fontane großen Wert darauf legt, die innere Chronologie des Romangeschehens so anzulegen, dass sie für den aufmerksamen Leser nachvollziehbar ist. Fast alle wichtigen, das Handlungsgeschehen beeinflussenden Ereignisse sind auf den Tag genau datiert oder zumindest datierbar. Dabei bedient sich Fontane zum einen unmittelbarer Zeitangaben („und am Morgen des 3. Juli stand neben Effis Bett eine Wiege“, 114), zum andern, oft im Sprachstil der Personen bleibend, vom Leser erst zu entschlüsselnder Verweise („Gerade am Johannistage aber traf es sich […]“, 105). Schließlich sind, wie beispielsweise beim Duell, die genauen Daten sich überstürzender Ereignisse nur durch gewissenhafte Aufnahme aller Zeitverweise zu ermitteln („Wüllersdorf solle noch denselben Abend abreisen. […] Am andern Abend, wie verabredet, reiste Innstetten“, 237). Wenn sich die Zeitverweise auch nicht immer gleich zu erkennen geben und manchmal erst an unvermuteter Stelle wie beiläufig eingefügt sind, so ist dem Romangeschehen doch ein präzises Zeitgerüst unterlegt.

Historische Datierung

Ergänzt werden die inneren Zeitangaben durch zahlreiche Verweise auf historische Zusammenhänge und Ereignisse. So wird beispielsweise auf Bismarcks Wechsel seines Sommerdomizils von Varzin nach Friedrichsruh (vgl. 141), seine Auseinandersetzungen mit seinem politischen Gegenspieler Eugen Richter (vgl. 101), auf Innstettens Gratulation zu seinem Geburtstag am 1. April (vgl. 204) oder auf den noch lebenden alten Kaiser Wilhelm I. (vgl. 222) angespielt, ohne dass diese Zeitbezüge allerdings zu einer genaueren historischen Datierung des Romangeschehens ausreichten. Erst aus den indirekten Anspielungen des letzten Gesprächs zwischen Innstetten und Wüllersdorf lässt sich rückblickend eine historische Chronologie versuchen. Wüllersdorfs Bemerkung über die Gesprächsthemen in der Weinstube Huth: „Der eine erzählt dann von Herzog Ratibor, der andere vom Fürstbischof Kopp und der dritte wohl gar von Bismarck“ (290), ist insofern ein wichtiger Anhaltspunkt, als Georg Kopp erst 1887 Fürstbischof von Breslau wurde. Eine genauere Festlegung ermöglicht schließlich Wüllersdorfs resignative Bemerkung über seine Freizeitzerstreuungen. Man könne „auch wohl nach Pots-

dam fahren und in die Friedenskirche gehen, wo Kaiser Friedrich liegt und wo sie jetzt eben anfangen ihm ein Grabhaus zu bauen.“ (289)
Baubeginn für das Mausoleum Friedrichs III. war der 18. Oktober, da das Gespräch Ende Mai oder Anfang Juni stattfindet, muss, der inneren Chronologie des Romans entsprechend, Effi Ende September 1889 gestorben sein (vgl. Grawe, 1991, S. 51). So könnte man mit einigem Recht den Beginn des Romans in den Sommer 1877 verlegen.

Zeit als Thema

Abgesehen davon, dass es dem realistischen Romankonzept Fontanes entspricht, nicht nur in der Ausgestaltung der Schauplätze, sondern auch in der Chronologie der erzählten Zeit genau und überprüfbar zu sein, erfordert in diesem Falle auch die besondere Thematik des Romans eine sorgfältige Behandlung des Zeitaspekts. Zeit muss erkennbar sein, weil ihr Verlauf das Handeln der Personen und die Bewertung des Geschehenen mitentscheidet. „Liegt also sechs Jahre zurück oder noch ein halb Jahr länger“ (233), entgegnet Wüllersdorf nach der Lektüre der Briefe; „Wo liegt die Grenze?“ fragt sich Innstetten: „Zehn Jahre verlangen noch ein Duell und da heißt es Ehre, und nach elf Jahren oder vielleicht schon bei zehneinhalb heißt es Unsinn.“ (243) Hier, wie auch am Ende in der Frage des alten Briest, „ob sie nicht doch vielleicht zu jung war?“ (296) wird Zeit thematisiert. Auch der Leser braucht, um das Geschehen werten zu können, genaue Zeitvorstellungen, er muss wissen: Erste Bekanntschaft und Verlobung mit ihrem künftigen Ehemann fallen bei der siebzehnjährigen Effi, so als habe es Eile, zusammen. Die Ehe wird drei Monate später geschlossen, nach sechswöchiger Hochzeitsreise beginnt ein neues Leben in fremder Umgebung. Ein gutes Jahr später geht die inzwischen Achtzehnjährige mit einem Freund des Hauses eine drei Monate währende Liebesbeziehung ein, deren Spuren nach sechs Jahren und drei Monaten durch Zufall an den Tag treten. Zwei Tage später ist Crampas bereits erschossen, zwei weitere Lebensläufe sind zerstört. Ein sieben Jahre altes Mädchen wird als Folge der Scheidung von seiner Mutter getrennt: Gerade die genaue zeitliche Abfolge der Ereignisse muss deutlich sein, wenn die Geschehnisse bewertet werden sollen.

Schließlich lässt eine genauere Gegenüberstellung der Chronologie der Ereignisse und der Gliederung des Romans eine Reihe von Schlüssen auf Fontanes Gestaltungsabsicht zu. Als Grundlage diene die folgende Übersicht.

1. Jahr: S. 3–100	
Sommer 3. Oktober (22) 14. November (39) 14. Dezember (65) 15. Dezember (78)	Handlungsbeginn Hochzeit Effi – Innstetten Ankunft in Kessin Spuknacht Tripelli-Abend
2. Jahr: S. 97–162	
Ende April (102) 24. Juni (105) 3. Juli (113) 15. August (16) 27. September (121) Mitte November (133) 27. Dezember (S. 145)	Ankündigung von Crampas Einstellung von Roswitha Annies Geburt Annies Taufe Crampas' Besuch auf der Veranda Picknick in den Dünen Schlittenfahrt nach Uvagla
3. Jahr: S. 168–220	
28. März (201) Mitte August (207)	Einzug in die Berliner Wohnung Urlaubsreise nach Rügen
4.–8. Jahr: S. 220–222	
6 Jahre in Zeitraffung	
9. Jahr: S. 222–267	
24. Juni (223) 30. Juli (228) 1. August (237) 28. September (261) 1. Oktober (263)	Effis Abreise in die Kur Entdeckung der Briefe Duell in Kessin Roswitha kommt in die Pension Effis Umzug in die Königgrätzer Straße
10.–11. Jahr: S. 262–267	
3 Jahre in zeitlich raffender Rückblende	
12. Jahr: S. 258–260 und S. 267–278	
Sommer (267) Sommer (278)	Annie zu Besuch bei Effi Effis Umzug nach Hohen-Cremmen
13. Jahr: S. 278–296	
Ende Mai/Anfang Juni (290) Ende September (395)	Rollo nach Hohen-Cremmen Tod Effis

Die Chronologie der erzählten Zeit, so wird aus dieser Übersicht deutlich, deckt sich nicht mit der Dauer des Erzählvorgangs, der in Seitenzahlen messbaren Erzählzeit. So liegt beispielsweise Effis Liebesbeziehung mit Crampas unter dem Aspekt der Erzählzeit in der Mitte des Romans, auf der Zeitskala des Romangeschehens aber erst im ersten Viertel (2. bis 3. Jahr). Dies verweist auf Veränderungen im Erzähltempo: Ihrer Funktion entsprechend, Handlungsräume einzuführen, Personen vorzustellen und künftiges Konfliktpotential zu entfalten, sind die beiden ersten Jahre in Hohen-Cremmen und Kessin lückenloser und dichter wiedergegeben als die spätere Zeit in Berlin.

Erzählzeit und erzählte Zeit

Die insgesamt zehn Jahre umfassende Berliner Zeit wird hingegen durch mehrere Erzählsprünge verkürzt. So werden nach dem zweiten Hochzeitstag des Ehepaars Innstetten mit der Bemerkung: „Innstetten war ernsthaft gewillt, auf das stille Leben, das er in seiner landrätlichen Stellung geführt, ein gesellschaftlich angeregteres folgen zu lassen“ (220), auf anderthalb Seiten sechs Jahre zeitraffend überbrückt, ein neuer Handlungsstrang wird erst mit der Formulierung: „als aber eine lange, lange Zeit – sie waren schon im siebten Jahre in ihrer neuen Stellung – vergangen war“ (221) eingeleitet. In ähnlicher Zeitraffung werden später, in einer erzählerischen Rückblende, die drei Jahre behandelt, die Effi mit Roswitha zusammen in der Königgrätzer Straße verbringt, ehe dann mit den überleitenden Formulierungen „Das ging so Jahr und Tag und darüber hinaus. […] Aber auch das sollte sich eines Tages ändern“ (267) der Handlungsgang auf Effis Begegnung mit Annie im Sommer des vorletzten Jahres zustrebt. Zeitspannen, deren Ereignisse für die Entfaltung und Motivierung des Geschehens nicht von Belang sind, verkürzt der auktoriale Erzähler durch drastische Zeitraffung.

Zeitraffung

Aber auch dort, wo die Ereignisse verhältnismäßig dicht und detailliert wiedergegeben werden, erzählt Fontane nicht kontinuierlich der Chronologie des Romans entlang. Vielmehr greift er bedeutsame und verweiskräftige Einzelszenen heraus und führt sie mit Hilfe szenischer Wiedergabe bis fast an die Grenze zu zeitdeckender Darstellungsweise. Wenn dies aber gerade jene Szenen nicht betrifft, die, wie die Hochzeit, der Ehebruch und

Aussparungen und Zeitdeckung

das Duell, in vordergründigem Verständnis dramatisch und wirkungsvoll sein könnten, so verweist das unmittelbar auf Fontanes erzählerische Intention. Nicht die Vorgänge am Hochzeitstag selbst sind für Fontanes Gestaltungsabsicht wichtig, sondern die Reaktion der betroffenen Personen auf das Geschehen, die Vorbereitungen und Nachbesprechungen. Während die Hochzeitszeremonien mit einem Zeitsprung übergangen werden, ist das rückblickende Gespräch der Eltern am Tag darauf über mehr als fünf Seiten hinweg fast zeitdeckend wiedergegeben (vgl. 31–37). Ähnliches gilt für den Ehebruch: Crampas' Übergriffe auf der nächtlichen Schlittenfahrt werden mit karger Sprache in wenigen Zeilen abgehandelt (vgl. 161), in fast zeitdeckenden Dialogen vollzieht sich indessen zuvor die Annäherung der beiden beim Picknick in den Dünen (vgl. 133–140). Die Vorgänge beim Duell sind schließlich auf die notwendigsten Angaben reduziert und füllen knapp eine halbe Seite (vgl. 241 f.). Im Kontrast dazu nehmen Innstettens Gespräch mit Wüllersdorf über die Notwendigkeit des Duells fünf Seiten (vgl. 233–237), Innstettens kritischer Monolog über den Sinn seines Handelns anderthalb Seiten ein (vgl. 242 f.).

Fontanes Gestaltungsabsicht

Die Akzentsetzung Fontanes ist konsequent: Nicht auf dramatische Handlungseffekte und Spannungshöhepunkte kommt es ihm an, sondern auf die analysierende Darstellung von Handlungsmotiven. Die psychischen Beweggründe für das Verhalten der Personen, die gesellschaftlichen Normen, an denen sie sich dabei orientieren, deutlich und erlebbar zu machen, ist erklärtermaßen seine Absicht.

Die Technik der Vorausdeutung

Definition

Die Vorausdeutung lässt sich ganz allgemein definieren als die „andeutende Vorwegnahme eines erst später – am Ende des Buches oder Kapitels – eintretenden Ereignisses" (Wilpert, 1969, S. 838). Mit ihrer Hilfe kann der Autor die Erwartungen seines Lesers gezielt beeinflussen, kann dessen Aufmerksamkeit auf besondere Aspekte des Geschehens richten und damit die Spannung auf den Handlungsverlauf erhöhen.

Fontane hat diese Möglichkeit der Lesersteuerung nicht nur bemerkenswert häufig, sondern auch besonders differenziert und variantenreich eingesetzt. Zunächst ist auffallend, dass fast alle Vorausdeutungen von den im Roman handelnden Figuren und nicht vom auktorialen Erzähler ausgesprochen werden. Damit übernehmen sie zwar auch vorausweisende Funktion, sind aber im Grad ihrer Verbindlichkeit nicht ganz so hoch anzusetzen. Einerseits weiß der erfahrene Leser, dass die Romanfiguren in ihren Handlungen wie Äußerungen auch vom Erzähler gelenkt sind, dass der Erzähler sich ihrer als Vermittler bedienen kann, andererseits erlebt er sie gleichzeitig situativ handelnd und keineswegs allwissend. Von Romanfiguren geäußerte Vorausdeutungen sind somit schillernder, verraten gleichzeitig etwas über den Sprecher und die Situation.

Vorausdeutungen im Figurengespräch

Weiterhin sind die Vorausdeutungen in diesem Roman häufig durch ihre Interpretationsbedürftigkeit gekennzeichnet. Isoliert betrachtet, sind sie manchmal kaum als solche erkennbar, erhalten vielmehr ihre Funktion erst im Kontext mit anderen Vorausdeutungen. Auch werden Vorausdeutungen oft durch gegenläufige Bemerkungen nachträglich wieder aufgehoben oder zumindest relativiert und künden künftiges Geschehen nur sehr unbestimmt an. Dieses Spiel mit versteckten Vorausdeutungen und gegenläufigen Bemerkungen lässt sich an drei Textpassagen exemplarisch aufzeigen: am ersten Kapitel, an einem Brief Effis, in dem sie ihrer Mutter die Ankunft eines neuen Bezirkskommandeurs mitteilt, und an Crampas' erstem Gespräch mit Effi und Innstetten auf der Veranda.

Versteckte Vorausdeutungen und scheinbare Aufhebung

Wie der Roman mit der Frage schließt, ob Effi nicht vielleicht doch zu jung für eine Ehe mit Innstetten gewesen sei, so beginnt er mit einem Gespräch darüber, ob Effi nicht bereits zu alt für ihre mädchenhafte Kleidung wäre. Effi klagt ihrer Mutter, sie müsse noch immer Hängekleider, „Jungenskittel" (4), tragen und man mache keine Dame aus ihr. Als Mutter Briest sie allerdings fragt, ob sie das denn wirklich wolle, nimmt Effi ihr Ansinnen mit einem Anfall leidenschaftlicher Zärtlichkeit wieder zurück. Wie immer sie sich auch entschieden hätte, Effis Übergang vom Mädchen zur jungen Frau, verbildlicht durch die Kleiderfrage, wird damit vorausge-

1. Kapitel: Effis Dame-Werden

deutet. Bestätigt wird diese Deutung auf den folgenden Seiten durch eine Reihe von Anspielungen, die auf dem Hintergrund der angeklungenen Thematik ebenfalls als Vorausdeutungen auszulegen sind: Effi berichtet, ein alter Jugendfreund der Mutter werde zu Besuch erwartet, bewundernd fügt sie hinzu: „er ist Landrat, gute Figur und sehr männlich" (6). Als kurz darauf Effis Freundin Hulda prahlt, sie werde sich vielleicht noch eher verheiraten als Effi, antwortet diese: „Meinetwegen. Denkst du, dass ich darauf warte? Das fehlte noch. Übrigens, ich kriege schon einen, und vielleicht bald!" (7)

Angedeutetes Unheil

Dieser Kette von Anspielungen auf eine offensichtlich glückliche Ereignisfolge mit baldiger Eheschließung stehen auf der anderen Seite aber auch Unheil verheißende Anspielungen entgegen. So wird von Effi schon früh erwähnt, dass die Jugendaffäre ihrer Mutter „eine Liebesgeschichte mit Held und Heldin, und zuletzt mit Entsagung" (6) gewesen sei und dass eine Geschichte mit Entsagung „nie schlimm" sei. Zusammen mit Huldas Mahnung: „Man soll sein Schicksal nicht versuchen; Hochmut kommt vor dem Fall" (7), verweist diese Anspielung auf künftige Verwicklungen, auch wenn der Leser noch nicht weiß, dass Effi der Versuchung nicht entsagt und dadurch am Ende wirklich zu Fall kommt.

Innstettens Fremdheit

Unbeschwerte Zukunft und kommendes Unheil künden sich in den Anspielungen noch diffus, aber unübersehbar an. Konkreter werden die Vorausdeutungen jedoch in dem Augenblick, als die Freundinnen auf die Nennung des Namens Geert von Innstetten in Gelächter ausbrechen und eines der Mädchen sagt: „Ach Effi, wir wollen dich ja nicht beleidigen, und auch den Baron nicht. Innstetten sagtest du? Und Geert? So heißt doch hier kein Mensch." (8) Die unbefangene Reaktion der Freundinnen verweist ganz deutlich auf die Fremdheit des Namens und damit auch der Person in der vertrauten Hohen-Cremmener Umgebung. Noch einmal bringt Hulda die Irritation, die bereits die Erwähnung von Innstettens Welt bei Effis Freundinnen auslöst, in respektlose Worte. Mit der Frage: „Was ist Kessin? Ich kenne hier kein Kessin" (9) deutet sie an, dass dieser Jugendfreund von Effis Mutter eine doch sehr fremde, unverständliche Welt repräsentiert. Im Kontext der vorangegangenen Vorausdeutungen können diese spontan vorgebrachten Einwände der Freundinnen als schon sehr konkrete Anspielungen auf künftige Konfliktquellen gedeutet werden.

Strafe für untreue Frauen

Mit einer noch auffälligeren Vorausdeutung endet schließlich das Eingangskapitel. Als die Mädchen auf den See gerudert sind und Stachelbeerschalen in einer Tüte mit einem Stein feierlich versenkt haben, kommentiert Effi den Vorgang mit der Bemerkung: „So vom Boot aus sollen früher auch arme unglückliche Frauen versenkt worden sein, natürlich wegen Untreue." (11) Als sei Fontane diese Vorausdeutung des Ehebruchs mit tragischem Ausgang schon zu direkt, lässt er Effi anschließend sagen: „Nein, nicht hier, […] hier kommt so was nicht vor. Aber in Konstantinopel […]." (11) Auch hier lässt sich Fontanes Technik beobachten, allzu offensichtliche Anspielungen mit gegenläufigen Bemerkungen wieder aufzuheben. Mit diesem ästhetischen Verwirrspiel wird indessen der Vorausdeutungscharakter dieser Textstelle eher noch hervorgehoben als ernsthaft abgeschwächt.

Brief an die Mutter: Crampas als Rettungsbringer

Vorausdeutungen häufen sich immer dann, wenn Effis Schicksal in Zusammenhang mit Crampas' Auftritt in Kessin gebracht wird. Dies geschieht zum ersten Mal in Effis Brief an ihre Mutter von Ende April. Erst am Schluss des Briefes, Effi hätte es fast vergessen, teilt sie ihrer Mutter mit, dass sie seit vier Wochen einen „neuen Landwehrbezirkskommandeur" (102) in Kessin hätten. Im Gegensatz zur beiläufigen Erwähnung dieser Neuigkeit schreibt Effi diesem neuen Bezirkskommandeur angesichts des „gesellschaftlichen Notstand[s]" in Kessin die Rolle eines „Trost- und Rettungsbringer[s]" (ebd.) zu, ja setzt noch hinzu, Innstetten und sie seien sich bei der Ankunft des Majors von Crampas, erst jetzt wird der Name genannt, in die Arme gefallen, „als könne uns nun nichts Schlimmes mehr in diesem lieben Kessin passieren" (ebd.). Die emotional überladene Bezeichnung „Trost- und Rettungsbringer" für einen neuen Kommandeur ist auffällig, die Formulierung, als könne „nichts Schlimmes" mehr passieren, so überhöht, dass sie sich bereits in die Reihe der Unheil verkündenden Anspielungen einordnen lässt.

Spiel mit gegenläufigen Bemerkungen

Dann aber schneidet Effis Text alle Spekulationen des Lesers mit der Bemerkung ab, es scheine wie schon im Fall seines Vorgängers, mit dem ein gesellschaftlicher

Umgang nicht möglich war, „wieder nichts werden zu wollen“ (ebd.). Der restliche Brief dient dem Ziel, diese Negativeinschätzung durch Argumente und Beispiele zu verdeutlichen. Aber gerade jene Argumente, die einen weiteren gesellschaftlichen Verkehr mit Major von Crampas und seiner Frau als unersprießlich darstellen, legen aufgrund ihrer Anspielungen und Vorausdeutungen eine Annäherung zwischen Crampas und Effi auf suggestive Weise nahe und schließen auch ein tragisches Ende nicht aus. So begründet Effi die krankhafte Eifersucht der Frau von Crampas mit der Bemerkung: „Er, Crampas, soll nämlich ein Mann vieler Verhältnisse sein, ein Damenmann, etwas, was mir immer lächerlich ist und mir auch in diesem Falle lächerlich sein würde, wenn er nicht, um eben solcher Dinge willen, ein Duell mit einem Kameraden gehabt hätte.“ (103) Wenn Effi diesen Crampas wenig später dann als „ausgelassen und übermütig“, als „vollkommenen Kavalier, ungewöhnlich gewandt“ (ebd.) bezeichnet, so wird deutlich, dass hier ein Mann die Szene betritt, der Effis „Hang nach Spiel und Abenteuer“ (36) sicherlich zu befriedigen weiß. Gleichzeitig ist mit der Erwähnung eines „Duell[s] mit einem Kameraden“ ein düsterer Fortgang zumindest als Möglichkeit vorgezeichnet.

Neues Leben mit Crampas

Unter der Perspektive der Vorausdeutungen bekommt die den Briefschluss einleitende Bemerkung: „Ja, meine liebe Mama, das wäre nun also etwas gewesen, um in Kessin ein neues Leben beginnen zu können“ (103) eine vielschichtige Bedeutung. Zum einen ist Effi darin beizupflichten, dass das Crampas'sche Paar die Kessiner Gesellschaft nicht beleben kann. Dies bestätigt auch der Erzähler (vgl. 104). Zum andern aber ergibt sich aus der gesamten Argumentation des Briefes, aus dem Netz der Anspielungen und Vorausdeutungen, dass für Effi sehr wohl ein „neues Leben“ beginnen kann, allerdings nur ohne Frau von Crampas und auch ohne Innstetten.

Verandaszene: Vorausdeutung auf Crampas' Tod

Noch einmal dicht wird die Folge der Vorausdeutungen bei Crampas' erstem Auftreten auf der Veranda des Hauses Innstetten. Die Situation ist günstig für ein geistvolles, anspielungsreiches Gespräch über Alltagsdinge: Ort und Zeit des Treffens sind ungewöhnlich, Effi und Innstetten verstricken sich gerade in ein Gespräch über Effis verführerisches Aussehen, Crampas kommt von einem

Bad im gefährlich kalten Meer. Mit dem Sprichwort: „Wer für den Strick geboren ist, kann im Wasser nicht umkommen" (122) lenkt Crampas das Gespräch auf die zu ihm passenden Todesarten und verkündet: „Es steht mir nämlich fest, dass ich einen richtigen und hoffentlich ehrlichen Soldatentod sterben werde." (123) Lässt sich dies, wenn überhaupt, als eine noch sehr vage Anspielung auf künftiges Geschehen werten, so wird dieser Hinweis wenig später durch die an Innstetten gerichtete Formulierung „um nicht direkt vor Ihren Pistolenlauf zu kommen" (ebd.) präzisiert. Offen bleibt, wie stark Crampas das „direkt" betont haben mag, offenkundig aber ist hier der vorausweisende Charakter dieser Anmerkung. Vor diesem Hintergrund gerät auch Effis Gesprächseingriff zu einer bedeutungsvollen Anspielung: „Ich sehe nicht ein, Major, warum wir uns mit Ihrer Todesart beschäftigen sollen; das Leben ist uns näher und zunächst auch eine viel ernstere Sache." (Ebd.) Innstettens spätere Ermahnung gegenüber Crampas: „Indessen, ich weiß schon, Sie haben einen himmlischen Kehr-mich-nicht-dran und denken, der Himmel wird nicht gleich einstürzen. Nein, gleich nicht. Aber mal kommt es" (127) greift schließlich das von Crampas eingeführte „direkt" gedanklich wieder auf und verschärft die Vorausdeutung bis fast zur Drohung.

Vorausdeutungen auf Effis Ehebruch, auf Crampas' gewaltsamen Tod und Effis spätere Sühne, hier nur exemplarisch, keineswegs vollständig herausgearbeitet, durchziehen den Roman in unterschiedlichsten Formen. Sie gehören mit den Verweisen, Motiven und Symbolen in den Bereich jener erzähltechnischen Mittel, die mit dazu beitragen, dem Roman ästhetische Vielschichtigkeit und gleichzeitig innere Einheit zu verleihen.

Verweise, Motive, Symbole

Neben dem Bericht des Erzählers und den Dialogen oder Briefen der Figuren lässt der Roman noch eine weitere Ausdrucksebene erkennen: die der Verweise, Motive und Symbole. Auf dieser Ebene werden für das Romangeschehen bedeutungsvolle Details, Ausdrucksweisen oder Handlungsteile hervorgehoben und so miteinander verknüpft, dass sie in einem Netz von Bezügen und Verweisen stehen. Es ist Aufgabe des Lesers, die kunstvoll miteinander in Beziehung gesetzten Anspielungen zu entschlüsseln und in die Deutung des Geschehens einzubeziehen.

Rondell mit Sonnenuhr

Ein Großteil der Verweise und Motive hat seinen festen Platz in der Topografie der Handlungsräume und wird von Fontane auch durch eine deutlich exponierte Position und mehrfache Nennung hervorgehoben. So erwähnt bereits der erste Satz des Romans auf der Gartenseite des Hohen-Cremmener Anwesens ein Rondell, das „in seiner Mitte mit einer Sonnenuhr und an seinem Rande mit Canna indica und Rhabarberstauden" besetzt ist. Die Sonnenuhr, der zentrale Blickfang des Rondells, ist aber in zweierlei Hinsicht bedeutungsvoll. Zum einen ist sie ein weitverbreitetes Symbol für die glücklichen Stunden des Lebens, da sie nur bei Sonnenschein die Zeit anzeigt. In dieser Bedeutung verweist sie auf Effis kindlich unbeschwerte Zeit im Elternhaus von Hohen-Cremmen. Zum andern liegt darin aber auch eine Anspielung auf die verrinnende Zeit und die Vergänglichkeit des menschlichen Lebens. Beide Bedeutungsaspekte werden nun im Verlauf des Romans immer wieder ins Bewusstsein des Lesers gerufen. Jedes Mal, wenn Effi von Kessin aus zu Besuch in Hohen-Cremmen ist, bilden Rondell und Sonnenuhr ein topografisches Zentrum, das Entspannung und unbeschwertes Leben signalisiert: „Effi und Frau von Briest aber rückten ans offene Fenster und sahen, während sie sprachen, auf den Park hinunter, auf die Sonnenuhr […]." (117) Während die Eltern Briest die Entscheidung fällen, Effi in ihrem Haus wieder aufzunehmen, blicken sie ebenfalls auf das Rondell: „Frau von Briest hatte den Brief ihrem Manne vorgelesen; beide saßen auf dem schattigen Steinfliesengange, den Gartensaal im Rücken, das Rondell mit der Sonnenuhr vor sich." (276 f.)

Im Gegensatz dazu wird aber im letzten Drittel des Romans der auf Vergänglichkeit verweisende Bedeutungsaspekt durch eine entsprechende Ausgestaltung der Szenerie hervorgehoben. Vom Herthasee kommend, entspannt sich Effi noch einige Tage in Hohen-Cremmen und erblickt die vertraute Umgebung nun im Nachtlicht:

> „Neben dem Kirchturm stand der Mond und warf sein Licht auf den Rasenplatz mit der Sonnenuhr und den Heliotropbeeten. Alles schimmerte silbern, und neben den Schattenstreifen lagen weiße Lichtstreifen, so weiß, als läge Leinwand auf der Bleiche." (217)

Während Effis letzten Tagen legt sich beim morgendlichen Frühstück bereits der treue Rollo, Künftiges ahnend, neben die Sonnenuhr, wenig später neben den Stein, der nun die Sonnenuhr ersetzt. Die als Zentrum des Hohen-Cremmener Geschehens schon im ersten Satz hervorgehobene Sonnenuhr weicht am Ende des Romans einer weißen Marmorplatte, Effis Grabstein. Wie in der Sonnenuhr der heitere, unbeschwerte und der an Vergänglichkeit gemahnende Aspekt gleichermaßen präsent sind, kann sie auch für Effi Symbol kindlicher Geborgenheit und später Grabstätte werden.

Heliotrop

Das in seiner Aussage doppeldeutige und situativ jeweils abgewandelte Sinnbild der Sonnenuhr wird im Verlauf des Romans durch ein weiteres Symbol ergänzt: den Heliotrop. Nicht gleich zu Beginn, sondern erst vor dem Gespräch, das Effi und ihre Mutter über die Ausstattung des Schlafzimmers, über Liebe, Reichtum und vornehmes Haus führen, wird der „um die Sonnenuhr herumstehende Heliotrop" (25) erwähnt. Der Heliotrop, dessen „eigentümliches Parfum" des Wortes (*Werke* I, Bd. 3, S. 723) Fontane besonders angezogen hat, kehrt seine blauvioletten Blüten beständig der Sonne zu und ist ein schon in der Antike bekanntes Sinnbild für das Streben des Menschen zu Gott und den natürlichen Trieb aller Lebewesen zum Licht (vgl. Schuster, 1978, S. 111 ff.). So symbolisiert der Heliotrop, bei den folgenden Verweisen auf Rondell und Sonnenuhr meist mitgenannt, Effis Sehnsucht nach dem Natürlichen, nach Wärme und Licht. Nur zu verständlich ist es deshalb, dass Effi sich vom Heliotrop so auffällig angezogen fühlt:

> „‚Ach, wie wohl ich mich fühle', sagte Effi, ‚so wohl und so glücklich; ich kann mir den Himmel nicht schöner denken. Und am Ende, wer weiß, ob sie im Himmel so wundervollen Heliotrop haben.'" (25)

> „‚Ich mag nicht mehr weg von Hohen-Cremmen, hier ist meine Stelle. Der Heliotrop unten auf dem Rondell, um die Sonnenuhr herum, ist mir lieber als Mentone.'" (282)

Wilder Wein und „Effi, komm"

Dem Heliotrop in seiner Verweiskraft verwandt ist schließlich auch der wilde Wein, der bereits bei der Eingangsbeschreibung die offenen Fenster des Hauses umrankt (vgl. 3). Mit dem Ruf der Zwillinge Hertha und Hulda „Effi, komm" (14) in dem Augenblick, wo Effi gerade ihrem künftigen Ehemann vorgestellt wird, verbindet sich der wilde Wein zu einem Motiv, das bereits innerhalb des Romans eine Deutung erfährt: In Abgrenzung zu Innstettens Beamtenkarriere im Rahmen einer strengen Hierarchie preist Vater Briest seine Unabhängigkeit als Gutsbesitzer: „Hier leb' ich so freiweg und freue mich über jedes grüne Blatt und über den wilden Wein, der da drüben in die Fenster wächst." (17) Der wilde Wein verweist hier symbolhaft auf die Ungezwungenheit und Natürlichkeit des Lebens in Hohen-Cremmen, und so ist es verständlich, dass Innstetten an das Bild des wilden Weins und an das „Effi, komm" der Zwillinge noch eine Weile denken muss (vgl. 17). Fontanes konsequentem Umgang mit seinen Motiven entsprechend, wird auch der wilde Wein mit leichten Varianten wieder aufgenommen: Wenn schließlich die Eltern Briest im Garten über die Zukunft ihrer Tochter beraten und „der sich rankende wilde Wein" (276) im Luftzug in Bewegung gerät, lässt das „Effi, komm" als Ergänzung nicht auf sich warten. Diesmal wird es vom Vater gesprochen und formuliert den Wortlaut eines Telegramms an Effi (vgl. 277).

Chinesengrab

Bereits das bei der Beschreibung der Rondell-Bepflanzung erwähnte Blumenrohr (Canna indica) stellt aufgrund seiner fernöstlichen Herkunft eine assoziative Beziehung zum Chinesen in Kessin her. Die im folgenden Satz eingeführte „Kirchhofsmauer" (3) schlägt vollends eine Brücke zum Chinesengrab vor dem Kessiner Friedhof und damit zur Kessiner Topografie. Auch hier legt Fontane das Geschehen in ein fest eingegrenztes Terrain, und die topografisch bedeutungsvollen Details werden bereits zu Beginn der Handlung eingeführt. Als sich Effi und Innstetten in der Kutsche dem künftigen Wohnort Kessin nähern, sprechen sie über die Kessiner Bevölkerung und vor allem über den exotischeren Teil, damit auch über den Chinesen. Von ihm sagt Innstetten:

„[...] jetzt ist er tot und auf einem kleinen eingegitterten Stück Erde begraben, dicht neben dem Kirchhof. Wenn du nicht furchtsam bist, will ich dir bei Gelegenheit mal sein Grab zeigen; es liegt zwischen den Dünen, bloß Strandhafer drum rum und dann und wann ein paar Immortellen, und immer hört man das Meer. Es ist sehr schön und sehr schauerlich." (42)

Kirchhof, Dünen, Immortellen, Plantage

Ähnlich wie bei der Einführung der Sonnenuhr in Hohen-Cremmen, die ebenfalls am Rand des Kirchhofs gelegen ist und am Ende Effis Grabstätte wird, gruppieren sich um das Chinesengrab eine Reihe bedeutsamer topografischer Details: Kirchhof, Dünen, Strandhafer und Immortellen, jene Pflanzen verschiedener Arten mit strohartig trockenen und sehr lange haltbaren, oft auffällig bunten Blüten, deren Sanmmelname auf frz. *immortelle* ‚Unsterbliche' zurückgeht. Bei der Ankunft am Kessiner Haus wird zur Beschreibung seiner Lage vom Erzähler angemerkt, dass es „mit seinem Giebel aber auf ein zwischen der Stadt und den Dünen liegendes Wäldchen, das die ‚Plantage' hieß, herniederblickte" (45). Am anderen Morgen schließlich blickt Effi vom Flur des oberen Stockwerks über „die ‚Plantage' fort, auf eine hoch auf einer Düne stehende holländische Windmühle" (57), die später nur noch nach ihrem Besitzer als „Utpatels Mühle" bezeichnet wird.
Mit diesem begrenzten Arsenal topografischer Chiffren beginnt Fontane ein Bezugsspiel, das eine größere Deutlichkeit in der Wiedergabe von Effis späteren Erlebnissen kaum noch nötig macht. Auf allen ihren Fahrten und Ausritten begegnet Effi denselben Stationen in unterschiedlichen Kombinationen. So führt sie eine Vergnügungsfahrt mit Innstetten von der „Plantage" zu „Utpatels Mühle", dann „dicht am Kirchhofe hin" (80) zum Chinesengrab, „ein eingefriedeter Platz, nicht viel größer als ein Gartenbeet, und innerhalb nichts sichtbar als eine junge Kiefer, die mitten daraus hervorragte" (ebd.). Bei all diesen Angaben ist zu ergänzen, dass sie sich eng um das Chinesengrab als Ursprungsort von Effis Angst gruppieren, wenn auch der Erzähler, Effis Vermeidungsverhalten folgend, das Grab nur selten nennt. Sicher nicht unabsichtlich findet jenes Gespräch zwischen Effi und Crampas, bei dem der Major die Angsterziehung seines ehemaligen Regimentskameraden Inn-

stetten aufdeckt, zwischen den „Schutz gebenden Dünen“ und in dem „weiter zurück gelegenen Kiefernwald“ (128) statt. Am Ende des Gesprächs wird wieder ein deutlicher Bezug zur bekannten, jetzt von den angstvollen Bezügen befreiten Topografie hergestellt:

> „‚Ah, da sind wir wieder aus dem Wald heraus‘, sagte Effi. ‚Und da ist Utpatels Mühle. Wir müssen nur noch an dem Kirchhof vorüber.‘ Gleich danach passierten sie den Hohlweg zwischen dem Kirchhof und der eingegitterten Stelle, und Effi sah nach dem Stein und der Tanne hinüber, wo der Chinese lag.“ (132)

Auch der gemeinsame Ausritt zum Picknick in den Dünen führt wieder durch die „Plantage“ (134), die Kulisse bilden „Strandhafer“ und „Immortellen“ (137). Mehr als sechs Jahre später, am Morgen des Duells, erscheinen schließlich die Immortellen noch einmal: Auf dem Weg zum Duellplatz steckt sich Innstetten eine rote Nelke ins Knopfloch. Die Immortellen allerdings lässt er mit der Bemerkung: „Die Immortellen nachher“ (241) links liegen.

Ehebruch in Verweisen

Mit dem Zeitpunkt aber, wo sich Effi auf der nächtlichen Schlittenfahrt Crampas' Verführungskünsten hingibt, bekommen die topografischen Verweise eine neue Dynamik. Nunmehr wird das Geschehen zwischen Effi und Crampas nicht mehr dargestellt, sondern die topografischen Verweise allein spielen auf die geheimen Zusammenkünfte an. Wenn Effi, vordergründig durch eine ärztlich verordnete Kur von Adelsbesuchen in der Umgebung abgehalten, zu Innstetten sagt:

> „… Übrigens freu ich mich, und das ist das einzige Gute dabei, dich jedes Mal, wenn du fährst, eine Strecke Wegs begleiten zu können, bis an die Mühle gewiss oder bis an den Kirchhof oder auch bis an die Waldecke, da, wo der Morgnitzer Querweg einmündet. Und dann steig ich ab und schlendere wieder zurück. In den Dünen ist es immer am schönsten.“ (169)

So beschreibt sie mit den Koordinaten „Mühle“, „Kirchhof“, „Waldecke“, „Dünen“ Ort und Tatbestand des Ehebruchs. Die zahllosen Spaziergänge „nach dem Strand und der Plantage“ (172), nur während Crampas' Abwesenheit unterbrochen, erhalten so ein geheimes Ziel, über das der Leser erst ziemlich spät aus dem Munde von Crampas noch einen kleinen Hinweis als Bestätigung seiner Vermutungen erhält. Von Innstetten gefragt, welchen Ort Crampas für das Duell ausgewählt habe, antwortet Wüllersdorf: „Crampas schlug erst ein Waldeck vor, gleich hinter dem Kirchhof. Aber dann unterbrach er sich und sagte: ‚Nein, da nicht.' Und dann haben wir uns über eine Stelle zwischen den Dünen geeinigt." (238 f.)

Schaukel

Mit Mutter Briests Bemerkung, Effi hätte ja doch wohl Kunstreiterin werden müssen: „Immer am Trapez, immer Tochter der Luft" (4), wird ein Motivbereich angesprochen, der die Bewegungen des Schaukelns, Kletterns und Fliegens, aber auch des Stolperns und Versinkens umfasst. Fontane versinnbildlicht mit diesem Motivbereich jenen Aspekt von Effis Persönlichkeit, der auf ungezügelte Lebensfreude, Jugendlichkeit und Ungebundenheit hinweist. Darüber hinausgehend lässt das Motiv des Schaukelns aber noch Bedeutungsdimensionen erkennen, die tiefere Einblicke in Effis Persönlichkeitsstruktur gestatten und die Möglichkeit einer Crampas-Affäre zumindest andeuten.

Mit ihrem Bild des Trapezes und der metaphorischen Rede „Tochter der Luft" hat Mutter Briest übertreibend auf die luftige Höhe, den prickelnden Reiz, aber auch die Gefährlichkeit von Effis akrobatischen Neigungen hingewiesen. Dieser Aspekt des Gefährlichen wohnt dem Schaukelmotiv aber von Anfang an inne. Schon die scheinbar arglose Einführung der Schaukel in die Hohen-Cremmener Topografie wird durch den Zusatz „die Pfosten der Balkenlage schon etwas schief stehend" (3) mit einem Gefahrenmoment versehen. Wenn Effi ihren Freundinnen zuruft: „[…] wir wollen uns schaukeln, auf jeder Seite zwei", bekommt diese Einladung mit dem prickelnden Zusatz „reißen wird es ja wohl nicht" (12) einen abenteuerlichen Anflug. Mit jedem Mal, wo Effi vom Schaukeln in Hohen-Cremmen redet oder schaukelnd gezeigt wird, erhält der eine lustvolle Angst bereitende Aspekt breiteren Raum:

> „Und Geert wird mich auch wohl verwöhnen. Natürlich auf seine Art. Er will mir ja schon Schmuck schenken in Venedig. Er hat keine Ahnung davon, dass ich mir nichts aus Schmuck mache. Ich klettere lieber, und ich

> schaukle mich lieber, und am liebsten immer in der Furcht, dass es irgendwo reißen oder brechen und ich niederstürzen könnte. Den Kopf wird es ja nicht gleich kosten." (30)

> „Am liebsten aber hatte sie wie früher auf dem durch die Luft fliegenden Schaukelbrett gestanden und in dem Gefühle: ‚jetzt stürz ich', etwas eigentümlich Prickelndes, einen Schauer süßer Gefahr empfunden." (116)

Die Furcht vor dem Reißen der Seile, ein klein wenig reale Berechtigung kommt ihr ja zu, wird von Effi als Bedingung für die Lustempfindung hinzugefordert, und es entsteht ein Gefühl, das der Erzähler mit der widersprüchlichen Formulierung „Schauer süßer Gefahr" bezeichnet. Damit ist ein Zustand umschrieben, den der Psychoanalytiker Michael Balint mit dem Begriff der „Angstlust" bezeichnet, einer „Mischung von Furcht, Wonne und zuversichtlicher Hoffnung angesichts einer äußeren Gefahr" (zit. nach: Dyck, 1985, S. 622).
Das Motiv des Schaukelns und das damit verbundene Reden über Gefahr und Lust leisten somit mehr, als eine direkte Charakterisierung Effis erreichen könnte: Sinnlich eindrucksvoll entsteht Effi vor den Augen des Lesers als eine Persönlichkeit, die Angstlust versprechende Situationen geradezu sucht. Deutlich wird außerdem in ihrer Gegenüberstellung von eigenen Schaukelwünschen und Innstettens Angeboten, dass ein wenn auch venezianischen Schmuck schenkender Beamter zu dieser Trapez-Welt Effis wenig Zugang findet. Im Sinne einer Vorausdeutung interpretiert, nimmt das Schaukel-Motiv nicht nur die Möglichkeit eines Ehebruchs, sondern zum Teil auch die äußeren Umstände seines Vollzugs vorweg: die Heimlichkeit, die fehlende emotionale Intensität und die Kürze seiner Dauer.

Klettern und Fliegen

Im bildhaften Umfeld des Schaukelns nehmen auch das Klettern und der Flug als verwandte Motive verweisende Funktionen ein. So sieht sich Effi während des Spiels mit ihren Freundinnen in ihrer Phantasie schon auf einen Mastbaum klettern: „Und du, Hulda, du kämst dann von der anderen Seite her herauf, und oben in der Luft wollten wir Hurra rufen und uns einen Kuss geben" (11), wobei hier der akrobatische Akt des Kletterns durch das „Hurra" und den „Kuss" deutlich hervortritt. „Also nur nicht ängstlich … rasch, rasch, ich fliege aus“ (12), ruft Effi ihren Freundinnen beim Versteckspielen zu. „Es ist ja himmlisch, so hinzufliegen“ (81), sagt Effi später zu Innstetten im Pferdeschlitten und drängt ihn zur Weiterfahrt. Noch offensichtlicher wird die Verbindung von Lust und Gefahr im Motiv des Fliegens bei Effis nächtlicher Rückkehr von Uvagla, kurz bevor Sidonie Grasenabb ihren Schlitten verlässt und Crampas zusteigt. Als Effi die Augen schließt und den Kopf immer weiter aus dem Schlitten neigt, dem bezeichnenderweise das Schutzleder fehlt, antwortet sie der ängstlichen Sidonie: „Ich kann die Schutzleder nicht leiden; sie haben so etwas Prosaisches. Und dann, wenn ich hinausflöge, mir wär es recht, am liebsten gleich in die Brandung.“ (156) Das schnelle Dahinfliegen und das Klettern, beide Bewegungsarten bergen die Lust des Außergewöhnlichen, des Luftigen und Schwindelerregenden und zugleich die Gefahr des Stürzens in sich und gehören zum Motivkomplex des Schaukelns.

Von der Schaukel zum Schaukelstuhl

Auf den für ihr Wohlbefinden so wichtigen Genuss des Schaukelns muss Effi in Kessin allerdings weitgehend verzichten. Der Hohen-Cremmener Schaukel entspricht dort nur das prosaische Gegenstück des Schaukelstuhls, auf dem Effi sitzt, als Crampas die Veranda betritt. Die Kontinuität des Schaukelmotivs bleibt zwar gewahrt, doch wird es gerade um seinen wichtigsten Aspekt, den „Schauer süßer Gefahr“ reduziert, was Effis vergleichsweise eher verhaltene Reaktion erklärt: „ich für mein Teil find es so schön in diesem Schaukelstuhl, dass ich nicht aufstehen mag“ (120). In dieser verkürzten Variante verweist das Motiv des Schaukelns, in wenn auch verblasster Form zwar, noch auf das, was Effis Wünschen entspricht, deutlicher aber auf die Aspekte ihres Lebens, die sie in ihrer Ehe mit Innstetten entbehrt. In noch zwei weiteren, für die Entwicklung ihrer Ehe wichtigen Situationen sitzt Effi im Schaukelstuhl: als sie nach gespielter Krankheit ihren Berliner Arzt Dr. Rummschüttel noch einmal empfängt (199 f.) und als sie, zur Kur in Bad Ems, den ihr Leben verändernden Brief der Mutter zu lesen beginnt (257). In beiden Situationen schwingen, ausgelöst durch das Motiv des Schaukelstuhls, die Erinnerung an die erste längere Begegnung mit Crampas und das Entsagen, der Verzicht auf die Wünsche der Kindheit mit. Als Effi schließlich, zurück in Hohen-Cremmen und in Begleitung von Pastor Niemeyer, die Angstlust des Schaukelns in ihrer ganzen Intensität noch einmal genießt, ist sie bereits geschwächt und dem Tode nahe:

> „Sie sprang hinauf mit einer Behendigkeit wie in ihren jüngsten Mädchentagen, und ehe sich noch der Alte, der ihr zusah, von seinem halben Schreck erholen konnte, huckte sie schon zwischen den zwei Stricken nieder und setzte das Schaukelbrett durch ein geschicktes Auf- und Niederschnellen ihres Körpers in Bewegung. Ein paar Sekunden noch, und sie flog durch die Luft, und bloß mit einer Hand sich haltend, riss sie mit der anderen ein kleines Seidentuch von Brust und Hals und schwenkte es wie in Glück und Übermut." (281)

In Effis Bemerkung: „Ach, wie schön es war, und wie mir die Luft wohltat; mir war, als flög' ich in den Himmel" (ebd.) erhält das Fliegen allerdings eine neue, kindlich religiöse Bedeutung, aus der Todeserwartung und Todessehnsucht sprechen.

Schritt vom Wege und Stolpern

Als Kontrast zu den lustbetonten Bewegungen des Schaukelns und Fliegens übernehmen die Motive des Stolperns und Versinkens die Funktion, auf bevorstehende Gefahren zu verweisen. So spielt das zur Aufführung vorgeschlagene Theaterstück *Ein Schritt vom Wege* in ziemlich direkter, vordergründiger Form auf Effis bevorstehenden Fehltritt an. „Wie elektrisiert" (142) fühlt sich denn auch die als Hauptdarstellerin vorgesehene Effi angesichts eines so deutlichen Bezugs zu ihrer Lebenssituation. Als der ahnungslose Gieshübler auf Effis Frage, ob Crampas denn auch mitspiele, entgegnet: „Er hat nur die Regie übernommen" (143), antwortet Effi: „Desto schlimmer" (ebd.) und bleibt mit ihrer Antwort auf gefährliche Weise in ihren eigenen Gedankenspuren. Ihre Versuche, die für Gieshübler nicht verständliche Bemerkung durch nachträgliche Erklärungen zurechtzurücken, machen den Verweischarakter des „Schritts vom Wege" umso deutlicher:

> „Oh, Sie dürfen das nicht so feierlich nehmen; das ist nur so eine Redensart, die eigentlich das Gegenteil bedeutet. Auf der anderen Seite freilich, der Major hat so was Gewaltsames, er nimmt einem die Dinge gern über den Kopf fort. Und man muss dann spielen, wie er will, und nicht wie man selber will." (Ebd.)

Noch eindeutiger verhält sich der Erzähler mit dem kurz und bündig zusammenfassenden Satz: „Der ‚Schritt vom Wege' kam wirklich zustande […]" (ebd.), und Innstetten bleibt wenig später ebenfalls im Motivbereich des „Schritts vom Wege", wenn er, bezogen auf Effis nächtliche Schlittenfahrt mit Crampas, urteilt: „[…] von einem Fauxpas mag ich nicht sprechen, das ist in diesem Zusammenhang kein gutes Wort." (162) Wieder führt Fontane ein Motiv bis in die Berliner Zeit hinein, um es dann überraschend neu zu gestalten: Als Annie im Treppenhaus die Stufen hochrennt, um vor Roswitha an der Etagentür anzukommen, stolpert sie und schlägt mit dem Kopf auf den Schuhabkratzer. Dieses Stolpern und die daraus entstehende Wunde lösen das sicherlich größte Unheil aus, das Effi in dieser Situation geschehen kann: den Fund der im Nähkästchen versteckten Liebesbriefe. In welcher Nähe dabei das Stolpern zu dem ihm verwandten Motiv des Fliegens ist, macht Innstettens Einschätzung des Vorfalls deutlich: „‚Du bist so wild, Annie, das hast du von der Mama. Immer ein Wirbelwind. Aber dabei kommt nichts heraus oder höchstens so was.' Und er wies auf die Wunde und gab ihr einen Kuss." (229)

Versinken im Schloon

Ein vielschichtigeres Gegenmotiv zu dem des Fliegens ist das Versinken. Schon mit dem Versenken der Stachelbeerschalen im Hohen-Cremmener Teich angelegt (vgl. 11), wird es von Crampas durch seine an Heinrich Heine angelehnte Erzählung von der versunkenen Stadt Vineta (vgl. 135) wieder aufgegriffen, um schließlich mit der Schloon-Episode seinen unmittelbarsten Bezug zu Effi zu bekommen. Als auf der Heimfahrt von Uvagla die Schlitten unvermittelt anhalten, weil ihnen ein Schloon den Weg versperrt, klärt Sidonie die ahnungslose Effi über die winterlichen Gefahren eines solchen Schloons auf: Bei Flut werde, so erfährt Effi, das Meerwasser in kleine Rinnsale gepresst, die sich unter einer täuschenden Sandoberfläche auffüllten. Wer ahnungslos einen Schloon passieren wolle, müsse versinken, denn im Winter könne er zu einem Sog werden (vgl. 158). „Abgrund", „Sog", „Sumpf", „Moor" sind die Begriffe, mit denen Sidonie die symbolhafte Naturerscheinung umschreibt und damit andeutet, was Effi wenig später, begünstigt durch den naturbedingten Umweg, mit Crampas erleben wird. Auch hier erhält die Gefahr noch eine lustvolle Komponente. Als sich Effi durch die Stichworte „Sumpf" und „Moor" an ihren heimatlichen „Luch" erinnert, wird ihr „inmitten all ihrer Ängstlichkeit [...] mit einem Male ganz wehmütig freudig zu Sinn" (ebd.).

Motiv des Steins

Mit dem Einsatz, der Verknüpfung und Variation von Verweisen, Motiven und Symbolen, so zeigen die Beispiele, verleiht Fontane dem Geschehen um Effi Bedeutungsaspekte, die sich in einer direkten Gestaltungsweise kaum darstellen ließen. In vielen Fällen sind allerdings die Anspielungen so versteckt und vieldeutig, dass sie als solche kaum auffallen.

Dies lässt sich am Beispiel des Steins verdeutlichen. Hertha muss am Ende des ersten Kapitels in die Tüte mit den Stachelbeerschalen „einen Stein hineintun, dass alles besser versinken kann" (10). Der Stein als Mittel des Versenkens, als Stolperstein, als Todeszeichen taucht von da an, versteckt oder offen, in unterschiedlichsten Varianten immer wieder auf. Als Sidonie Effi ermahnt, sich nicht so sehr aus dem Schlitten zu lehnen, fügt sie hinzu: „Fährt der Schlitten auf einen Stein, so fliegen Sie hinaus." (156) Auf dem Chinesengrab liegt ein „weißer Stein", der „in der Nachmittagssonne blinkte und blitzte" (112), und auf Effis Grabstätte in der Mitte des Rondells eine „weiße Marmorplatte" (294). Auf ihrer Urlaubsreise nach Rügen begegnen Effi und Innstetten am Herthasee, dicht neben einer Ortschaft mit dem Namen „Crampas", heidnischen „Opfersteinen" mit deutlich erkennbaren Rinnen zum Ablaufen des Bluts (210). Dass die inzwischen schon kranke Effi Pastor Niemeyer von diesen Steinen noch einmal berichtet, lässt auf die Intensität dieses Erlebnisses schließen. Und alles spricht auch dafür, dass Fontane die gesteinskundliche Bedeutung des Namens „Heliotrop" kannte: Neben der Pflanze aus der Gattung der Borretsch-Gewächse bezeichnet der Begriff „Heliotrop" auch den Blutjaspis, kurz Blutstein genannt (vgl. Post, 1987, S. 50).

Funktion der Motive

Damit schließt sich eine Motivkette, die vom Schaukeln und Fliegen zum Stolpern und Versinken, von der luftigen Höhe zum erdgebundenen Stein reicht. Alle diese Motive verweisen in unmittelbar anschaulicher Weise auf menschliche Tiefenschichten und ersetzen umständliche analytische Exkurse. Sie ermöglichen es Fontane, überraschend Verknüpfungen vorzunehmen, einerseits Übereinstimmungen zwischen den unterschiedlichsten Bereichen, andrerseits Widersprüche im scheinbar Harmonischen zu betonen. Wenngleich sie Stimmungslagen der Figuren signalisieren, entziehen sie sich schließlich doch einer zu starken Festlegung. Teils offenkundig, teils versteckt, erfordern sie eine aktive Mitarbeit des Lesers.

Die Verfilmungen

Von den ersten Jahren des Tonfilms bis zur heutigen Zeit ist Fontanes Erfolgsroman insgesamt viermal verfilmt worden.

Der Schritt vom Wege
Deutschland 1939, 97 Minuten **Regie:** Gustaf Gründgens **Darsteller:** Marianne Hoppe (Effi), Karl Ludwig Diehl (Innstetten), Paul Hartmann (Crampas), Paul Bildt (Herr Briest), Käthe Haack (Frau Briest), Elisabeth Flickenschildt (Tripelli), Max Gülstorff (Gieshübler), Hans Leibelt (Wüllersdorf)
Rosen im Herbst
BRD 1955, 103 Minuten **Regie:** Rudolf Jugert **Darsteller:** Ruth Leuwerik (Effi), Bernhardt Wicki (Innstetten), Carl Raddatz (Crampas), Paul Hartmann (Herr Briest), Lil Dagover (Frau Briest), Günther Lüders (Gieshübler)
Effi Briest
DDR 1968, 120 Minuten **Regie:** Wolfgang Luderer **Darsteller:** Angelika Domröse (Effi), Horst Schulze (Innstetten), Dietrich Körner (Crampas), Gerhard Bienert (Herr Briest), Inge Keller (Frau Briest), Walter Lendrich (Gieshübler), Marianne Wünscher (Tripelli), Lissy Tempelhof (Roswitha) A. P. Hoffmann (Wüllersdorf)
Fontane Effi Briest
BRD 1974, 140 Minuten **Regie:** Rainer Werner Fassbinder **Darsteller:** Hanna Schygulla (Effi), Wolfgang Schenk (Innstetten), Ulli Lommel (Crampas), Lilo Pempeit (Frau Briest), Herbert Steinmetz (Herr Briest), Ursula Strätz (Roswitha), Irm Hermann (Johanna), Karl-Heinz Böhm (Wüllersdorf), Hark Bohm (Gieshübler)

Fassbinder 1974: Zeitlosigkeit und Verfremdung

Verfilmung als Thema

Rainer Werner Fassbinders 1974 fertiggestellter Film *Fontane Effi Briest* unterscheidet sich in zwei zentralen Aspekten grundsätzlich von allen vorangehenden Verfilmungen. Zum einen verzichtet Fassbinder auf die Vermittlung der Illusion, einen in sich geschlossenen, selbständigen Film produziert zu haben, lässt vielmehr in allen Phasen deutlich werden, dass er einen literarischen Text gelesen, gedeutet und in ein anderes Medium, den Film, übertragen hat. Nicht nur eine Handlung, sondern der Leseprozess selbst werden im Film dokumentiert.

Aktualisierung des Geschehens

Zum andern löst Fassbinder das Romangeschehen aus seinem historischen Kontext und verleiht ihm exemplarischen Charakter: Was sich zwischen den Personen abspielt, ist nicht an die historische Situation um 1880 gebunden, es ist von gesellschaftlichen Kräften geprägt, die sich auch in unserer heutigen Gesellschaft noch erkennen lassen.

Nachgestaltung des Lektüreprozesses

Wie auch der Lektüreprozess ein ruhiger, konzentrierter Vorgang ist, so verzichtet die Verfilmung, von einem einzigen, wenige Takte umfassenden Leitmotiv abgesehen, auf jegliche Musikuntermalung. Bereits der Vorspann mit der Auflistung der Personen und ihrer Darsteller vollzieht sich ton- und schmucklos: schwarze Lettern auf grellweißem Hintergrund. Die erste Einstellung zeigt in einem Standbild die Vorderansicht des Hohen-Cremmener Anwesens, während eine Stimme im Off, Fassbinder selbst, den Anfang des Romans verliest. Dieser Beginn lässt keinen Zweifel daran aufkommen, dass auf Spannung, Unterhaltung, Identifikation kein Wert gelegt wurde, sondern dass ein transparenter Lese- und Interpretationsvorgang beginnt.

Techniken der Distanzierung

Um dieses Bewusstsein beim Zuschauer zu erhalten, bedient sich Fassbinder unterschiedlicher Techniken, die aber alle dazu dienen, das filmische Geschehen zu verfremden und Distanz zu schaffen. So setzt er auffallend häufig das ansonsten ungewöhnliche Mittel der Weißblende ein, um den Zuschauer aufzurütteln und „wach im Verstand" (Fassbinder, 1986, S. 55) zu erhalten. Durch sogenannte Inserts, mit gotischer Schrift auf weißem Hintergrund eingefügte Fontane-Zitate, setzt er interpretatorische Akzente, durchbricht die Filmillusion und suggeriert eine Art Kapitelüberschrift. Bild und Sprache bleiben in vielen Sequenzen inkongruent: So erläutert Innstetten seiner Frau Effi die Zusammensetzung der Kessiner Bevölkerung, noch ehe die Kutsche, in der sie sitzen, am Anfang der Allee überhaupt gesichtet werden kann. Noch auffälliger ist es, wenn Gieshübler und Effi nach ihrem ersten Gedankenaustausch in ihrer Gesprächshaltung verharren, während mit Off-Ton verlesen wird: „Da dies alles aber nicht ging, so stand er auf, suchte nach seinem Hut, den er auch glücklicherweise gleich fand, und zog sich, nach wiederholtem Handkuss, rasch zurück, ohne weiter ein Wort gesagt zu haben." Diese fehlende Übereinstimmung zwischen bildhaft dargestelltem und vorgelesenem Geschehen lenkt die Aufmerksamkeit des Zuschauers auf die Bedeutsamkeit des Gestischen, provoziert ihn zu eigener Phantasietätigkeit, wo sich die filmische Bildsequenz verweigert.

Handlungsarmut und Szenenlänge

Zu den Distanz schaffenden Maßnahmen zählt schließlich auch die Dehnung einzelner Sequenzen bis an die Grenze des Erträglichen und die konsequente Aussparung theatralisch wirkungsvoller Szenen. Weder Verlobung noch Hochzeit, weder die Aufführung des „Schritts vom Wege" noch der Abend bei Oberförster Ring werden dargestellt, während auf der anderen Seite Effis Gespräch mit der Mutter am Ende des vierten Kapitels, Crampas' Erzählung vom Kalatravaritter, Innstettens Gespräch mit Effi nach der Schlittenfahrt mit Crampas, ihr Dialog im Anschluss an Innstettens Nachricht vom bevorstehenden Umzug nach Berlin, das Duellgespräch zwischen Innstetten und Wüllersdorf über das übliche Maß eines Filmgesprächs hinaus gedehnt werden.

Gesellschaftspolitischer Standort

Dass es Fassbinder um etwas anderes als eine historisch detailgetreue Verfilmung der Romanvorlage geht, deutet er bereits mit seinem Untertitel an: „Fontane Effi Briest oder Viele, die eine Ahnung haben von ihren Möglichkeiten und ihren Bedürfnissen und dennoch das herrschende System in ihrem Kopf akzeptieren durch ihre Taten und es somit festigen und durchaus bestätigen." Die Figur der Effi Briest ist demnach nur ein Beispiel für eine gesellschaftliche Grundhaltung, die sowohl Fontane als auch Fassbinder seiner Interpretation zufolge teilen. Fassbinder hat häufig ausgesprochen, dass seine Sympathie für Fontane gerade darin gründe, dass dieser, wie er auch, die Unstimmigkeiten der Gesellschaft erkannt habe, ihm aber schließlich doch nichts anderes übrig geblieben wäre, als diese Gesellschaft so zu akzeptieren (vgl. Wolff, 1981, S. 70). Aus dieser Haltung ergeben sich als Konsequenzen für Fassbinders künstlerische Arbeit: die Entlastung des Films von historisierenden Details und die Grundstimmung der Melancholie als durchgehendes gestisches Merkmal.

Fehlendes Zeitkolorit

So hat Fassbinder in der Ausstattung der Räume und der Kleidung der Personen alles vermieden, was eine zu genaue zeitliche Lokalisierung des Geschehens möglich machen könnte. Gerade die von Luderer breit ausgespielten Szenen, die Besuche beim Landadel, die Geselligkeit nach dem Theaterabend, sind bei Fassbinder gestrichen oder reduziert. Die Besuche beim Landadel werden nur in der Form von kurzen Abschiedszeremonien und einigen Schlossansichten angedeutet, der Tripelli-Abend ist auf den engsten Gästekreis begrenzt.

Unterdrückung durch die Gesellschaft

Wichtig ist es Fassbinder zu zeigen, wie sich die gesellschaftlichen Zwänge auf Effis Leben auswirken. Dies geschieht schon in den ersten Einstellungen des Films durch eine leidenschaftslose, statische Spielweise, die gelegentlich sogar mit dem gesprochenen Text kontrastiert. Wenn Effi beispielsweise leicht verzögert und gebremst sich in die Arme ihrer Mutter begibt und Luise Briest ermahnend sagt: „Nicht so wild, Effi, nicht so leidenschaftlich!“, so fallen Gestus und Sprache auseinander. Springen bei Gründgens die Mädchen in unbeschwertem Spiel durch den Garten, so bleiben sie bei Fassbinder in unbewegtem Arrangement, während Effi die Geschichte Innstettens erzählt.

Isolation der Personen

Zu der melancholischen, gedrückten Grundatmosphäre kommt mit dem Einsetzen der Kessin-Handlung die erstarrte Konvention, die Unfähigkeit der Personen, offen und gefühlvoll miteinander umzugehen. Fassbinder bemüht ein ganzes Arsenal szenischer Arrangements, um die Isolation der Personen deutlich zu machen. Mal sehen die Personen während des Gesprächs aneinander vorbei ins Leere, mal schieben sich Gegenstände des Interieurs wie Statuetten, Kerzenleuchter zwischen sie. Bei wichtigen Unterredungen sind Effi und Innstetten durch netzartige Vorhänge oder Gardinen getrennt. Oft verdecken sich die Personen gegenseitig, und ihre Mimik wird erst durch einen der zahlreichen Spiegel wieder eingefangen. Auch arbeitet Fassbinder bewusst mit geringer Tiefenschärfe, so dass einer der Gesprächspartner unscharf bleibt. Als Signale für die Fremdheit der Personen und für fehlendes Verstehen, bedürfen diese szenischen Mittel der erhöhten Aufmerksamkeit, der verstärkten Phantasietätigkeit des Zuschauers.

Der Chinese: nur im Gespräch präsent

Da es Fassbinder nicht auf den Unterhaltungswert der Verfilmung ankommt, er sie vielmehr „für ein etwas bewußteres Publikum" (Fassbinder, 1986, S. 54) angelegt hat, kann er auch den Chinesen von allem Darstellungsspektakel befreien und ganz in die Psyche und die Gespräche der Personen verlegen. Konsequenter als alle anderen Regisseure verleiht Fassbinder dem Chinesen, noch über Fontane hinausgehend, gesellschaftliche Funktion und deutet ihn als Instrument der Unterdrückung. „Ich hab den Unterdrückungsmechanismus", so erklärt er in einem Interview, „der im Buch viel schwächer angedeutet wird – die ganze Sache mit dem Chinesen und wie Effis Mann seine Terrormittel einsetzt, das ist im Buch viel mehr eingebettet in eine runde Erzählung –, etwas deutlicher versucht rauszukriegen. Das ist natürlich schon ein entscheidender Eingriff, denn dadurch wird die Kritik, die Fontane übt, im Film stärker als im Buch." (Ebd.) Gerade dadurch, dass der Chinese über den ganzen Film hinweg bildlich nicht präsent ist, lediglich sein Grab wird kurz von ferne gezeigt, kann er ideell als Symbol der Unterdrückung die Kessiner Zeit beherrschen.

Emotionsarmut und Statik als Kritikpunkte

Fassbinders Verfilmung der *Effi Briest* ist sicher eine gelungene Interpretation der psychischen Vorgänge und der Kommunikationsprozesse unter dem Druck einer restriktiven Gesellschaft, in der das Entsagen an erster Stelle steht. Die emotionslose Spielweise der Personen, die durchgehende Verfremdung und Distanzierung des Geschehens sowie die Statik und Länge der einzelnen Einstellungen verlangen vom Zuschauer allerdings ein ganz spezielles ästhetisches Interesse. Dies ist oft kritisch eingewandt worden. Schließlich zeichnet sich die Romanvorlage ja gerade durch Humor und ironische Brechung aus. Von diesen Stilelementen hat Fassbinder allerdings nichts übernommen.

Literaturhinweise

Werkausgaben

Theodor Fontane: Effi Briest. Werke, Schriften und Briefe. Hrsg. von Walter Keitel und Helmut Nürnberger. Abt. 1, Bd. 4. München: Hanser, 1963.

– Briefe. Werke, Schriften und Briefe. Hrsg. von Walter Keitel und Helmut Nürnberger. Abt. 4, Bd. 1–5. München: Hanser, 1976–88.

Sekundärliteratur

Zu Fontanes Romanen

Arnold, Heinz-Ludwig (Hrsg.): Theodor Fontane. München: Edition text + kritik, 1989.

Brinkmann, Richard: Theodor Fontane. Über die Verbindlichkeit des Unverbindlichen. München: Piper, 1967.

Demetz, Peter: Formen des Realismus: Theodor Fontane. Kritische Untersuchungen. 2. Aufl. München: Hanser, 1966.

Grawe, Christian (Hrsg.): Fontanes Novellen und Romane. Stuttgart: Reclam, 1991.

Kolk, Rainer: Beschädigte Individualität. Untersuchungen zu den Romanen Theodor Fontanes. Heidelberg: Winter, 1986.

Liesenhoff, Carin: Fontane und das literarische Leben seiner Zeit. Bonn: Bouvier, 1976.

Mittenzwei, Ingrid: Die Sprache als Thema. Untersuchungen zu Fontanes Gesellschaftsromanen. Bad Homburg/Berlin/Zürich: Gehlen, 1970.

Müller-Seidel, Walter: Theodor Fontane. Soziale Romankunst in Deutschland. 2. Aufl. Stuttgart: Metzler, 1980.

Plett, Bettina: Die Kunst der Allusion. Formen literarischer Anspielung in den Romanen Theodor Fontanes. Köln/Wien: Böhlau, 1986.

Einzeluntersuchungen zu *Effi Briest*

Dyck Joachim / Wurth, Bernhard: „Immer Tochter der Luft". Das gefährliche Leben der Effi Briest. In: Psyche. Zeitschrift für Psychoanalyse und ihre Anwendungen 39 (1985) Heft 7. S. 617–633.

Grawe, Christian: Theodor Fontane: *Effi Briest*. 2. Aufl. Frankfurt a. M.: Diesterweg, 1988.

Hamann, Elsbeth: Theodor Fontane, *Effi Briest*. 2. Aufl. München: Oldenbourg, 1988.

Post, Klaus Dieter: „Das eigentümliche Parfüm des Wortes". Zum Doppelbild des Heliotrop in Theodor Fontanes Roman *Effi Briest*. In: Literatur und Medien in Wissenschaft und Unterricht. Festschrift für Albrecht Weber. Hrsg. von Walter Seifert. Köln/Wien: Böhlau, 1987. S. 47–54.

Rainer, Ulrike: *Effi Briest* und das Motiv des Chinesen: Rolle und Darstellung in Fontanes Roman. In: Zeitschrift für deutsche Philologie 101 (1982) S. 545–561.

Schuster, Ingrid: Zum Chinesen in *Effi Briest*. In: Wirkendes Wort 33 (1983) Heft 2. S. 115–125.

Schuster, Peter-Klaus: Theodor Fontane: *Effi Briest* – Ein Leben in christlichen Bildern. Tübingen: Niemeyer, 1978.

Seiler, Bernd W.: „Effi, du bist verloren!". Vom fragwürdigen Liebreiz der Fontaneschen Effi Briest. In: Diskussion Deutsch (1988) Heft 104. S. 586–605. Entgegnung: Christian

Grawe: Über die Sinnentleerung der Literatur. In: Diskussion Deutsch (1989) Heft 106. S. 208–211.
Warnke, Gisela: Der Spuk als „Drehpunkt“ in Fontanes *Effi Briest*. Ein Beitrag zur Strukturanalyse des Romans. In: Literatur für Leser (1978) Heft 3. S. 214–242.
Utz, Peter: Effi Briest, der Chinese und der Imperialismus: Eine „Geschichte“ im geschichtlichen Kontext. In: Zeitschrift für deutsche Philologie 103 (1984) S. 212–225.

Zum historischen Hintergrund

Carsten, Francis L.: Geschichte der preußischen Junker. Frankfurt a. M.: Suhrkamp, 1987.
Elias, Norbert: Studien über die Deutschen. Machtkämpfe und Habitusentwicklung im 19. und 20. Jahrhundert. Frankfurt a. M.: Suhrkamp, 1989.
Fragen an die deutsche Geschichte. Hrsg. vom Presse- und Informationszentrum des Deutschen Bundestages. 11. Aufl. Bonn 1985.
Frevert, Ute: Ehrenmänner. Das Duell in der bürgerlichen Gesellschaft. München: C. H. Beck, 1991.
Guttandin, Friedhelm: Das Duell. In: Journal für Geschichte (1981) Heft 5. S. 32–39.
Heß, Klaus: Junker und bürgerliche Großgrundbesitzer im Kaiserreich. Stuttgart: Franz Stamer, 1990.
Ritter, Gerhard A. (Hrsg.): Das deutsche Kaiserreich 1871–1914. Ein historisches Lesebuch. 4. Aufl. Göttingen: Vandenhoeck & Ruprecht, 1981.
Seiffert, Hans Werner (unter Mitarbeit von Christel Laufer): Fontanes *Effi Briest* und Spielhagens *Zum Zeitvertreib*. Zeugnisse und Materialien. In: Studien zur neueren deutschen Literatur. Hrsg. von H. W. S. Berlin: Akademie Verlag, 1964.
Wehler, Hans-Ulrich: Das Deutsche Kaiserreich 1871–1918. 4. Aufl. Göttingen: Vandenhoeck & Ruprecht, 1980.

Zu den Verfilmungen

Biener, Joachim: Zur Aneignung von Fontanes Epik durch Film und Fernsehen. In: Fontane-Blätter 4 (1981) Heft 8. S. 713–728.
Fassbinder, Rainer Werner: Die Anarchie der Phantasie. Gespräche und Interviews. Hrsg. von Michael Töteberg. Frankfurt a. M.: Fischer, 1986.
Greiner, Ulrich: Fontanes Bitterkeit oder Angstapparat aus Kalkül. Drei Versuche, *Effi Briest* zu verfilmen. In: Frankfurter Allgemeine Zeitung. 26. Oktober 1974.
Schmid, Eva M. J.: War Effi Briest blond? Bildbeschreibungen und kritische Gedanken zu vier *Effi Briest*-Verfilmungen. In: Literaturverfilmungen. Hrsg. von Franz-Josef Albersmeier und Volker Roloff. Frankfurt a. M.: Suhrkamp, 1989. S. 122–143.
Wolff, Jürgen: Verfahren der Literaturrezeption im Film, dargestellt am Beispiel der *Effi-Briest*-Verfilmungen von Luderer und Fassbinder. In: Der Deutschunterricht 33 (1981) Heft 4. S. 47–75.

Prüfungsaufgaben und Lösungen

1 Zwei Romananfänge im Vergleich

2 Zeitgenössische Kritik

3 Stilisierung Effis zum Kind

4 Effi über ihre Schuld

5 Die Schuld der Gesellschaft

6 Erzähltechnische Funktion der Briefe und Gespräche

7 Der Chinese

8 Duell-Debatte im Reichstag 1886

1 Zwei Romananfänge im Vergleich

Materialgrundlage:

- Johann Wolfgang von Goethe, *Die Wahlverwandtschaften*, in: *Sämtliche Werke*, I. Abteilung, Bd. 8, Frankfurt am Main: Deutscher Klassiker Verlag, 1994, S. 271–273.
- Theodor Fontane, *Effi Briest*, mit Materialien, ausgewählt von Hanns-Peter Reisner und Rainer Siegle, Leipzig/Stuttgart/Düsseldorf: Ernst Klett Schulbuchverlag, 2003, S. 3, Z. 1 – S. 5, Z. 14.

Johann Wolfgang von Goethe: *Die Wahlverwandtschaften* [Anfang]

Eduard – so nennen wir einen reichen Baron im besten Mannesalter – Eduard hatte in seiner Baumschule die schönste Stunde eines Aprilnachmittags zugebracht, um frisch erhaltene Pfropfreiser auf junge Stämme zu bringen. Sein Geschäft war eben vollendet; er legte die Gerätschaften in das Futteral zusammen und betrachtete seine Arbeit mit Vergnügen, als der Gärtner hinzutrat und sich an dem teilnehmenden Fleiße des Herrn ergetzte.

Hast du meine Frau nicht gesehen? fragte Eduard, indem er sich weiter zu gehen anschickte.

Drüben in den neuen Anlagen, versetzte der Gärtner. Die Mooshütte wird heute fertig, die sie an der Felswand, dem Schlosse gegenüber gebaut hat. Alles ist recht schön geworden und muß Ew. Gnaden gefallen. Man hat einen vortrefflichen Anblick: unten das Dorf, ein wenig rechter Hand die Kirche, über deren Turmspitze man fast hinwegsieht; gegenüber das Schloß und die Gärten.

Ganz recht, versetzte Eduard; einige Schritte von hier konnte ich die Leute arbeiten sehen.

Dann, fuhr der Gärtner fort, öffnet sich rechts das Tal und man sieht über die reichen Baumwiesen in eine heitere Ferne. Der Stieg die Felsen hinauf ist gar hübsch angelegt. Die gnädige Frau versteht es; man arbeitet unter ihr mit Vergnügen.

Geh zu ihr, sagte Eduard, und ersuche sie, auf mich zu warten. Sage ihr, ich wünsche die neue Schöpfung zu sehen und mich daran zu erfreuen.

Der Gärtner entfernte sich eilig und Eduard folgte bald.

Dieser stieg nun die Terrassen hinunter, musterte, im Vorbeigehen, Gewächshäuser und Treibebeete, bis er ans Wasser, dann über einen Steg an den Ort kam, wo sich der Pfad nach den neuen Anlagen in zwei Arme teilte. Den einen, der über den Kirchhof ziemlich gerade nach der Felswand hinging, ließ er liegen um den andern einzuschlagen, der sich links etwas weiter durch anmutiges Gebüsch sachte hinaufwand; da wo beide zusammentrafen, setzte er sich für einen Augenblick auf einer wohlangebrachten Bank nieder, betrat sodann den eigentlichen Stieg, und sah sich durch allerlei Treppen und Absätze, auf dem schmalen, bald mehr bald weniger steilen Wege endlich zur Mooshütte geleitet.

An der Türe empfing Charlotte ihren Gemahl und ließ ihn dergestalt niedersitzen, daß er durch Türe und Fenster die verschiedenen Bilder, welche die Landschaft gleichsam im Rahmen zeigten, auf einen Blick übersehen konnte. Er freute sich daran, in Hoffnung daß der Frühling bald alles noch reichlicher beleben würde. Nur eines habe ich

zu erinnern, setzte er hinzu: die Hütte scheint mir etwas zu eng.
Für uns beide doch geräumig genug, versetzte Charlotte.
Nun freilich, sagte Eduard, für einen Dritten ist auch wohl noch Platz.
Warum nicht? versetzte Charlotte, und auch für ein Viertes. Für größere Gesellschaft wollen wir schon andere Stellen bereiten.
Da wir denn ungestört hier allein sind, sagte Eduard, und ganz ruhigen heiteren Sinnes; so muß ich dir gestehen, daß ich schon einige Zeit etwas auf dem Herzen habe, was ich dir vertrauen muß und möchte, und nicht dazu kommen kann.
Ich habe dir so etwas angemerkt, versetzte Charlotte.
Und ich will nur gestehen, fuhr Eduard fort, wenn mich der Postbote morgen früh nicht drängte, wenn wir uns nicht heut entschließen müßten, ich hätte vielleicht noch länger geschwiegen.
Was ist es denn? fragte Charlotte freundlich entgegenkommend.
Es betrifft unsern Freund, den Hauptmann, antwortete Eduard. Du kennst die traurige Lage, in die er, wie so mancher andere, ohne sein Verschulden gesetzt ist. Wie schmerzlich muß es einem Manne von seinen Kenntnissen, seinen Talenten und Fertigkeiten sein, sich außer Tätigkeit zu sehen und – ich will nicht lange zurückhalten mit dem was ich für ihn wünsche: ich möchte daß wir ihn auf einige Zeit zu uns nähmen.
Das ist wohl zu überlegen und von mehr als einer Seite zu betrachten, versetzte Charlotte.

Aufgabenstellung:

Analysieren und vergleichen Sie die beiden Romananfänge. Bewerten Sie dabei die jeweilige Erzählstrategie im Hinblick auf die Darstellung der Figuren und des Raums.

Analyse des Romananfangs von Goethes *Wahlverwandtschaften*

- Der erste Abschnitt (Z. 1–6) beginnt unmittelbar mit der Vorstellung der Person Eduards, eines „reichen“ (Z. 1) Barons im „besten Mannesalter“ (Z. 1). Gezeigt wird er bei der erfolgreichen Beendigung einer nutzbringenden gärtnerischen Tätigkeit, dem Veredeln junger Bäume. Sorgfältig geht er mit seinen Geräten um, auf seine Arbeit hat er sich mit Fleiß eingelassen, die Ergebnisse betrachtet er mit Vergnügen. Dass die Szene sich in der „schönsten Stunde eines Aprilnachmittags“ (vgl. Z. 2) abspielt, trägt mit dazu bei, dass sie positiv aufgeladen und idyllisch wirkt.
- Mit Eduards Frage nach dem Verbleib seiner Frau öffnet sich im zweiten Abschnitt (Z. 7–21) die Szenerie. Der Verweis des Gärtners darauf, dass Eduards Frau in den neuen Anlagen eine Mooshütte gebaut habe, die jetzt fertiggestellt sei, bietet die Möglichkeit, die Topografie des Anwesens zu entfalten. In der offensichtlichen Absicht, die gestalterischen Fähigkeiten seiner Herrin gebührend zu loben, schildert der Gärtner nun den Blick, der sich von der Mooshütte aus eröffnet. Das Panorama beginnt mit dem Dorf und seiner Kirche im Tal, dem gegenüberliegenden Schloss mit den Gärten und endet mit einem Blick über Baumwiesen „in eine heitere Ferne“ (Z. 17). Es dominieren positive Bewertungen: die Mooshütte ist „recht schön“ (Z. 10 f.), der Ausblick „vortrefflich“

(Z. 11), die Baumwiesen sind „reich“ (vgl. Z. 16f.), der zur Baumhütte führende Pfad ist „hübsch angelegt“ (Z. 17f.). So wird dem Leser der Eindruck eines fürstlichen Anwesens in einer lieblichen, vielfältigen, von den Eigentümern sorgfältig gepflegten und gestalteten Landschaft vermittelt.

- Dieser Eindruck wird im dritten Abschnitt (Z. 22–30) zunächst noch verstärkt: An Terrassen, Gewächshäusern, Treibebeeten führt Eduards Weg zur Mooshütte vorbei. Dann gabelt sich der Pfad: Während der direktere Weg „über den Kirchhof“ (Z. 24f.) führt, windet sich der andere „durch anmutiges Gebüsch“ (Z. 26). Eduard, so wird kommentarlos berichtet, wählt den letzteren, den über den Kirchhof „ließ er liegen“ (Z. 25). Mit der Erwähnung des Kirchhofs erfährt die idyllische Stimmung eine leichte Trübung, eine Anspielung auf künftiges Geschehen lässt sich vermuten, doch wird der Verweis nicht weiter ausgeführt.
- Bisher vor allem durch die vom Gärtner vorgenommene Würdigung ihrer Arbeit im Roman präsent, wird Charlotte im vierten Abschnitt (Z. 31–55) namentlich, aber kommentarlos eingeführt. Sie sorgt dafür, dass Eduard in der Mooshütte so platziert wird, dass er den Blick über die Landschaft genießen kann. Umso überraschender ist dann seine Bemerkung, die Hütte erschiene ihm „etwas zu eng“ (Z. 35). Von da ab beginnt eine nur durch Inquit-Formeln wie „versetzte Charlotte“ (Z. 36, 43, 54f.) oder „fuhr Eduard fort“ (Z. 44) unterbrochene Wiedergabe des Gesprächs in direkter Rede. Charlotte beantwortet Eduards Einwand auf der Beziehungsebene mit der Bemerkung, für sie beide sei die Hütte groß genug. Eduards anspielungsreiche Entgegnung, auch für drei Personen reiche der Platz, erschließt sich erst im Verlauf des Gesprächs. Dass Charlotte noch Raum für eine vierte Person sieht, lässt sich in diesem Kontext bereits als Vorausdeutung auslegen. Nach diesem noch lockeren Gesprächseinstieg wird deutlich, dass Eduard etwas Gewichtiges auf dem Herzen hat, das mitzuteilen er bis zuletzt aufgeschoben habe. Mit emphatischen Worten schildert er seiner Frau die schwierige persönliche Lage ihres gemeinsamen Freundes, des Hauptmanns, und schlägt vor, ihn bis auf Weiteres bei ihnen aufzunehmen. Mit Charlottes Antwort, das sei „wohl zu überlegen und von mehr als einer Seite zu betrachten“ (Z. 54), wird die bisher aufgebaute Harmonie getrübt. Charlotte erweist sich mit dieser Äußerung zugleich als eine für die damalige Zeit sehr selbstbewusste Frau. Alles spricht dafür, dass hier ein tiefer gehender, das Romangeschehen bestimmender Dissens eingeleitet ist.
- Mit der in Parenthese gesetzten Bemerkung „so nennen wir einen reichen Baron im besten Mannesalter“ (Z. 1) gibt sich ein auktorialer Erzähler deutlich zu erkennen. Dieser sich als „wir“ einführende Erzähler lässt von Anfang an keinen Zweifel daran aufkommen, dass er über das Romangeschehen bestimmt, die Figuren benennt und sie charakterisiert. Nach dieser deutlichen Markierung des Erzählanfangs tritt der Erzähler eher in den Hintergrund. Zwar gibt er wie selbstverständlich Innensichten der Personen („Er freute sich daran, in Hoffnung daß der Frühling bald alles noch reichlicher beleben würde“, Z. 33f.), doch zieht er sich im vierten Abschnitt auf eine szenische Darstellung in direkter Rede zurück. Auffällig ist es, dass er die topografische Beschreibung des Anwesens mit seinen unterschiedlichen Anlagen dem Gärtner überlässt. Hier hebt er jedoch die Rede des Gärtners auf sein eigenes stilistisches Niveau („Dann […] öffnet sich rechts das Tal, und man sieht über die reichen Baum-

wiesen in eine heitere Ferne", Z. 16f.). Eine solche Wiedergabe der Figurensprache im Stil des Erzählers, bei älteren Romanen häufig zu beobachten, verleiht dem Roman einen einheitlichen stilistischen Duktus.

Vergleichende Analyse des Romananfangs von Fontanes *Effi Briest*

- Der „schönsten Stunde eines Aprilnachmittags" in den *Wahlverwandtschaften* entspricht bei Fontane mittäglicher „heller Sonnenschein" (S. 3, Z. 3). Während aber Goethe den Fokus zunächst auf die Person des Barons richtet und ihn in einer für ihn typischen Situation zeigt, beginnt Fontane in einem ersten Abschnitt (S. 3, Z. 1–23) unvermittelt mit einer längeren, detaillierten Schilderung des Briest'schen Anwesens. Anders als bei Goethe, der die Topografie des ausgedehnten Areals aus der Distanz eines erhabenen Standpunkts schildert und lediglich einzelne Bereiche wie den des Dorfs, des Schlosses, der Gärten, des Tals und der Ebene benennt, beschreibt Fontanes Erzähler das Briest'sche Herrenhaus aus unmittelbarer Nähe. Neben der Anordnung und Lage der Gebäudeteile, des Parks und des Teichs werden auch einzelne Ausstattungsmerkmale mit äußerster Detailgenauigkeit geschildert. Bereits im ersten Satz verweist der Erzähler auf eine in der Mitte eines pflanzenumsäumten Rondells befindliche „Sonnenuhr" (S. 3, Z. 7) und arbeitet so an exponierter Stelle mit einem allgemein bekannten Symbol, das einerseits auf glückliche Stunden, andererseits aber auch auf Vergänglichkeit und Sterblichkeit verweist. Auffällig ist zudem, dass die Sonnenuhr zum Zeitpunkt des Romanbeginns im Schatten liegt, mithin glückliche Stunden nicht anzeigt. In der Tat ist dies auch die Stelle von Effis späterem Grab. Durch das ambivalente Symbol der Sonnenuhr eingeführt, wird, ähnlich wie in Goethes Romananfang, das Motiv der Sterblichkeit durch die das Gartengrundstück zur einen Seite einschließende „Kirchhofsmauer" (S. 3, Z. 12f.) noch einmal aktualisiert. Ein zweiter Motivstrang wird im dritten Satz durch das „angekettelte Boot" und die „Schaukel" (vgl. S. 3, Z. 18) eingeleitet, wobei selbst die schief stehenden Pfosten der Balkenlage noch Erwähnung finden. Hiermit wird bereits auf die folgende Szene zwischen Mutter und Tochter verwiesen, in der sich Effi in ihrer Lebendigkeit als „Tochter der Luft" (S. 4, Z. 34) darstellt.
- In einem zweiten Abschnitt (S. 3, Z. 24 – S. 4, Z. 29) lenkt der Erzähler die Beschreibung des Handlungsraums auf Mutter und Tochter Briest, die im Schatten des Seitenflügels damit beschäftigt sind, einen Altarteppich zu knüpfen. Ähnlich wie in den *Wahlverwandtschaften* werden auch hier die Personen in einen ruhigen, handwerklichen Arbeitsprozess eingebunden vorgestellt. Im Kontrast zum würdigen Objekt ihrer Arbeit wird Effi in ihrem wilden Bewegungsdrang, bei Beug- und Streckübungen in den Roman eingeführt. Dass der Erzähler zunächst Effis Kleidung detailliert beschreibt, ehe er sie in ihrem Wesen direkt charakterisiert, weist der Kleidung, einem Matrosenanzug, eine Bedeutung zu, die sich erst im folgenden Gespräch zwischen Mutter und Tochter erschließt.
- Der im dritten Abschnitt (S. 4, Z. 30 – S. 5, Z. 14) wiedergegebene Dialog zwischen Mutter und Tochter übernimmt eine mit dem Gespräch zwischen Eduard und Charlotte vergleichbare Funktion: Hier wie dort entsteht aus einer zu-

nächst ruhigen, harmonischen Situation ein Dissens, der auf künftiges Geschehen deutet. Mutter Briests Bemerkung, Effi hätte eigentlich Kunstreiterin werden müssen, und die Apostrophierung Effis als „Tochter der Luft“ kontert Effi mit der Klage darüber, dass man sie immer noch „in diesen Jungenskittel“ (S. 5, Z. 2) stecke. Thematisiert wird nun, nicht ohne anzügliche Anspielungen, Effis Entwicklung vom Mädchen zur Dame. Noch legt Effi keinen Wert auf „Staatskleider“ (S. 5, Z. 8 f.), doch die Leidenschaft, mit der sie ihre Mutter umarmt und küsst, gibt ihre hohe emotionale Beteiligung an dieser Thematik zu erkennen. Dies spürt Mutter Briest, weist den Gefühlssturm ihrer Tochter ab und verleiht ihrer Beunruhigung Ausdruck. Spätestens an dieser Stelle wird deutlich, dass Effis aufflammende Leidenschaftlichkeit und noch bestehende Kindlichkeit vor dem Hintergrund der kühlen Rationalität ihrer Mutter konfliktträchtig sein wird.

- Ohne dass er sich durch einen persönlichen Kommentar zu erkennen gibt, ist doch vom ersten Satz an ein Erzähler spürbar, der den Leser kenntnisreich und zielgerichtet durch die Topografie des Briest'schen Herrenhauses führt. Auffälliger wird der Erzähler, wenn er sich traditioneller Formen der Steuerung des Geschehens oder der Personeneinführung bedient (z. B. „Frau und Tochter des Hauses, die denn auch heute wieder […]“, S. 3, Z. 29 f.; oder: „die Tochter, die den Rufnahmen Effi führte“, S. 4, Z. 9 f.). Das Profil eines auktorialen Erzählers nimmt er an, wenn er die geheimen Gedanken der Mutter Briest, das Gefallen an ihrer Tochter wiedergibt und als persönlichen Kommentar hinzufügt: „zu welcher Regung mütterlichen Stolzes sie voll berechtigt war.“ (S. 4, Z. 20 f.) Der Erzählstil ist durch lange, ausschweifende Sätze geprägt, die einen ruhigen ausgewogenen Duktus aufweisen. Demgegenüber ist die direkte Rede der Figuren deutlich vom Stil des Erzählers abgegrenzt. Sie wirkt dem Stil der Zeit entsprechend gehoben, in Formulierungen wie „Mitunter denk ich“ (S. 5, Z. 2 f.) etwas manieriert, insgesamt aber den gesellschaftlichen Kreisen entsprechend und authentisch.
- Grundsätzlich schildert der Erzähler zu Beginn von Goethes *Wahlverwandtschaften* den Raum, die Personen und die Ereignisse aus einer größeren Distanz heraus. So verfügt er über einen weiteren Überblick, vermittelt einen weiträumigeren topografischen Ausschnitt, dessen Beschreibung dafür aber weniger in die Details gehen kann. Dafür ist andererseits das Erzähltempo schneller. Während in Goethes Romananfang die eingeführte Person des Eduard über eine längere Wegstrecke den Schauplatz wechselt, um in der gegenüberliegenden Hütte ein konfliktträchtiges Gespräch mit seiner Frau Charlotte zu führen, bleibt bei Fontane die Szene statischer. Durch die unmittelbare Nähe des Erzählers zum Geschehen kann er sich stärker auf die Schilderung einzelner Details einlassen und sie symbolisch aufladen. Die annähernd neunzig Jahre, die die beiden Romane voneinander trennen und die den Weg von der späten Klassik zum ausgehenden poetischen Realismus beschreiben, machen sich in der Distanz des Erzählers, aber vor allem auch in der Personenzeichnung bemerkbar. Die deutliche Trennung von Erzähler- und Figurensprache weist Fontanes Romananfang als moderner aus.

2 Zeitgenössische Kritik

Friedrich Spielhagen[1]: Die *Wahlverwandtschaften* und *Effi Briest* [Auszug]

Materialgrundlage:

- Friedrich Spielhagen, „*Die Wahlverwandtschaften* und *Effi Briest*“, in: F. S., *Neue Beiträge zur Theorie und Technik der Epik und Dramatik*, Leipzig: Staackmann, 1898, S. 115–117. Zuerst veröffentlicht 1896 unter dem Titel „Einst und jetzt. *Die Wahlverwandtschaften* und *Effi Briest*. Eine literar-ästhetische Studie“.

Wie leicht wiegen auf der ästhetischen Waage im Vergleich mit solchen Unwahrscheinlichkeiten und Unmöglichkeiten die, welche sich um Effis Nähtisch gruppieren![2] Im Fabulieren und Konstruieren ist der ältere Dichter dem modernen über; dafür bleibt die so viel einfachere Geschichte des letzteren um ebensoviel klarer, übersichtlicher, logischer; die Charaktere seiner Personen erscheinen so viel konsequenter, verständlicher; ihre Handlungen in Übereinstimmung mit ihrem Temperament, ihrer Bildung, ihrer Lebensauffassung. Sehr, sehr selten, daß wir bei ihrem Thun und Lassen nicht recht wissen, wie wir es zu verstehen, zu deuten haben. Oder eigentlich ist mir in *Effi Briest* nur eine einzige derartige Dunkelheit aufgefallen. Sie betrifft den famosen „Chinesen“; nicht seine allerdings völlig unaufgeklärte Geschichte, sondern die notwendig aufzuwerfende Frage, ob Innstetten an den „Spuk“ glaubt, oder nicht. Einmal versichert er es Effi gegenüber, wenn auch mit einer gewissen Einschränkung (S. 362)[3]: „Gewiß glaub' ich dran. Es giebt so was. Nur an das, was wir in Kessin davon hatten, glaub' ich nicht recht.“ Dem aber widerspricht völlig, was uns der Autor selbst von dem Mann mitteilt (S. 27): „Er glaubte nicht an Zeichen und Ähnliches; im Gegenteil, wies alles Abergläubische weit zurück.“ Wir müssen also annehmen, daß er in der ganzen Angelegenheit Komödie spielt. Dann aber zu welchem Zweck? Den doch möglichen Übermut der jungen Frau durch den „Spuk“ zu dämpfen? Sie durch die so erregte Furcht vor etwaigen Extravaganzen zu hüten? Oder, wie Major Crampas – der Liebhaber – es ausdrückt, „erzieherisch zu wirken?“ Nur daß dies Mittel dann doch mindestens ein höchst sonderbares, schwer verständliches und nebenbei sehr zweischneidiges ist. Einem Vögelchen, das man gefangen hält und an das Bauer gewöhnen will, setzt man doch nicht eine Katze daneben! Was Innstetten thut, ist aber gerade so zweckwidrig und sinnlos. Warum es dem Dichter nicht gefallen hat, uns über den Punkt aufzuklären, ist mir unerfindlich.
Zwar daß er es sich nicht durch ein nochmaliges direktes Eingreifen in die Geschichte

1 Publizist und Romancier (1829–1911); veröffentlichte 1896 einen Roman mit gleicher Thematik wie *Effi Briest* unter dem Titel *Zum Zeitvertreib*.

2 Bezug auf zuvor kritisierte Aspekte von Goethes *Wahlverwandtschaften* und der von Innstetten entdeckten Liebesbriefe in *Effi Briest*.

3 Spielhagen zitiert nach der Erstausgabe. In der hier zugrunde gelegten Ausgabe: S. 206 und S. 17.

gethan hat, dafür bin ich ihm dankbar. Er hätte sich schon jene erste Mitteilung über Innstettens Denkungsart sparen sollen.

Wie steht Fontane zu dem von mir beständig verfochtenen Satz, daß, um mit W. von Humboldt[4] zu reden: „der Leser, wenn er sich selbst vergessen soll, nicht an den Dichter erinnert werden darf?" (Ästh. Vers. S. 74.) Ich möchte dafür halten: er hat theoretisch zu ihm keine Stellung genommen und läßt sich in der Praxis nur von seiner vollblütigen, durchaus normalen dichterischen Empfindung leiten. Das heißt – um abermals mit dem Verfasser der Ästhetischen Versuche zu sprechen: „Er versetzt den Leser in die Mitte seiner Handlung, um alles übrige bleibt er schlechterdings unbekümmert." (Ibid. S. 75) Wobei ihm dann, wie dem Frommen, welcher zuerst nach dem Reiche Gottes und seiner Gerechtigkeit trachtet, solches alles zufällt. [...]

Könnte man doch auch mit den Namen solcher stilistischen Gebrechen jene direkten Einmischungen des Dichters in der That bezeichnen, weil sie fast ausnahmslos ein Überflüssiges künden: etwas, was der Leser auf dem legitimen indirekten Wege bereits erfahren hat, oder – im Lauf der Geschichte – noch erfahren wird. Ich rechne dahin die direkten gegenständlichen lokal- und landschaftlichen Schilderungen, wie sie ebensogut in jeder Reisebeschreibung figurieren könnten. Dann, selbstverständlich, die direkten Personalbeschreibungen, von denen ich nicht begreife, wie ein Dichter sich auf sie einlassen mag, nachdem Lessing im Laokoon[5] die dichterische Kunst verherrlicht hat, mit der Homer die Schönheit der heranwandelnden Helena sich in Aug' und Gemüt der Greise auf dem skäischen Thor[6] spiegeln läßt. Und nun gar, als den schlimmsten aller schlimmen Verstöße: jene direkten Charakterschilderungen, wie die eben mitgeteilte Äußerung des Autors über Instettens Denkungsart. Aber, wie gesagt, dergleichen, überdies wenig belangreiche, Verstöße sind nur sehr spärlich in *Effi Briest* zerstreut, und des dürfte sie nur finden, der danach sucht und dessen Augen für solche Dinge berufsmäßig geschärft sind.

Aufgabenstellung:

1. Stellen Sie den Argumentationsansatz und die Argumentationsstruktur des Textes dar.
2. Nehmen Sie vor dem Hintergrund Ihrer Romankenntnis kritisch Stellung zu Spielhagens Position.

Argumentationsansatz und Argumentationsstruktur

- Spielhagen beginnt seine Argumentation mit einer zusammenfassenden, vergleichenden Bewertung unwahrscheinlicher und unmöglicher Motive, die er zuvor in Goethes *Wahlverwandtschaften* und Fontanes *Effi Briest* herausgearbeitet hat. Er kommt zu dem Schluss, dass Goethe im „Fabulieren und Konstruieren" (Z. 3) Fontane übertreffe, dieser aber seine „so viel einfachere Geschichte" (Z. 4) um vieles stringenter gestalte und die Zeichnung der Charaktere stimmiger und überzeugender anlege. Nur äußerst selten, so seine Einschränkung, er-

4 Gelehrter, Staatsmann und Mitbegründer der Universität Berlin (1767–1835). Spielhagen zitiert aus seiner 1799 erschienenen Schrift *Ästhetische Versuche*.

5 *Laokoon: oder über die Grenzen der Malerey und Poesie*, erschienen 1766.

6 Großes, westliches Tor Trojas.

schließe sich das Verhalten der Personen nicht ganz. Eigentlich gebe es in *Effi Briest* nur eine einzige „Dunkelheit" (Z. 9), die er im darauf folgenden Abschnitt (Z. 10–25) herausarbeitet.

- Diese dunkle Stelle des Romans betrifft den Chinesen. Aber nicht dessen ungeklärte Geschichte will Spielhagen thematisieren. Entscheidend ist für ihn vielmehr die Frage, ob Innstetten an den Chinesen-Spuk glaube oder nicht. Anhand zweier als widersprüchlich gewerteter Zitate, einer Selbstaussage Innstettens und eines Kommentars des Erzählers, zieht er den Schluss, dass Innstetten mit dem Spuk lediglich eine Komödie inszeniere. Er fächert nun einzelne Motive auf, die Innstetten zu einem solchen Spiel bewegt haben könnten, um schließlich die Deutung des Majors von Crampas in Frage zu stellen, der Innstettens Spukgeschichte als Erziehungsmittel darstellt. Um dies zu verdeutlichen, bedient er sich eines Vergleichs: Neben ein gefangenes „Vögelchen" (Z. 22) setze man keine Katze, um es an den Käfig zu gewöhnen, das sei „zweckwidrig und sinnlos" (Z. 24). Unverständlich sei ihm, weshalb Fontane diese Zusammenhänge nicht aufgeklärt habe.
- Dankbar sei er Fontane allerdings dafür, so leitet Spielhagen zum zweiten zentralen Punkt seiner Kritik über, dass er diese Klarheit nicht durch einen Erzählerkommentar geschaffen habe. Spielhagen entfaltet nun (Z. 29–47) seine eigene poetologische Position, der Erzähler habe sich nicht mit eigenen Kommentaren in den Erzählfluss einzumischen, indem er im Sinne eines argumentum ex autoritate, des Sich-Berufens auf eine bedeutende historische Persönlichkeit, Wilhelm von Humboldt zitiert: Der Leser dürfe nicht an den Autor erinnert werden, wenn er sich selbst vergessen solle. Spielhagen wirft Fontane vor, dieser habe sich nicht in einen Diskurs über seinen poetologischen Standpunkt begeben. Fontane lasse sich vielmehr nur „von seiner vollblütigen, durchaus normalen dichterischen Empfindung" (Z. 32 f.) leiten. Nach einem erneuten Zitat von Humboldt stilisiert Spielhagen Fontane zu einem zwar naiven, aber begnadeten Autor, dem wie einem Frommen, der nach dem Himmelreich trachte, alles zufalle.
- In einem letzten Abschnitt (Z. 38–52) detailliert Spielhagen seinen Vorwurf, die direkten Einmischungen des Erzählers in das Romangeschehen seien überflüssig. Er bezieht diese Kritik auf drei Bereiche: zum einen auf die „lokal- und landschaftlichen Schilderungen" (Z. 42), die gleichermaßen in einem Reiseführer stehen könnten, die Personenbeschreibungen und insbesondere, als schlimmsten Verstoß, die direkten Charakterschilderungen. Auch hier bezieht sich Spielhagen wieder auf eine Autorität, auf Lessing, der in seinem *Laokoon* Homers indirekte Beschreibungsweise von Helenas Schönheit gerühmt habe. Spielhagen beschließt diesen Textauszug mit der Bemerkung, solche Verstöße seien jedoch in *Effi Briest* nur spärlich zu finden, überdies nur von einem berufsmäßig geschulten Leser auszumachen. Damit wertet er schließlich sich selbst als erfahrenen, kompetenten Literaten auf.

Aspekte für eine kritische Stellungnahme zu Spielhagens Position

- Zu überprüfen ist zunächst Spielhagens Kritik, Fontane habe die Funktion des Chinesen und des Chinesen-Spuks zu sehr im Unklaren gelassen. Insbesondere werde die in diesem Zusammenhang wichtige Frage, wie sich Innstetten zu diesem Spuk verhalte, nicht widerspruchsfrei geklärt. In der Tat wirken die beiden Textstellen, die Spielhagen als Beleg für seine Kritik heranzieht, auf den ersten Blick widersprüchlich. Bewertet man sie jedoch in ihrem jeweiligen Kontext, entsteht eine differenziertere Sachlage. Der Kommentar des Erzählers: „Er glaubte nicht an Zeichen und Ähnliches; im Gegenteil, wies alles Abergläubische weit zurück" (S. 17) reagiert auf Innstettens Bedenken, die ihn seit dem Ruf der Zwillinge „Effi komm", (S. 14) noch beschäftigen. Die „rotblonden Mädchenköpfe zwischen den Weinranken" (S. 17) gehen ihm nicht aus dem Kopf, und er meint zu spüren, dass diese Begebenheit für seine Verbindung mit Effi bedrohlich sein könnte, signalisiert sie doch allzu deutlich, dass Effi eigentlich nicht zu ihm, sondern zum wilden Wein und in den Kreis von Bertha, Hertha und Hulda gehöre. Was ihn hier überkommt, ist jedoch kein Spuk, sondern ein Aberglaube, bei dem gewissen Erscheinungen eine zukunftsweisende Bedeutung zugeschrieben wird. Erzähltechnisch ist diese Textstelle überdies insofern interessant, als die Einleitung: „Er glaubte nicht an Zeichen und Ähnliches" zwischen einem Erzählerbericht und einer erlebten Rede schwankt. Bei einer solchen Deutung käme zum Ausdruck, dass Innstetten sich gegen eine eigentlich für abergläubisch gehaltene Deutung der Situation wehrt, der Erzähler sich also bereits ziemlich nah an der Gedankenwelt Innstettens befindet und deren Dynamik wiedergibt. Auf einer ganz anderen Ebene liegt hingegen das erste Zitat, eine Selbstaussage Innstettens. Er trifft sie auf einem Spaziergang zum Schloss Belvedere in Berlin. Über Effis Bemerkung, dort solle es auch mal gespukt haben, und ihre Frage, ob Innstetten denn an Spuk glaube, antwortet er: „Gewiss glaub' ich dran. Es gibt so was. Nur an das, was wir in Kessin davon hatten, glaub' ich nicht recht." (S. 206) So bleibt Innstetten in der Tat unentschlossen. Spielhagens essayistische, effektvolle Gegenüberstellung zweier Zitate ist somit fragwürdig. Zum einen wird eine abergläubische Vorstellung mit einem Spuk, der an feste Orte gebunden ist und durch nicht rational erklärbare Erscheinungen definiert ist, unbesehen gleichgesetzt. Zum andern sind die Zitate, aus dem jeweils spezifischen Kontext herausgelöst, nicht vergleichbar.

- Wenngleich Spielhagens Argumentation auch nicht überzeugt, so ist ihm doch darin Recht zu geben, dass der Romantext eine genaue Bestimmung von Innstettens Haltung zum Spuk nicht zulässt. Als zuverlässigste Aussage ist wohl jene Bemerkung zu werten, die er Wüllersdorf gegenüber auf dem Weg zum Duell macht. Hier befindet er sich in einer Situation, deren existenzielle Bedeutsamkeit eine Offenheit nahelegt. Als die Kutsche am Kessiner Haus vorbeifährt, sagt Innstetten: „In der Stadt galt es als ein Spukhaus, und wie's heute daliegt, kann ich den Leuten nicht unrecht geben." (S. 240) Und auf Wüllersdorfs Frage, was an dem Gerücht dran gewesen sei, antwortet Innstetten: „Ach, dummes Zeug" (ebd.) und erzählt in wenigen Sätzen die Chinesen-Geschichte. Auch hier bezieht Innstetten keine klare Stellung, und es fragt sich, ob er diese Frage für sich überhaupt entschieden hat. Dies lässt den Schluss zu, dass Fontane die Bedeutung des Chinesen-Spuks ganz bewusst in einer Grauzone des Mysteriösen belassen hat. Nur so kann der Chinesen-Spuk die Funktionen eines zentralen, vieldeutigen Motivs in der Beziehung zwischen Innstetten und Effi einnehmen: ein vielfältig deutbarer Indikator sowohl für die Distanz und Kälte zwischen Innstetten und Effi als auch für Effis Entbehrungen und ihre wahren Bedürfnisse.

- Ein weiterer kritisch zu prüfender Aspekt ist Spielhagens poetologische Position, der Erzähler des Romans dürfe sich nicht durch kommentierende Eingriffe in den Erzählfluss ins Bewusstsein des Lesers drängen. Zwar beruft er sich hier auf Lessing und Humboldt, vertritt in dieser Frage aber ein literaturgeschichtlich eher modernes Konzept des personalen Erzählens, bei dem der Erzähler hinter seine Figuren zurücktritt. Dagegen wäre nichts einzuwenden, würde er nicht Fontanes Stil an diesem Konzept messen. Fragwürdig wird seine Kritik an den „lokal- und landschaftlichen Schilderungen" (Z. 42), wenn man bedenkt, dass Fontane längere topografische Schilderungen meist dazu nutzt, tiefer gehende Verweise, Symbole und Motive einzufügen oder Schlaglichter auf die emotionale Befindlichkeit der Personen zu werfen. So beschreibt der Erzähler eine friedliche Spazierfahrt von Effi und Innstetten in der Umgebung Kessins, schildert die Winterlandschaft, bis plötzlich die Entdeckung des Chinesengrabs Effis Ängste aktualisiert (vgl. S. 80). Ähnlich verfährt Fontane während Effis und Innstetten Urlaubsreise auf Rügen, wo sich Effi in der ausführlich geschilderten Landschaft wohlfühlt („Ach Geert, das ist ja Capri, das ist Sorrent", S. 208), dann aber in der Ferne ein Dorf erblickt und auf Nachfrage erfährt, dass es „Crampas" heißt, womit ihre Schuld- und Angstvisionen sie auch hier wieder einholen. Landschaftsschilderungen sind in Fontanes *Effi Briest* keine Reisebeschreibungen, wie ihnen Spielhagen unterstellen möchte, vielmehr ist die Landschaft aufgeladen mit Symbolen und Verweisen, die sich auf die individuelle Situation der Personen beziehen.
- Sicherlich kann man Spielhagens Auffassung teilen, dass von einem Erzähler vorgenommene Personenbeschreibungen oder Charakterschilderungen weniger elegant sind als ein allmählicher Aufbau einer literarischen Figur durch ihre Handlungen, ihr Reden und durch das Urteil anderer Personen. Meist geht Fontane mit solchen auktorialen Eingriffen eher sparsam um, belässt es bei wenigen Floskeln („danach überschritt Ritterschaftsrat von Briest, ein wohlkonservierter Fünfziger von ausgesprochener Bonhomie, die Gartensalonschwelle, – mit ihm Baron Innstetten, schlank, brünett und von militärischer Haltung", S. 14). Ungewöhnlich ist demgegenüber eine lange Charakterschilderung von Crampas, die allerdings bereits wieder Elemente einer Vorausdeutung aufweist: „Crampas sprach sein Bedauern aus, vielleicht nur um etwas zu sagen, vielleicht aber auch aufrichtig, denn so rücksichtslos er im Punkte chevaleresker Liebesabenteuer war, so sehr war er auch wieder guter Kamerad. Natürlich, alles ganz oberflächlich. Einem Freunde helfen und fünf Minuten später ihn betrügen waren Dinge, die sich mit seinem Ehrbegriffe sehr wohl vertrugen. Er tat das eine und das andere mit unglaublicher Bonhomie." (S. 133 f.) Sicherlich ist das ein Erzählereingriff, der einzelne Persönlichkeitsmerkmale sehr stark festlegt. Auf der anderen Seite ist gerade Crampas eine Figur, die in vielfältig gebrochenen Facetten eingeführt wird und bis in ihre Todesminute noch den Nimbus des Undurchschaubaren bewahrt. Dadurch, dass Spielhagen solche als „Verstöße" (Z. 48) gewertete auktoriale Eingriffe des Erzählers als wenig gravierend und sparsam eingesetzt bezeichnet, relativiert er jedoch seine Kritik und verweigert Fontanes *Effi Briest* seine Anerkennung letztlich nicht.

3 Stilisierung Effis zum Kind

Norbert Mecklenburg: „Weiber weiblich, Männer männlich". Fontanes Reden mit fremden Stimmen in *Effi Briest* [Auszug]

Materialgrundlage:

- Norbert Mecklenburg, „‚Weiber weiblich, Männer männlich'. Fontanes Reden mit fremden Stimmen in *Effi Briest*", in: N. M., *Theodor Fontane. Romankunst der Vielstimmigkeit*, Frankfurt am Main: Suhrkamp, 1998, S. 270–273.

Kommen wir zurück auf das „Kind" Effi! Was denkt sich dieses Kind, wenn es den Spruch „Weiber weiblich, Männer männlich" im Munde führt und sich damit sehr erwachsen und wissend gibt? Welches Wissen hat die Siebzehnjährige über die Beziehungen der Geschlechter? In der Landwirtschaft aufgewachsen, sollte sie über die physiologisch-funktionelle Seite dessen, was an Weibern weiblich und an Männern männlich ist, im Bilde sein. Und als Schülerin, die – bezeichnenderweise – in Religion schwach, dafür aber in Mythologie sehr gut war (286)[1] – und das ist natürlich vor allem die antik-griechische mit ihren wenig moralischen Geschichten von Götter- und Göttinnenaffären –, dürfte Effi auch daraus ein gerütteltes Maß an Aufklärung gewonnen haben. [...] Doch wie paßt das dann zusammen mit der Stilisierung zu einem geradezu geschlechtsneutralen Kind, einer Stilisierung, die Frau von Briest auf ihre, der Erzähler auf seine Weise an Effi vornimmt?

Die herangewachsene Tochter spürt sehr genau dieses künstliche Mißverhältnis. Ihre Mutter hat sie in einen blauweißen Leinenkittel mit Matrosenkragen gesteckt. Warum? Weil es modisch war? Weil Effi ein unkonformes ‚Naturkind' ist und weil naturwüchsige Wildheit eher mit Jungen, mit Mädchen dagegen domestizierte Feinheit konnotiert war? Weil die Mutter Effis körperliche Weiblichkeit vor ihr selbst verstecken will? Weil sie eifersüchtig ist? Weil sie ihre Tochter begehrlichen Blicken entziehen will, bis ›der Richtige‹ kommt? Effi jedenfalls nennt ihre Kleidung protestierend einen „Jungenskittel", einen „Hänger" (VII 9). „Warum machst du keine Dame aus mir?" fragt sie ihre Mutter, die nur noch „um eine Handbreit" größer ist als sie (8). Und sie droht, wenn das so weitergehe mit den kindischen Kleidern, werde sie wieder zu knicksen anfangen wie ein Backfisch: „und wenn dann die Rathenower herüberkommen, setze ich mich auf Oberst Goetzes Schoß und reite hopp, hopp. Warum auch nicht? Drei Viertel ist er Onkel und nur ein Viertel Courmacher" (9). Ob Onkel, ob Courmacher, also Frauenheld – das Hopp-hopp-Reiter-Spiel, das zu ihren Kleidern, aber nicht zu der Siebzehnjährigen paßt, die darin steckt, kann Effi so kindlich-naiv, wie sie sich hier gibt, nicht meinen, denn sie droht ja gleichzeitig ihrer Mutter damit wie mit einem Skandal. Und daß solches Spiel als skandalös erscheinen muß, das zeigt mit mehr als hinreichender Deutlichkeit eine spätere Parallelstelle: Die zwar erst vierzehnjährige, dafür aber rotblonde Försterstochter Cora setzt sich

1 Mecklenburg zitiert aus folgender Ausgabe: Theodor Fontane, *Romane und Erzählungen*, Berlin: Aufbau-Verlag, 3. Aufl. 1984, Bd. 7, S. 7–310.

„Onkel Crampas“ auf den Schoß (162). Die Anrede „Onkel Crampas“ ist ausdrücklich in Anführungszeichen gesetzt: Cora spielt kokett das kleine Mädchen. Und das geschieht am selben Abend, an dem Crampas dann zwar nicht Cora, dafür aber Effi auf der berühmten Schlittenfahrt verführen wird.

Was also weiß die siebzehnjährige Effi? Da ist ihre schon damenhafte Freundin Hulda, die Tochter von Pastor Niemeyer, eine „lymphatische Blondine“, deren etwas vorspringende Augen „beständig nach was zu suchen“ scheinen. Klitzing von den Husaren hat über sie gesagt: „Sieht sie nicht aus, als erwarte sie jeden Augenblick den Engel Gabriel?“ Und Effi findet, daß er mit diesem doch ziemlich befremdlichen Vergleich „nur zu sehr recht habe“ (10). Die lymphatische Hulda, verglichen mit Maria in Erwartung der Verkündigung ihrer unbefleckten Empfängnis durch den Heiligen Geist durch den Engel Gabriel – ein solcher Vergleich kann keiner ganz unbefleckten Phantasie entspringen, sei es die männliche Phantasie des Husarenleutnants, der den Vergleich produziert, sei es die weibliche Effis, die ihn rezipiert und zitiert. Diese selbst sieht in dem Leinenzeug mit Klappkragen, wie Hulda sagt, zwar wie ein „Schiffsjunge“ aus und redet wie ein „Midshipman“, aber das hindert sie nicht, Hulda daran zu erinnern, wie diese „damals, als Vetter Briest als Kadett hier war, aber doch schon groß genug“, auf dem Scheunendach entlangrutschte: „Und warum? Nun, ich will es nicht verraten“ (16), sagt Effi und verrät damit, daß sie ebensowenig mehr geschlechtsneutrales „Kind“ ist wie ihre Freundinnen, die sofort „Pfui“ rufen, als Effi, beim Versteckspiel hinter den großen Rhabarberblättern, in scherzhaftem Vergleich das Wort „Feigenblatt“ in den Mund nimmt (17).

Effi ist also zweifellos kein Kind mehr: ihrem Alter nach, das über Backfischzeit und Pubertät hinaus ist, ihrem Wissen nach, das in dem von ihr Gesagten implizit enthalten ist, und auch ihren Gefühlen, Wünschen und Phantasien nach, jedenfalls einem Teil davon. Dazu braucht man nicht umständlich psychoanalytisch zu durchleuchten, was ihr besonderen Spaß macht, z. B. ihre Kletter- und Schaukellust, zu der sie sich, scheinbar kindlich, ausgerechnet im Zusammenhang mit ihrer erwarteten Hochzeitsreise bekennt, und zwar als Alternative zu Schmuckgeschenken von ihrem Mann (35). Gewiß, auch der Erzähler verzeichnet Effis erwachte Weiblichkeit nur metaphorisch und andeutungsweise, das gehört zu den Diskursregeln des bürgerlichen Verklärungs-Realismus. Aber warum muß ihre Mutter sie gegen ihren Widerstand mit Jungenkleidern gewaltsam zum Kind stilisieren? Frau von Briest verfolgt eine Doppelstrategie: Sie desexualisiert ihre Tochter mit dem Puritanismus der viktorianischen Zeit, doch gleichzeitig bereitet sie Effi kupplerinnenhaft zum Anbeißen zu. (Welche ambivalenten Gefühle gegenüber der Tochter, die dem ehemals eigenen Liebhaber zugeführt wird, hineinspielen mögen, bleibe dahingestellt.) Denn „entzückend“ findet Frau von Briest ihre Tochter in Anpassung an damals herrschende männliche Erwartungen und Wünsche, die darauf zielten, das geheiratete Mädchen zum Frausein, zur Sexualität allererst zu ›erwecken‹ – entzückend gerade in dieser teils natürlichen, teils künstlich hergerichteten kindlichen Frische (8). Bevor sie Innstetten, der gerade um Effis Hand angehalten hat, mit ihr zusammenführt, obwohl sich diese noch nicht einmal, wie ursprünglich geplant, damenhaft hat umziehen können, wirft sie einen prüfenden Blick auf „das jugendlich reizende Geschöpf, das, noch erhitzt von der Aufregung des Spiels, wie ein Bild frischesten Lebens“ vor ihr steht. Und sie legt unverfroren ihre neue Verkaufsstrategie für die Ware Effi dar: „du siehst so unvorbereitet aus, so gar nicht zurechtgemacht, und darauf kommt es in diesem Augenblicke an“ (18). Der Vorgang ist ebenso ungeheuerlich wie normenkonform: Verkupplung der Tochter durch die Mutter an den vormals eigenen Verehrer.

Was Effi damit angetan wird, nennt sie selbst sehr zurückhaltend „ein bißchen genant". Wenn sie erklärt, sie werde wohl „darüber wegkommen" (21), enthüllt sie damit unausgesprochen das Maß der ihr zugefügten Kränkung und Lebensschädigung.

Aufgabenstellung:

1. Analysieren Sie den Text.
2. Bewerten Sie in einer Auseinandersetzung mit Mecklenburgs Thesen den Einfluss, den Frau von Briest auf das Leben Effis ausübt.

Textanalyse

- Mecklenburg geht in seiner Argumentation von jener Textstelle aus, in der Effi ihren Freundinnen gegenüber einen der Lieblingssätze ihres Vaters zitiert, den Ausspruch „Weiber weiblich, Männer männlich" (S. 8), den sie sich offensichtlich selbst zu eigen gemacht hat. Daran knüpft er die Frage an, welche Kenntnisse die siebzehnjährige Effi von den Beziehungen der Geschlechter eigentlich haben könne. Zum einen verweist er auf ihre ländliche Herkunft, aufgrund derer ihr die grundsätzlichen physiologisch-funktionellen Aspekte der Geschlechterbeziehung bekannt sein müssten. Zum andern zieht er eine Bemerkung aus Effis letztem Gespräch mit ihrer Tochter Annie heran, wo Effi bekennt, als Schülerin in Religion schwach, in Mythologie aber am besten gewesen zu sein (vgl. S. 273). Aus der griechischen Mythologie müsse Effi ein „gerütteltes Maß an Aufklärung" (Z. 9) erhalten haben, so schließt Mecklenburg nicht ohne Ironie. Wie es zusammenpasse, dass ein offensichtlich aufgeklärtes Mädchen sich sowohl von ihrer Mutter als auch vom Erzähler zu einem „geschlechtsneutralen Kind" (Z. 11) stilisieren lasse, lautet die weiterführende Frage.
- Effi spüre dieses Missverhältnis selbst, das Mecklenburg als „künstlich" (Z. 13), von der Mutter gemacht bezeichnet, die ihre bereits siebzehnjährige Tochter in einen Matrosenanzug kleide. Nach den Motiven der Mutter suchend, fächert er in Form von rhetorischen Fragen eine Reihe möglicher Deutungen auf: Sie könne der Mode folgen, sich an Effis jungenhaftem Temperament orientieren, Effis Weiblichkeit vor ihr selbst verstecken wollen, selber eifersüchtig sein oder ihre Tochter begehrlichen Blicken zu entziehen beabsichtigen. Effi protestiere gegen dieses Missverhältnis, drohe ihrer Mutter damit, wieder auf Oberst Goetzes Schoß zu reiten, wohl wissend, dass sie damit einen gesellschaftlichen Skandal inszeniere. Um diese Behauptung abzusichern, verweist Mecklenburg auf eine Parallelstelle, in der die vierzehnjährige Cora, von der Gesellschaft mit abwertenden Bemerkungen bedachte Tochter des Oberförsters Rings, sich auf Crampas' Schoß setzt.
- Noch einmal greift Mecklenburg die Frage auf, was Effi eigentlich über Geschlechtlichkeit wisse, und analysiert unter diesem Aspekt einzelne Situationen im Zusammenhang mit Effis Freundinnen. So die Bemerkung des Husarenleutnants Klitzing, Hulda sehe aus, „als erwarte sie jeden Augenblick den Engel Gabriel" (S. 6). Dieser Vergleich mit der Jungfrau Maria während der Verkündigung der unbefleckten Empfängnis, schließt Mecklenburg, zeuge weder bei Klitzing noch bei Effi, die dieser Fremdeinschätzung voll zustimmt, für eine

„unbefleckte Phantasie“ (vgl. Z. 44). Gleichermaßen lasse Effis Bemerkung über Hulda, die bei einem Besuch des Vetter Briests auf dem Scheunendach entlanggerutscht sei, wie die Reaktion der Mädchen, die bei Effis Vergleich eines Rhabarberblatts mit einem Feigenblatt „Pfui“ gerufen hätten, keine geschlechtliche Neutralität erkennen.

- Weder im Hinblick auf ihr Alter noch auf ihr Wissen sei Effi ein Kind, so fasst Mecklenburg die bisherigen Befunde zusammen und verweist noch einmal auf Effis Schaukel- und Kletterlust, zu der sie sich ausgerechnet angesichts der bevorstehenden Hochzeitsreise und eines Schmuckgeschenks von Innstetten bekenne. Allerdings verweise auch der Erzähler, dem literarischen Stil der Zeit entsprechend, nur „metaphorisch und andeutungsweise“ (Z. 61 f.) auf Effis Weiblichkeit. Mecklenburg präzisiert nun die bereits im zweiten Abschnitt gestellte Frage nach Frau von Briests Motiven, aus denen heraus sie ihre Tochter Effi „gewaltsam zum Kind stilisieren“ (Z. 64) wolle. Er konstatiert eine Doppelstrategie: Sie desexualisiere Effi mit einem aus dem für seine Prüderie bekannten viktorianischen England stammenden Matrosenanzug, gleichzeitig „bereite sie Effi kupplerinnenhaft zum Anbeißen zu.“ (Z. 66) Mit einer solchen Inszenierung kindlicher Frische passe sich Frau von Briest den Erwartungen und Wünschen der Männer an, die darauf aus seien, das geheiratete Mädchen zur Frau erwecken zu können. Mecklenburg bezeichnet sie als „unverfroren“, als eine „neue Verkaufsstrategie für die Ware Effi“ (Z. 77) entwickelnd. Diese schroffe Deutung stützt er mit jenen Worten der Frau von Briest, mit denen sie Effi nahelegt, so unvorbereitet zu bleiben, wie sie ist, und konstatiert als Tatbestand: „Verkupplung der Tochter durch die Mutter an den vormals eigenen Verehrer.“ (Z. 80) In Effis zurückhaltender Wertung dieses Zusammenhangs enthülle sich, allerdings unausgesprochen, das „Maß der ihr zugefügten Kränkung und Lebensschädigung.“ (Z. 83)
- Mit nüchternem Blick bricht Mecklenburg als Interpret mit den, wie er selbst formuliert, „Diskursregeln des bürgerlichen Verklärungs-Realismus“ (Z. 63), mit der Neigung Fontanes, alles gesellschaftlich Anstößige in versteckte, nur dem gebildeten Leser zugängliche Anspielungen zu kaschieren. In genauen Textanalysen entschlüsselt er die verhüllten Verweise auf Effis geschlechtliche Identität und deutet sie zwar vor einem psychologischen Hintergrund, aber ohne sie „umständlich psychoanalytisch zu durchleuchten“ (Z. 57 f.). Dadurch, dass er sich von Fontanes Dezenz nicht beeindrucken lässt, gelangt er zu provozierenden Thesen, die jedoch mit Textverweisen überzeugend abgestützt sind. Deutlich erkennbar ist die Parteinahme für Effi als Opfer einer von Frau von Briest veranstalteten Inszenierung. Zur Provokationskraft seiner Thesen trägt nicht zuletzt auch die pointierte Formulierungsweise bei. Häufig bedient sich Mecklenburg rhetorischer Fragen sowie ironischer Wendungen, arbeitet mit Wortspielen. So, wenn er beispielsweise das Epitheton „unbefleckt“ im Zusammenhang mit „Empfängnis“ noch einmal wieder aufgreift, um von Effis „nicht ganz unbefleckter Phantasie“ zu sprechen. Mit Frau von Briests Strategie, Effi „zum Anbeißen“ zuzubereiten, verdinglicht er Effi in kulinarischem Kontext und deckt damit den hinter den liebevollen Formulierungen Fontanes versteckten brutalen Tatbestand der Kuppelei auf.

Bewertung von Frau von Briests Einfluss auf das Leben Effis

- Frau von Briest im Hinblick auf die Ehe von Effi und Innstetten als Kupplerin zu bezeichnen ist angesichts der damit verbundenen bürgerlichen Konnotationen provozierend. Insbesondere deswegen, weil Fontane das Verhalten Frau von Briests im Rahmen adliger Konvenienzehen als fürsorglich, wenn auch als interessenbezogen darstellt. Sie selbst hat bereits eine Ehe unter dem Aspekt des sozialen Aufstiegs geschlossen und dabei sogar einer angebahnten Liebesgeschichte entsagt. Die gleiche Strategie der Eheschließung wünscht sich Frau von Briest auch für ihre Tochter, wie aus der Bemerkung hervorgeht, Effi werde ihre Mutter weit überholen. Ergänzend anzumerken ist, dass Frau von Briest ihre erfolgreiche „Verkaufsstrategie" erst in der Situation selbst einfällt: Zunächst beschwert sie sich noch darüber, dass Effi zu spät komme und noch in ihrem „Kittel" (S. 13) stecke, obwohl der Besuch bereits da sei. Mit der Bemerkung des Erzählers, Frau von Briest könne „unter Umständen auch unkonventionell sein" (ebd.) und nach einem „Blick auf das jugendlich reizende Geschöpf", das „wie ein Bild frischesten Lebens" (ebd.) vor ihr steht, ändert sie ihre Strategie und entscheidet sich für eine unvorbereitete Effi. Erst wenn man das adlige Zeremoniell aus dem milden Licht rückt, in das Fontane es getaucht hat, es auf die Grundtatbestände reduziert und es aus moderner Sicht fokussiert, erfüllt es den Tatbestand der Kuppelei.
- Die These, Effi werde von ihrer Mutter bereits durch die ihr verordnete Kleidung desexualisiert, ist sicherlich durch den Text hinreichend gestützt. Allerdings lässt sich dem entgegenhalten, dass Effi sich nur halben Herzens dagegen wehrt. Als ihre Mutter sie fragt, ob sie denn Damenkleider tragen wolle, verneint Effi dies mit Leidenschaft, stürzt sich auf ihre Mutter, umarmt und küsst sie (vgl. S. 5). Offen bleibt jedoch, ob dies ihren tiefsten Gefühlen wirklich entspricht oder nur ein Akt der Anpassung ist. Deutlich wird in dieser Situation jedoch Frau von Briests Neigung, Effis Leidenschaftlichkeit zu bremsen: „Ich beunruhige mich immer, wenn ich dich so sehe." (Ebd.) In ähnlicher Weise mahnt Frau von Briest ihre Tochter zur Mäßigung, als diese von einem Schlafzimmer mit japanischem Bettschirm, verziert mit Vögeln darauf, „alle mit langem Kranichschnabel", und einer Ampel „mit rotem Schein" (S. 26) schwärmt. Unterstützt wird die These von Effis Desexualisierung auch durch die Rückmeldungen Innstettens, der nach der Geburt Annies gleich mehrmals darauf verweist, er habe Effi bisher eher als Kind wahrgenommen (vgl. S. 121: „Bis Anniechen da war, warst du ein Kind"; S. 178: „Aber es ist, wie ich dir sage, du hattest so was von einem verwöhnten Kind"; S. 185: „Ich dachte immer, du wärst ein Kind, und sehe nun, dass du das Maß hast wie alle andern"). Dass Frau von Briest, selbst mit einem Mann verheiratet, mit dem „sich leben" lässt, „trotzdem er ein wenig prosaisch" (S. 15) ist, an Effis Kind-Bleiben ihren Anteil hat, ist unbestreitbar.
- Dass die von ihrer Mutter eingefädelte Ehe mit Innstetten für Effi eine Kränkung ist, die ihr seelischen Schaden zufügt, geht aus Effis wortreichen Klagen während der Kessiner Ehezeit und aus ihrer Affäre mit Crampas deutlich hervor. Darüber hinaus ließe sich noch ergänzen, dass sich die distanzierte, wenig liebevolle Haltung und spätere rigorose Abgrenzung Frau von Briests gegenüber ihrer Tochter diese fast durch ihr ganzes Leben begleitet. Bereits im ersten

Elterngespräch urteilt sie über ihre Tochter, sie gehöre nicht zu denen, „die so recht eigentlich auf Liebe gestellt sind“ (S. 36), später spricht Frau von Briest von einer gefährlichen Schlauheit Effis, von einem leichtfertigen Zug, der Neigung, sich treiben zu lassen, nicht zu kämpfen und nicht zu widerstehen (vgl. S. 214f.). Von einer Grabeskälte ist ihr Brief, in dem sie Effi das ganze Maß ihrer gesellschaftlichen Ächtung mitteilt (vgl. S. 254f.). Auch nach dem Brief Rummschüttels mit der Empfehlung, Effi nach Hohen-Cremmen zu holen, bleibt Frau von Briest, im Gegensatz zu ihrem Mann, zunächst noch hart: Wenngleich sie ihre Liebe zu Effi beteuert, insistiert sie zunächst auf den gesellschaftlichen Konventionen: „Aber man lebt doch nicht bloß in der Welt um schwach und zärtlich zu sein und alles mit Nachsicht zu behandeln, was gegen Gesetz und Verbot ist und was die Menschen verurteilen und, vorläufig wenigstens, auch noch – mit Recht verurteilen.“ (S. 277) Schließlich fällt Frau von Briest im letzten Elterngespräch an Effis Grab nichts anderes ein, als dass sie Effi vielleicht doch „anders in Zucht hätten nehmen müssen.“ (S. 296)

4 Effi über ihre Schuld

Materialgrundlage:

Fontane, *Effi Briest*, Kapitel 24, S. 217, Z. 22 („Sie erhob sich") – S. 219, Z. 13, Kapitelende

Aufgabenstellung:

1. Analysieren Sie die Textstelle im Kontext des Romans.
2. Verfassen Sie einen Essay, in dem Sie sich, ausgehend von der analysierten Textstelle, mit der Problematik von Effis Schuld und ihrem Schuldbewusstsein auseinandersetzen.

Analyse der Textstelle und des Kontextes

- Mit einem vorgetäuschten Leiden und der Hilfe des Berliner Arztes Rummschüttel, der die Komödie mitspielt, vermag Effi Innstetten davon zu überzeugen, dass sie nicht mehr nach Kessin zurückkehren kann. Im Anschluss an die Urlaubsreise mit Innstetten nach Rügen und Kopenhagen bleibt Effi in Hohen-Cremmen und verbringt dort eine Woche mit Roswitha und Annie. Am Abend vor ihrer Abreise nach Berlin und vor ihrem zweiten Hochzeitstag setzt sie sich in einem Selbstgespräch mit den sie quälenden Schuld- und Schamgefühlen auseinander. Fortgesetzt wird damit eine bereits in Kessin (vgl. S. 168) begonnene Kette von Versuchen, sich über das Ausmaß und die Folgen ihrer Schuld klar zu werden. Während Effi sich hier ihrer Schuld noch voll bewusst ist, wendet sie sich später, nach der Trennung von Innstetten, vehement gegen die vom männlichen Ehrbegriff dominierte Gesellschaft (vgl. S. 274 f.), um kurz vor ihrem Tod wieder die volle Schuld an den Folgen ihrer Affäre mit Crampas zu übernehmen (vgl. S. 294).
- In einem ersten Abschnitt (S. 217, Z. 22–31) wird dargestellt, wie Effi im Zimmer der schlafenden Roswitha und Annie von Erinnerungen an ihre Kessiner Zeit erfüllt wird. Konturen des landrätlichen Hauses mit Giebel und Veranda tauchen auf. Das Bild der Veranda mit Blick auf die Plantage intensiviert ihre Vision, und sie sieht sich selbst mit Annie im Schaukelstuhl, als Crampas auftritt und für sie die Affäre mit ihm beginnt. Dieser Vorstellung nachhängend, zieht sie sich in ihr Zimmer zurück, setzt sich ans offene Fenster und blickt in die Nacht – eine Situation, in der sie auch später ihre Todesstunde erlebt.
- Von nur wenigen und geringen Erzählerinterventionen unterbrochen, in Form eines Selbstgesprächs in der direkten Rede, versucht Effi im zweiten Abschnitt (S. 218, Z. 1–33), sich über den Stellenwert und das Ausmaß ihrer Schuld- und Schamgefühle Rechenschaft abzulegen. Einerseits ist sie sich ihrer Schuld voll bewusst, andererseits muss sie aber auch erkennen, dass diese Schuld nicht auf ihrer Seele lastet. Was auf ihr lastet, ist vielmehr die Angst vor der Entdeckung ihres Ehebruchs, vor den gesellschaftlichen Sanktionen, die ihr in einem solchen Falle bevorstehen. Weiterhin spürt sie neben dieser Angst vor drohendem Status-

verlust noch Scham, die in ihrem Sinne aber ebenfalls „nicht die rechte Scham" (ebd., Z. 17) ist. Eine solche wäre eine Scham über den begangenen Ehebruch, sie empfindet Scham aber nur über den „ewigen Lug und Trug" (ebd., Z. 18), das „Lügenspiel" (ebd., Z. 20 f.). Dass Effis Schuld- und Schamgefühle nur die gesellschaftlichen, nicht aber die moralischen Aspekte ihrer Untreue betreffen, diese Erkenntnis verletzt sie im Innersten. Wenn alle Frauen so seien, so argumentiert sie laut vor sich hin, wäre es schrecklich, wenn sie nicht alle so seien, fehle ihr das „richtige Gefühl" (ebd., Z. 26). Zu diesem Begriff fällt ihr ein Ausspruch des alten Pastors Niemeyer ein, nach dem es auf das rechte Gefühl ankomme: Wenn es nicht vorhanden sei, habe der Teufel die Macht über den Menschen. Zutiefst erschrocken wünscht sich Effi Gottes Barmherzigkeit.

- Dieses Selbstgespräch ist insofern herausragend, als der Erzähler mit der Gestaltung der direkten Rede Effis gedanklichen Prozess authentisch und eindrucksvoll wiedergibt. Er fasst nicht zusammen, sondern folgt dem Gedankenfluss in unmittelbarer Nähe. Effi ist noch nicht zum Kern ihrer Überlegungen vorgedrungen, da schlägt die Turmuhr, und Effi lässt sich vom Zählen der Schläge zunächst von ihrem Thema ablenken. Die zehn Schläge erinnern sie daran, dass sie anderentags zur gleichen Zeit mit Innstetten zusammen sein werde. Sie projiziert ihre bisherigen Erfahrungen mit dem als gefühlsarm und leidenschaftslos erlebten Innstetten auf den Abend des gemeinsamen Hochzeitstags, sieht sich selbst als unter der Last ihrer Schuld leidend und kehrt wieder zu ihrem eigentlichen Thema zurück. Auch weiterhin folgt der Erzähler Effis Prozess des Suchens nach angemessener begrifflicher Formulierung ihres Schuldproblems, auch um den Preis der Wiederholung und des gedanklichen Kreisens um das Problem herum. Assoziativ schlägt Effi eine Brücke vom Stichwort „Gefühl" (ebd., Z. 26) zu einer alten Erkenntnis ihres Pastors Niemeyer, deren Tragweite sie erst jetzt an sich selbst zu spüren scheint.
- Effis Verzweiflung mündet in bitterliches Weinen und beendet das Nachdenken über ihre Schuld. Der dritte Abschnitt (S. 219, Z. 1–13) beschließt die Szene mit seiner Motivik: Effi wird wieder am offenen Fenster sitzend, der Nachtluft ausgesetzt, vergegenwärtigt. Zweimal verweist der Erzähler auf die Platanen, die, so der Erzähler zu Beginn des Romans, „zwischen Teich und Rondell" stehen, die „Schaukel halb versteckend" (vgl. S. 3, Z. 21 ff.), und somit die Motive des Wassers, der Luft und des Todes miteinander verknüpfen. Der Nachtwächter schafft einen Bezug zum Glockenschlag der Turmuhr, signalisiert die inzwischen vergangene Zeit, und das „Rasseln" (S. 219, Z. 8 f.) des vorüberfahrenden Zuges verweist auf die bevorstehende Reise Effis nach Berlin.

Essay: Problematik von Effis Schuld und ihrem Schuldbewusstsein

Unter einem Essay ist eine kürzere Abhandlung zu verstehen, in der die Thematik aus einer persönlich geprägten Sicht, in einem leicht zugänglichen, durchaus aber niveauvollen Stil und ohne Anspruch auf erschöpfende Analyse entfaltet wird. Welche Position der Schreibende dabei einnimmt, ist ihm selbst überlassen. Hier einzelne Aspekte, die im Rahmen der Thematik angesprochen werden könnten:

- **Defiziterfahrung in der Ehe mit Innstetten:** Bereits die Modalitäten der Eheschließung bergen künftige Konflikte in sich. Der noch kindlichen Effi wird mit der Versicherung eines gesellschaftlichen Aufstiegs von ihrer Mutter eine Ehe mit einem älteren Landrat aus Hinterpommern aufgenötigt, der überdies früher bereits erfolglos um die Hand der Mutter angehalten hat. Daraus entsteht eine leidenschaftslose, auf keinerlei Erotik basierende Vernunftehe. Innstetten verhält sich formal korrekt, aber emotional kühl. Die geschilderten Eheabende verlaufen trostlos, Innstetten bleibt in seinen dienstlichen Obliegenheiten befangen und belässt es bei freundlichen Worten. Effi, die sich für ihr Leben Zärtlichkeit und Liebe, Glanz und Ehre, Zerstreuungen und Abwechslung wünscht, bleibt unbefriedigt. Die für sie lebensnotwendige Sinnlichkeit wird diszipliniert und unterdrückt. An ihre Stelle treten Spukvisionen und Ängste, für die Innstetten kein Verständnis entwickelt, die er sogar noch fördert. Diese Ausgangssituation ist sicherlich keine Rechtfertigung für einen Ehebruch, lässt aber verständliche Motive erkennen: Effis Affäre mit Crampas ließe sich als eine aggressive Form der Selbstbehauptung deuten, als den verzweifelten Versuch, wenigstens einen Teil ihrer Lebensbedürfnisse erfüllt zu bekommen. Ihre Schuld bliebe grundsätzlich bestehen, aber die Motive für ihr schuldhaftes Verhalten könnten ihre Schuld mindern.
- **Diskrepanz zwischen individueller Veranlagung und sozialer Rolle:** Von Anfang an wird Effi als lebendiges, ausgelassenes Mädchen gezeichnet, deren Emotionen schnell überborden können. Das Wasser und mehr noch die Luft sind ihre Elemente, die Schaukel und später der Schaukelstuhl die Requisiten, von denen aus ihr Leichtsinn sich spielerisch entwickeln kann. Als „Tochter der Luft" bezeichnet ihre Mutter sie, was sie nicht aushalten könne, sei Langeweile, sagt Effi von sich selbst. Inkompatibel ist damit zumindest in den ersten Kessiner Jahren die gesellschaftliche Rolle, die sie übernehmen muss: Ermüdende, wenig anregende Besuche beim pommerschen Landadel hat sie zu absolvieren, sie muss erdulden, dass Innstetten seine dienstlichen Aufgaben und sein Karrierestreben in seiner Werteskala an die erste Stelle setzt, und das auch noch mit übertriebener Korrektheit. Wenn sie aufbegehrt und von Innstetten mehr persönliche Nähe einfordert, wird ihr beschieden, dass Bismarck der Mann sei, der über sie entscheide. Innstetten versteht es nicht, diesen strukturell angelegten Spannungen mit mehr als ein paar aufmunternden Worten entgegenzuwirken. Nicht entschuldbar, aber verständlich ist angesichts dieser Verstrickung, dass sich Effi auf die geschickte Werbestrategie eines Mannes von Stande einlässt, eines Vertrauten ihres Mannes zudem, der sich ihr zuwendet, ihre Bedürfnisse

errät, ihr Zeit und Verständnis entgegenbringt, Zerstreuungen organisiert und sie auch gegen den dezidierten Willen Innstettens durchsetzt.

- **Effis Definition ihrer Schuld als Gesellschaftsphänomen:** Dass Effi über eine natürliche Klugheit verfüge, wird schon zu Beginn des Romans erwähnt, auch ist davon auszugehen, dass ihr das Elternhaus die gesellschaftlichen Konventionen ihres Standes vermittelt hat, dass sie aber über keine sichere formale Bildung verfügt, erweist sich im Verlauf ihrer Hochzeitsreise, im Kontakt mit dem Landadel, im Gespräch mit der Sängerin Tripelli und auch in den Unterhaltungen mit Crampas. So vermag sie in ihrer gedanklichen Auseinandersetzung mit ihrer Schuld sich im Bereich der Moral nicht zu bewegen. Sie ist sich ihrer Situation zwar klar bewusst und beschönigt nichts, doch wenn sich ihr Gewissen regt und sie leidet, dann wegen des Versteck- und Komödienspiels, das ihr die heimliche Beziehung zu Crampas aufzwingt. So auch in ihrer ausführlichsten Reflexion am Tag vor ihrer endgültigen Übersiedlung nach Berlin. Hier entwickelt sie zwar eine diffuse Vorstellung von dem, was Schuld eigentlich sein müsste und dass dies auf ihrer Seele zu lasten habe, doch stellt sich eine solche Empfindung bei ihr nicht ein. Statt in der einer Schuld angemessenen Kategorie der Reue zu denken, redet sie von der Scham über ihre Lügen und Betrügereien und von der Angst vor der auch weiterhin drohenden Entdeckung ihres Ehebruchs. Ganz orientieren sich ihre Empfindungen an den gesellschaftlichen Normen; die Furcht vor gesellschaftlichen Sanktionen und ihren Konsequenzen dominiert.
- **Effis Annahme der Schuld und Anklage der Gesellschaft:** Erst als die Sanktionen der Gesellschaft das für Effi erträgliche Maß überschreiten, ihre Tochter Annie von Innstetten so abgerichtet ist, dass ein herzlicher Kontakt nicht mehr zustande kommt, bekennt sich Effi im Verlauf ihres psychischen und dann auch physischen Zusammenbruchs zu ihrer Schuld. Nun empfindet sie auch Reue, indem sie Gott um Vergebung bittet. Ohne ihre Schuld zu verkleinern, begreift sie, dass die Sanktionen der Gesellschaft überzogen sind, und es kommt zu einem Wutausbruch gegenüber Innstetten, den sie als grausamen, kleinen Streber bezeichnet, der Crampas' Leben auf dem Gewissen habe, und auch gegenüber der vermeintlichen Tugend der Gesellschaft. Damit wendet sich Effi gegen die Instanz, deren Normen sie bisher nicht in Frage gestellt hat.

5 Die Schuld der Gesellschaft

Georg Lukács[1]: Der alte Fontane [Auszug]

Materialgrundlage:

- Georg Lukács, *Deutsche Literatur in zwei Jahrhunderten*, in: G. L., Werke, Bd. 7, Neuwied/Berlin: Luchterhand, 1964, S. 494–497.

Effi Briest ist Fontanes liebenswürdigste Gestalt. Sie bleibt nicht nur geistig, auch moralisch im Grunde innerhalb des anständigen Durchschnitts eines Mädchens und einer jungen Frau aus dem Adel. Was sie zu einer unvergeßlichen Figur macht, ist die schlichte Vitalität, mit welcher sie in jeder Lage, sei diese idyllisch, gefährdet oder tragisch, die ihrem Charakter, ihren Fähigkeiten angemessene menschliche Äußerungsmöglichkeit sucht und findet. Trotz gesellschaftlicher Ambitionen sind ihre Ansprüche mehr als bescheiden. Sie müssen aber in dieser Gesellschaft doch zerstampft werden. Und daß diese Vitalität sich dennoch immer wieder, wenn auch immer schwächer flackernd, aufrichtet, daß Effi nur zu Boden geworfen, aber nicht menschlich entstellt werden kann, erhebt gerade in dieser Lautlosigkeit und Anspruchslosigkeit eine harte Anklage gegen die Gesellschaft, in der nicht einmal ein solcher bescheidener Spielraum der Menschlichkeit möglich ist. Zugleich zeigt jedoch Effis innere Unverzerrbarkeit jenes menschliche Kräftereservoir auf, das von dieser Gesellschaft unnütz verbraucht und verdorben wird, das in einer anderen, in einer die Humanität pflegenden Gesellschaft spontan die Möglichkeit eines schlichten und schönen Lebens entfalten könnte. Wie jeder echte Menschengestalter von dichterischem Rang in der bürgerlichen Literatur ist Fontane hier – ohne es bewußt zu wollen, ja zu wissen – ein Ankläger. Worin liegt aber in diesen Romanen die dichterische Verallgemeinerung, die Verallgemeinerung der Kritik am alten Preußen auf die Gegenwart? Fontane zeigt hier, gerade mit Hilfe der Durchschnittlichkeit seiner Gestalten und ihrer Schicksale, wie die gesellschaftliche Moral des Bismarckschen Preußen-Deutschland sich im privaten Alltagsleben auswirkt. Er zeigt, daß jeder Mensch, in dem sich nur das geringste Bedürfnis nach einem menschenähnlichen Leben regt, mit dieser Moral in Konflikt geraten muß. Der Konflikt wird in der von uns bereits dargelegten Weise ausgetragen: äußerlich durch Einhalten aller Formforderungen der Konvention; innerlich so, daß jeder Beteiligte ein mehr oder weniger gebrochener Mensch wird, der nur unter Inanspruchnahme von „Hilfskonstruktionen", wie es in „Effi Briest" heißt, weiterexistieren kann; daß er, obwohl äußerlich alles in Ordnung mit ihm zu sein scheint, obwohl die Karriere usw. regelmäßig, ja zuweilen überdurchschnittlich gelingt, doch die eigentliche moralische Widerstandskraft verliert, zu einer wirklichen Tat unfähig wird. Und jene, die nicht einmal bis zu einer solchen Kollision gelangen, sind – gesellschaftlich gesehen – aus einem noch schlechteren Holz.

Warum lebt man und stirbt man, warum tötet man in dieser Welt? Innstetten, Effis Mann, hat den Liebhaber seiner Frau im Duell erschossen. Schon vor dem Duell taucht im Gespräch mit seinem Freund Wüllersdorf die Frage auf: hat es einen Sinn,

1 Marxistischer Philosoph und Literaturwissenschaftler (1885–1971). Der Aufsatz entstand 1950.

sich wegen einer Sache, die sechs Jahre zurückliegt, zu duellieren? Nach dem Duell läßt dieser Gedanke Innstetten keine Ruhe. […]
Und doch geht diese Vernichtung und Selbstvernichtung von Menschenleben mit unerbittlicher Logik weiter. Die Karriere Innstettens kommt zustande, sein Leben ist aber morbid, innerlich widerstandsunfähig geworden. Freilich geht es in seiner menschentötend-automatisierten Weise weiter. Trotz solcher Reflexionen nach dem Duell, die wir eben angeführt haben, führt Innstetten konsequent durch, was er mit dem Duell begonnen hat. Er entfremdet das einzige Kind der Mutter, und als diese – infolge der Intervention einer Ministersgattin – doch eine Zusammenkunft mit ihrem Kinde erreicht, kommt auch in dem Kinde der anerzogene Automatismus so kraß zum Ausdruck, daß das leidenschaftlich ersehnte Wiedersehen zu einer tragikomischen Katastrophe erwächst, die schließlich Effis Leben gefährdet. Und auch Effis Eltern, obwohl sie die Tochter – in ihrer Art – aufrichtig lieben, handeln nach dem „Skandal" ähnlich: erst die sterbende Effi kann zu ihnen heimkehren. […]
Es gehört zur ideellen Einheitlichkeit dieses Werkes, zu seiner künstlerischen Vollendung, daß seine leidende Heldin, Effi, eine wundervoll lebendige Frauengestalt, ebenfalls nicht über den Horizont dieser „Moral" hinausblickt. Bei aller menschlich echten Gefühlsspontaneität und Lebendigkeit, bei aller feinfühligen Klugheit und praktischen Schlauheit bleibt sie in Glück und Unglück ganz eine Gestalt dieser Adelswelt. Ihre Gefühlsproteste bei den härtesten Unmenschlichkeiten erhöhen sich nie auch nur zur Ahnung einer wirklichen Auflehnung gegen dieses System. Gerade dadurch erhält die Notwendigkeit ihres Zum-Opfer-Werdens eine so tiefe und ergreifende Wirkung.

Aufgabenstellung:

1. Stellen Sie den Argumentationsansatz und die Argumentationsstruktur des Textes dar.
2. Setzen Sie sich mit der These von Georg Lukács auseinander, Fontane erhebe mit dem Roman *Effi Briest* eine Anklage gegen die Gesellschaft.

Argumentationsansatz und die Argumentationsstruktur

- **Argumentationsansatz und zentrale Thesen (Z. 1–18):** Entwicklung eines Persönlichkeitsbilds Effis als einer geistig wie moralisch „innerhalb des anständigen Durchschnitts" (vgl. Z. 2) liegenden Adligen: Aufgrund ihrer Vitalität finde sie in jeder Situation eine ihr angemessene Äußerungsmöglichkeit. Obwohl ihre gesellschaftlichen Ansprüche bescheiden seien, würden sie jedoch in der Gesellschaft zwangsläufig „zerstampft" (Z. 8). Darin, dass sie von diesen Schlägen nicht menschlich entstellt werde, so schließt Lukács, läge eine „harte Anklage gegen die Gesellschaft" (Z. 11). Im Folgenden Erweiterung und Differenzierung der These: Effi verfüge über ein menschliches Kräftereservoir, das in ihrer Gesellschaft unnütz verbraucht werde, das sich aber in einer humanistischen Gesellschaft spontan entfalten könne. Fontane sei ein Ankläger, ohne es gewollt zu haben, sogar ohne sich dessen bewusst zu sein.
- **Verallgemeinerung der Thesen (Z. 18–33):** Aufgrund der Durchschnittlichkeit der Gestalten und Schicksale werde die Auswirkung einer rigiden Moral auf das Alltagsleben umso deutlicher. Der dadurch entstehende Konflikt ließe

sich äußerlich durch Einhalten der Konventionen bewältigen, im Innern werde der Mensch aber gebrochen, verliere seine „moralische Widerstandskraft" (Z. 30 f.), seine Tatkraft.

- **Exemplifizierung der Thesen am Beispiel von Innstettens Duellentscheidung (Z. 34–50):** Innstetten habe sich bei seinem Handeln über alle Zweifel hinweggesetzt. Obgleich seine Karriere weitergehe, werde sein Leben „morbid", fehle ihm die innere Widerstandskraft. Eine Konsequenz sei die Entfremdung seines Kindes von der Mutter, die an dieser Erfahrung schließlich zerbreche.
- **Zusammenfassende Bewertung (Z. 51–59):** Es trage zur Einheit und künstlerischen Vollendung des Romans bei, dass Effi nicht über den Horizont der Moral hinausblicke, in ihrer Adelswelt verhaftet bleibe. Ihre Gefühlsproteste führten auch nicht in Ansätzen zu einer wirklichen Auflehnung gegen das System. In der Notwendigkeit, mit der Effi zum Opfer werde, liege die „tiefe und ergreifende Wirkung" (Z. 58 f.) des Romans begründet.

Zu berücksichtigende Aspekte bei der Auseinandersetzung mit der These, Fontane erhebe Anklage gegen die Gesellschaft:

- **Erwartungsdruck der Gesellschaft:** Deutlich bereits anlässlich von Effis Eheschließung im Sinne einer Konvenienzehe, bestimmt von Standeshomogenität und Aufstiegsdenken. Völliges Fehlen des Aspekts der Zuneigung, der gefühlsmäßigen Affinität, des persönlichen Willens. Offensichtlich auch in den stellenweise fast schon karikaturistischen Schilderungen der Adelsbesuche, in Innstettens rigidem Selbstverständnis als „Mann im Dienst" (S. 75), seiner Angst vor Lächerlichkeit (vgl. S. 77).
- **Fragwürdigkeit des Ehrbegriffs:** Verdeutlicht durch die dargestellten Konsequenzen von Innstettens halbherzig gefällter, ausschließlich an gesellschaftlichen Normen orientierter Duellentscheidung: Töten eines befreundeten Regimentskameraden, Zerstörung aller persönlichen Lebenszusammenhänge, Verlust des eigenen Lebenswillens und Resignation.
- **Figurenkonstellation:** Frau von Briest als kühle, aufstiegsorientierte Vertreterin gesellschaftlicher Werte, Herr von Briest als freiheitsliebender, gefühlvoller Vater, der als „weites Feld" bezeichnet, was seine Frau mit klaren gesellschaftlichen Vorstellungen besetzt hat. Auf bürgerlicher Ebene: der Apotheker Gieshübler, der sich Effi zuwendet, für Zerstreuung sorgt und sie mit Aufmerksamkeiten überrascht, der Arzt Dr. Rummschüttel, der Effis simulierte Beschwerden ernst nimmt und dafür sorgt, dass sie ihr Leben in Hohen-Cremmen beenden kann. Auf der Ebene des Dienstpersonals: einerseits Johanna, vor der selbst Innstetten „angst und bange" (S. 286) wird, andererseits Roswitha, deren Überlegenheit Innstetten und Wüllersdorf anerkennen.
- Angesichts der aufgeführten Aspekte kann man dem Roman eine gesellschaftskritische Tendenz nicht absprechen. Ihn als eine „harte Anklage gegen die Gesellschaft" zu bezeichnen, geht allerdings zu weit. Gesellschaftskritik wird bei Fontane situationsbezogen in die Figuren selbst verlegt, nicht durch den Erzähler explizit ausgeführt. Seine marxistische Einstellung legt es nahe, dass Lukács die gesellschaftskritischen Aspekte des Romans zwar klar erkennt, aber tendenziell auch überzeichnet.

6 Erzähltechnische Funktion der Briefe und Gespräche

Materialgrundlage:

Fontane, *Effi Briest*, Kapitel 13, S. 102, Z. 5 („Das war im Februar") – S. 103, Z. 31 („mit ihr erst recht nicht")

Aufgabenstellung:

1. Analysieren Sie die Textstelle im Kontext des Romans.
2. Beurteilen Sie anhand einiger Beispiele die erzähltechnische Funktion der Briefe und Gespräche in Fontanes *Effi Briest*.

Analyse der Textstelle und des Kontextes

- Bereits am letzten Tag des ersten Jahres in Kessin schreibt Effi ihrer Mutter einen ausführlichen Brief, in dem sie über die soziale Isolation klagt, ihrer Sehnsucht nach Hohen-Cremmen Ausdruck verleiht, ihrer Mutter anvertraut, dass ihr Kessiner Haus ein Spukhaus sei, und schließlich auch als erfreuliches Ereignis mitteilt, dass sie im Sommer des kommenden Jahres ein Kind erwarte. Es folgt ein zeitraffender Bericht des Erzählers über Effis und Innstettens Leben in Kessin, aus dem hervorgeht, dass sie bisher noch keinen anregenden gesellschaftlichen Kontakt in Kessin und Umgebung geknüpft haben. Effi wird in den Kreisen des umliegenden Landadels pflichtbewusst, aber nicht übermäßig bewundert, sie selbst empfindet Langeweile, empört sich über die devote Haltung der Adligen gegenüber den Pastoren. Allzu deutlich wird Effi bewusst, dass Innstetten kein Liebhaber ist, dass er den Blick eher auf Bismarck richtet und seine Aufmerksamkeit Karrierefragen zuwendet. Demgegenüber wird der Apotheker Gieshübler als aufmerksam und liebenswert hervorgehoben. Er sorgt für Effis leibliches wie geistiges Wohl. Um Effis reizarme Situation zu pointieren, zitiert der Erzähler eine Bemerkung aus einem Brief Effis an ihre Mutter, in dem sie schreibt, sie habe sich mit dem Spuk fast ausgesöhnt, manchmal wünsche sie ihn sich sogar zurück.
- In den einleitenden Bemerkungen (S. 102, Z. 5–13) datiert der Erzähler den dann folgenden Briefauszug auf die letzten Apriltage. Mit den Worten „und nun war beinahe Mai" (ebd., Z. 5 f.) spiegelt er Effis Sehnsucht nach Wärme, aufblühender Natur und Lebendigkeit wider. Mit dem Landen eines Storchen auf der Scheune neben Utpatels Mühle wird unmissverständlich auf Effis Schwangerschaft verwiesen, allerdings liegt der gewählte Ort („seine alte Raststätte", Z. 10) auch unweit von Effis späterem Treffpunkt mit Crampas entfernt. Die Bemerkung, Effi schreibe jetzt häufiger nach Hohen-Cremmen, unterstreicht noch einmal ihre soziale Isolation in Kessin. Im Kontrast dazu steht Effis Äußerung zu Beginn der Schlusspassage eines längeren Briefes, beinahe habe sie vergessen, die Ankunft eines neuen Landwehrbezirkskommandeurs zu erwähnen. Fast könnte man vermuten, Effi habe die sie emotional berührende und beun-

ruhigende Mitteilung zunächst verdrängt und es koste sie Überwindung, ihrer Mutter davon zu berichten.

- In einem ersten Briefabschnitt (S. 102, Z. 13–31) berichtet sie vom Eintreffen des neuen Landwehrbezirkskommandeurs, um diese Information mit der Frage „Ja, haben wir ihn wirklich?" (ebd., Z. 15 f.) wieder zu relativieren. Wie entscheidend diese Frage für Effis Leben zu sein scheint, wird durch die nun vorgenommene Dramatisierung der Kessiner Situation als gleich zweimal erwähnten gesellschaftlichen „Notstand" (ebd., Z. 18, 22) überdeutlich. Sie bezeichnet den neuen Bezirkskommandeur als „Trost- und Rettungsbringer" (ebd., Z. 23 f.), dies nicht zuletzt deshalb, weil sein Vorgänger aufgrund seiner schlechten Sitten und dürftigen Finanzlage ein „Gräuel" (ebd., Z. 24) gewesen sei. Erst jetzt nennt Effi den Namen Major von Crampas und erwähnt, sie und Innstetten seien sich in die Arme gefallen, als könne ihnen „nichts Schlimmes mehr in diesem lieben Kessin passieren" (ebd., Z. 30 f.).
- In einem zweiten Abschnitt (S. 103, Z. 31 – S. 103, Z. 15) knüpft Effi an ihre Eingangsfrage an und führt aus, weshalb ein gesellschaftlicher Kontakt mit Crampas schwierig werden könne. Crampas habe zwei Kinder, eine ältere, etwa fünfundvierzigjährige Frau von nicht adliger Herkunft, die überdies, und hierin sieht sie vor allem ein Problem, „immer verstimmt, beinahe melancholisch" (S. 103, Z. 4 f.) sei. Eifersucht vermutet Effi als Ursache, da Crampas ein „Mann vieler Verhältnisse, ein Damenmann" (ebd., Z. 7 f.) sei. Ernst nehme sie ihn nur deshalb, weil er wegen einer solchen Affäre bereits ein Duell hinter sich habe. Detailliert beschreibt Effi seine erlittene Verletzung, die überstandene Operation und nennt sogar den Namen des Operateurs.
- Von den ersten Begegnungen mit Crampas und seiner Frau berichtet Effi im dritten Abschnitt des Briefes (S. 103, Z. 15–31). Zwar sei deren Antrittsbesuch insofern peinlich gewesen, als Frau Crampas Effi und ihren Mann so beobachtet habe, dass sie beide in Verlegenheit geraten seien. Bei einer zwanglosen Unterhaltung mit Innstetten, die sie vom Nachbarzimmer aus mitgehört habe, sei Crampas jedoch „ausgelassen und übermütig gewesen" (ebd., Z. 20). In einem persönlichen Gespräch habe sie ihn als „vollkommenen Kavalier, ungewöhnlich gewandt" (vgl. ebd., Z. 23 f.) erlebt. Zusätzlich gibt Effi noch die Information, dass Innstetten im deutsch-französischen Krieg in derselben Brigade wie Crampas gewesen sei. Abschließend betont Effi erneut, dass für sie und Innstetten der Kontakt mit Crampas der Beginn eines neuen Lebens in Kessin hätte sein können, und fügt vielsagend hinzu, ohne seine Frau ginge es „natürlich" nicht, „mit ihr erst recht nicht" (ebd., Z. 30 f.).
- Dieser Brief Effis an ihre Mutter übernimmt erzähltechnisch mehrere Funktionen: Zunächst bietet er Fontane die Möglichkeit, unabhängig vom Erzähler und seinen Wertungen Effi selbst zu Wort kommen zu lassen. Im Rahmen der vertrauten, wenn auch nicht völlig offenherzigen Beziehung zu ihrer Mutter kann sie ihre momentane Befindlichkeit selbst darstellen, ihre desolate Situation in aller Schärfe und in der ihr zur Verfügung stehenden Sprache zum Ausdruck bringen. Dabei präsentiert sie sich als lebendige Person, die pointiert formulieren kann, die der Situation aber mit naivem, fast noch kindlichem Bewusstsein begegnet. So realisiert sie offensichtlich nicht, dass sie Crampas in allen Aspekten ihrer Schilderung als Gegenpol zu Innstetten zeichnet: Er ist

aus ihrer Sicht „ausgelassen“, „übermütig“, weist also Persönlichkeitsmerkmale auf, die auch die ihren sind. Er wird von ihr als „gewandt“ und als „Kavalier“ bezeichnet, was ihn von Innstetten positiv abhebt. Er ist zu erotischen Abenteuern aufgelegt und bekennt sich dazu, somit für eine Frau in einer emotional unbefriedigenden Beziehung eine Anfechtung. Er lebt mit einer Frau zusammen, die weder unter traditionellen Altersvorstellungen noch im Hinblick auf ihren Stand und ihre psychische Disposition zu Crampas passt. Dass Mutter Briest nach der Lektüre dieses Briefes nicht um den Ehefrieden ihrer Tochter bangt, ist kaum anzunehmen.

- Weiterhin nutzt Fontane Effis Brief zu einem komplexen Geflecht von Anspielungen, Vorausdeutungen und deren Zurücknahme. Wenn Crampas als „Trost und Rettungsbringer“ bezeichnet wird, wenn sich Innstetten und Effi in die Arme fallen, weil sie glauben, es könne sich „nichts Schlimmes mehr“ in dem „lieben“ Kessin ereignen, so sind dies ganz offensichtlich Vorausdeutungen, deren Gegenteil sich ereignet. Crampas bringt Effis und Innstettens Ehe Unheil und Untergang, das „liebe“ Kessin bezeichnet Effi später als ihr „Unglück“ (S. 212). Der Verweis auf ein „neues Leben“ in Kessin deutet vielmehr auf Effis spätere Jahre in sozialer Isolation. Eine sich erfüllende Vorausdeutung ist allerdings die Erwähnung des Duells, das Crampas fast den Tod gebracht hätte, wenn die Kugel, so lässt sich Effis genauer Schilderung entnehmen, sein Herz nicht knapp verfehlt hätte. Fontane treibt in diesem Brief Effis an ihre Mutter mit dieser Darstellungsweise ein kunstvolles Spiel, indem er die als Vorausdeutungen recht deutlich markierten Bemerkungen in einer schillernden Zone der Unbestimmtheit lässt. Sie können sich erfüllen, ihr Gegenteil kann aber auch geschehen.

Erzähltechnische Funktion der Briefe und Gespräche

- Sowohl die Briefe als auch die Gespräche bieten Fontane die Möglichkeit, einzelne Aspekte des Romangeschehens unter einer neue Perspektive darzustellen und zu werten. Sie dienen aber gleichzeitig auch der Selbstoffenbarung der schreibenden oder sprechenden Romanfigur. So wirft beispielsweise der Brief der lebenserfahrenen Geheimrätin Zwicker ein völlig neues Licht auf Effis Außenwirkung, wenn darin von Effis gelegentlichem „Gretchenblick“ die Rede ist, „der jedes Mal versicherte kein Wässerchen trüben zu können“ (S. 257), oder wenn die Zwicker bemerkt, sie habe dem Frieden nie getraut. Eine lebenspragmatische Perspektive richtet sie auch auf das Motiv der aufgefundenen Liebesbriefe, wenn sie in lakonischer Kürze kommentiert: „Wozu gibt es Öfen und Kamine?“ (S. 258) Eindrucksvoller, als es ein Erzähler darstellen könnte, wirkt die soziale Ächtung Effis im kalt und knapp formulierten Brief der Mutter („auch das elterliche Haus wird dir verschlossen sein“, S. 255); weniger formvollendet, dafür aber desto menschlicher und wärmer ist die Bittschrift Roswithas, die Wüllersdorf zu der Einsicht bringt: „die ist uns über.“ (S. 287) Schließlich sind nicht nur die Briefe selbst als Form perspektivischer Brechung ein Teil des Romans, das Briefeschreiben selbst wird thematisiert und der Umgang mit ihnen zu einem Motiv des Romans. Durch die Entdeckung der Liebesbriefe sechseinhalb Jahre nach Effis Affäre mit Crampas werden Aspekte einer

Beziehung enthüllt, die in der Kessiner Zeit nur in dezenten Anspielungen präsent waren. Wenn der Leser durch Crampas' Feder erfährt: „Fort, so schreibst du, Flucht. Unmöglich. Ich kann meine Frau nicht im Stich lassen, zu allem anderen auch noch in Not" (S. 232), so offenbart sich damit nachträglich eine Beziehungsdynamik, die einerseits Effis emotionalen „Notstand", andererseits aber auch die nüchterne Haltung des „Mannes vieler Verhältnisse" offenbart.

- In ähnlicher Weise tragen auch die Gespräche zu perspektivischer Vielfalt bei. Unterscheiden lassen sich in Fontanes Roman Gespräche, die lediglich einer Dialogisierung der Erzählung dienen und klassischer Bestandteil der Romanliteratur sind, und Unterhaltungen, die von Personen außerhalb des zentralen Handlungsstrangs geführt werden und in deren Verlauf eine neue Sicht auf das Geschehen entwickelt wird. Zu letzteren zählen die Elterndialoge, die zum einen ein Licht auf die Beziehungsdynamik zwischen Briest und seiner Frau Luise werfen, zum andern aufgrund der intimen Kenntnis ihrer Tochter Aufschlüsse über deren Charakter und Motivstruktur geben. Meist eröffnet Briest ein solches Gespräch, so beispielsweise am Tag nach der Hochzeit, mit der Frage: „Gefiel dir Effi? Gefiel dir die ganze Geschichte?" (S. 34) Damit bringt sich Briest in die Rolle des Fragenden, der mit ironischen Spitzen und beharrlichem Nachfragen seine Frau dazu herausfordert, Einschätzungen über Effis Befindlichkeit und ihre Eheprobleme zu formulieren, die sie aus freien Stücken nicht von sich gegeben hätte. Der Perspektivwechsel geht in diesem Gespräch so weit, dass Effis Selbstaussage, Liebe setze sie an die erste Stelle, von ihrer Mutter zurechtgerückt wird: Effi gehöre nicht zu denen, „die so recht eigentlich auf Liebe gestellt" (S. 36) seien, bei ihr dominierten „Vergnügungssucht und Ehrgeiz" (ebd.), und sie bezweifle, dass Innstetten für genügend Zerstreuungen sorgen würde. Wenn Effi diese fehlende Aufmerksamkeit wahrnehme, werde es sie beleidigen. Daran knüpft Luise Briest die weitsichtige Bemerkung an: „Denn so weich und nachgiebig sie ist, sie hat auch was Rabiates und lässt es auf alles ankommen." (S. 36) Ein unmittelbares Gegenstück zu diesem inspirierten Elterngespäch ist die Unterhaltung kurz vor Effis endgültiger Übersiedelung nach Berlin. Wieder drängt Briest seine Frau mit der Floskel „Wie findest du Effi?" (S. 213) dazu, ihre Erfahrungen und Gedanken preiszugeben, wieder kommt es zu kleinen Sticheleien und wieder erfährt der Leser, dass zumindest Luise ihre Tochter besser durchschaut, als zu vermuten gewesen war. Sie hat Effis Neigung erkannt, „den lieben Gott einen guten Mann sein zu lassen" (S. 214). Noch ehe Effis Ehebruch an den Tag tritt, hält sie Briest vor, es sei falsch zu glauben, Effi „könne kein Wasser trüben" (S. 215): „Aber darin irrst du. Sie lässt sich gern treiben, und wenn die Welle gut ist, dann ist sie auch selber gut. Kampf und Widerstand sind nicht ihre Sache." (Ebd.) Die strukturelle Verknüpfung der Gespräche ist offenkundig: Briest eröffnet den Dialog, gibt die Stichworte und bringt Luise zum Reden, ohne formalen Abschluss wird die Unterhaltung durch neu auftretende Personen unterbrochen. Die Stärke dieser Dialoge liegt in der dynamischen Entwicklung neuer, kompetenter Perspektiven auf Befindlichkeiten und Handlungsaspekte, die der Erzähler selbst in einer solch eindrucksvollen Form nicht geben kann.

7 Der Chinese

Theodor Fontane: Aber wir lassen es andere machen [entstanden 1888]

Materialgrundlage:

- Karl Otto Conrady (Hrsg.), *Der neue Conrady. Das große deutsche Gedichtbuch*, Düsseldorf/Zürich: Artemis und Winkler, 2000, S. 503.

Ein Chinese ('s sind schon an zweihundert Jahr)
In Frankreich auf einem Hofball war.
Und die einen frugen ihn: ob er das kenne?
Und die andern frugen ihn: wie man es nenne?
„Wir nennen es tanzen", sprach er mit Lachen,
„Aber wir lassen es *andere* machen."

Und dieses Wort, seit langer Frist,
Mir immer in Erinnerung ist.
Ich seh das Rennen, ich seh das Jagen,
Und wenn mich die Menschen umdrängen und fragen,
„Was tust du nicht mit? Warum stehst du beiseit?"
So sag ich: „Alles hat seine Zeit.
Auch die Jagd nach dem Glück. All derlei Sachen,
Ich lasse sie längst durch andere machen."

Aufgabenstellung:

1. Analysieren Sie das Gedicht.
2. Beurteilen Sie, ausgehend von Fontanes Gedicht, die Bedeutung und die Funktion des Chinesen in *Effi Briest*.

Gedichtanalyse

- In der ersten Strophe des Gedichts berichtet der Sprecher von einer offensichtlich bemerkenswerten Begebenheit während eines Balls am französischen Hof. „Ein Chinese", durch die Initialstellung in seiner Bedeutung hervorgehoben, habe an diesem Hofball teilgenommen. Eine durch Klammern markierte Parenthese verweist darauf, dass dieser Hofball vor zweihundert Jahren, mithin zur Zeit Ludwigs XIV. stattgefunden habe. Offen bleiben der Status des Chinesen, seine Funktion auf diesem Hofball, seine Motive. Ebenfalls ohne genauere Bestimmung bleiben die Ballgäste („die einen", „die andern", V. 3f.), die in den folgenden, syntaktisch parallel gebauten Versen, wohl von der exotischen Erscheinung des Chinesen angezogen, als neugierig Fragende dargestellt werden: ob ihm tanzen bekannt sei und wie er das nenne. Metrisch unterstützt wird die Zudringlichkeit der Ballgäste durch den Wechsel in einen Anapäst, der den beiden Versen eine beschleunigte Bewegung verleiht. Die Überheblichkeit der Ballgäste quittiert der Chinese mit einem Lachen und verweist darauf, dass man das auch bei ihnen als „tanzen“ bezeichne, es somit auch bei ihnen üblich sei. Überraschend ist dann das „Aber“ zu Beginn des 6. Verses, mit dem der entscheidende Unterschied eingeleitet wird: Sie, die Chinesen, ließen es andere machen, wobei die Bedeutung des „andere“ durch Kursivdruck hervorgehoben wird. Von der eher hektischen Zudringlichkeit der Ballgäste wird die in wörtlicher Rede wiedergegebene, gelassene Antwort des Chinesen durch einen erneuten Wechsel des Metrums markiert: Durch den Daktylus bekommt die Rede des Chinesen Leichtigkeit. Betont wird das „Aber“ in Initialstellung dadurch, dass dieser Vers als einziger mit einer Hebung beginnt.

- Das in der ersten Strophe geschilderte Ereignis bleibt zunächst noch bezugslos, ein Sprecher gibt sich nicht zu erkennen. Die Sachinformationen sind denkbar karg, der Rahmen ist nur mit wenigen Strichen skizziert, alles konzentriert sich auf die Pointe im letzten Vers. Mit der zweiten Strophe führt sich nun ein lyrisches Ich ein, das von jenem Ereignis am französischen Hof einen Bezug zu seinem eigenen Lebenskonzept herstellt. Schon „seit langer Frist“ sei ihm diese Antwort des Chinesen „immer“ (V. 6f.) in Erinnerung, eine Aussage die durch den vierhebigen Jambus einen getragenen, fast schon feierlichen Ausdruck erhält und eine deutliche Zäsur markiert. In der auf den Parallelismus der ersten Strophe (V. 3f.) zurückverweisenden anaphorischen Wendung „Ich seh […] ich seh“ (V. 9) wird die Unruhe des Rennens und Jagens ausgedrückt, die nun nicht mehr auf ein Tanzereignis bezogen zu sein scheint, sondern vielmehr auf die Betriebsamkeit des menschlichen Lebens allgemein übertragen wird. Dem geschilderten Einstürmen der Ballgäste auf den Chinesen in der ersten Strophe entspricht hier das Umdrängtwerden des lyrischen Ich von Menschen, die es fragen, warum es sich an dem Rennen und Jagen nicht beteilige. Nach der Ruhe der vierhebigen Jamben zu Beginn der Strophe wird die einsetzende Bewegung wiederum durch einen Wechsel in daktylisches Metrum unterstrichen. Durch die Betonung der ersten Silbe und die Formulierung im Stil einer Sentenz erhält die Antwort des lyrischen Ich: „Alles hat seine Zeit“ (V. 12) herausragende Bedeutung. Aus dem, was alles seine Zeit habe, wird nun insbesondere die Jagd nach dem Glück hervorgehoben. Auffällig und deutungsbedürftig ist dann der letzte Vers: In Analogie zum Ausspruch des Chinesen in V. 6 unterscheidet sich die Lebensweisheit des lyrischen Ich durch eine entscheidende Formulierungsnuance: Während der Chinese „andere“ tanzen lässt, lässt das lyrische Ich die Jagd nach dem Glück und „all dererlei Sachen“ (V. 13) „durch andere“ (V. 14) machen. Diese Formulierung könnte andeuten, dass das lyrische Ich sich aus dem Trubel der Gesellschaft zwar zurückzieht, die Ereignisse aber dennoch arrangiert und überblickt. Würde man das lyrische Ich als Projektion des Autors deuten, so könnte dieser Schlussvers als eine Anspielung auf die Funktion des Dichters gelesen werden, der seine imaginierten Figuren in das gesellschaftliche Treiben schickt und auf der Suche nach dem Glück begleitet.

Beurteilung von Bedeutung und Funktion des Chinesen in *Effi Briest*

- Dass in Fontanes Gedicht das Verhalten des Chinesen dazu dient, dem lyrischen Ich eine Erkenntnis zu vermitteln, die seine Einstellung zum Leben langfristig verändert, verweist bereits auf die Bedeutung dieser exotischen Figur im Denken Fontanes hin. So ist es kein Zufall, wenn sich zwischen dem Gedicht, entstanden in der Zeit der ersten Entwürfe zu *Effi Briest*, und dem Roman motivische Berührungspunkte ergeben. Dies ist zum einen die Einbettung der Figur des Chinesen in den Kontext eines festlichen Balls mit Tanz, zum andern das Motiv des Verzichts, der Entsagung.
- Bereits am Tag ihrer Ankunft in Kessin durch Innstettens mysteriöse Einführung des Chinesen verängstigt, hört Effi in der Nacht leise Tanzgeräusche von den oberen Räumen, das Schleifen von Schleppenkleidern, von Schuhen und auch Musik. Noch weiß sie nicht, dass dort die Hochzeitsfeier der Enkelin des Vorbesitzers, des Kapitäns und Chinafahrers Thomson, stattfand, bei der die Braut verschwunden ist, nachdem sie zuletzt mit dem Chinesen getanzt hat. Von da ab nimmt der Chinese in der Konstellation von Effi, Innstetten und Crampas eine dominante Rolle ein. Zumindest im ersten Ehehalbjahr ist er ein beständiger Störfaktor in der Beziehung der Ehepartner. Er verweist auf Effis Ängste vor einer Fortsetzung ihrer unbefriedigenden Situation, auf ihre Wünsche nach emotionaler Zuwendung, nach Lebendigkeit und gesellschaftlichem Leben. Nach der Affäre mit Crampas erfährt der Chinese eine Neubewertung: Nun aktualisiert er Effis Schuldgefühle, die sie mit Beginn des Berliner Lebens erfolglos zu verdrängen sucht.
- Eine weitere Bedeutungsebene der Chinesengeschichte ergibt sich dadurch, dass auch Innstetten davon berührt ist. Mit dem Chinesen verbindet Innstetten das Motiv des Verzichts. Auch der Chinese, der, wie Innstetten erst auf seiner Fahrt zum Duell andeutet, „vielleicht ein Liebhaber war“ (S. 240), muss seiner Beziehung zur Enkelin des Kapitäns entsagen (muss es „*andere* machen“ lassen), da sie im Sinne einer Konvenienzehe mit einem sozial höher Gestellten verheiratet wird. Der Chinese stirbt zwei Wochen nach der Hochzeitsfeier. Innstetten, der erleben muss, dass seine Jugendfreundin, Effis Mutter, mit einem Ritterschaftsrat verheiratet wird, hat sich zwar das Leben nicht genommen, „aber ein bisschen war es doch so was“ (S. 9), wie Effi erläutert. Innstetten gibt seine Militärkarriere auf, studiert, wird Landrat in Kessin. Offensichtlich ist die Chinesenepisode eine der von Fontane häufig eingesetzten Parallelgeschichten. So entsteht bei Innstetten eine persönliche Befangenheit, die erklärt, warum er in allen Fragen des Chinesenspuks eine unentschlossene Haltung einnimmt. Er spürt in der Gestalt des Chinesen eine Art zweites Ich, dessen Präsenz bei ihm Irritation auslöst, so dass er auch Effi gegenüber nicht frei handeln kann. Deutlich wird dies, als Effi den Vorschlag macht, man solle doch die oberen Räume ausbauen lassen, damit ihre Mutter dort wohnen könne, wenn sie zu Besuch käme. Dies verhindert Innstetten ohne weitere Erläuterungen. Dadurch dass die Chinesengeschichte sowohl mit Effis als auch mit Innstettens Situation verknüpft ist, kommt ihr im Roman eine Schlüsselstellung zu.

8 Duell-Debatte im Reichstag 1886

Rede des Abgeordneten Paul von Reinbaben, Deutsche Reichspartei[1] [Auszug]

Materialgrundlage:

- Stenographische Berichte. Verhandlungen des Reichstags. VI. Legislaturperiode. IV. Session, Bd. 1, Berlin 1887, S. 173f. und S. 187f. (10. Sitzung, 13. Dezember 1886). Ausschnitte zit. nach: Theodor Fontane, *Effi Briest*, Leipzig/Stuttgart/Düsseldorf: Ernst Klett Schulbuchverlag, 2003, S. 319–322, hier S. 320–322.

Der Gipfel der Verkehrtheit wäre es aber, wenn man das Duell auf ein und dieselbe Linie stellen wollte. Mit dem gemeinen Mord oder Todschlag, wie das ja, ich weiß nicht ob heute, aber jedenfalls in der Petitionskommission[2], als über die Frage dort berathen wurde, empfohlen worden ist. [...]

Nun, ich meine doch, daß diejenigen, welche in dem Duell weiter nichts erblicken, als Mord, Todschlag oder gemeine Verwundung

(Zuruf: Körperverletzung!)

– oder wenn Sie wollen, Körperverletzung, den Charakter des Duells vollständig verkennen, daß diese geflissentlich seine Motive ignorieren, die doch bei Beurtheilung der Strafbarkeit einer Handlung nicht außer Betracht bleiben dürfen.

Meine Herren, ich habe die Überzeugung, daß das Duell niemals gänzlich in Deutschland verschwinden wird, und ich glaube, es wäre auch gar kein wünschenswerther Zustand, wenn dies dennoch geschähe. Die ideale Auffassung, die sich im deutschen Volke von dem Wesen der Ehre entwickelt hat, bedingt unter Umständen die Nothwendigkeit des Duells, und wir können nicht wünschen, daß diese ideale Auffassung uns künftig einmal abhanden komme. Durch das Duell soll der Überzeugung Ausdruck gegeben werden, daß die Ehre höher steht als das Leben

(Lachen im Zentrum[3]),

und daß ein Leben ohne Ehre keinen Werth hat. – Meine Herren, Sie lachen darüber;

(Rufe: Ja)

aber ich glaube, wir folgen einem tief eingewurzelten Gefühle, wenn wir uns für verpflichtet halten, sobald mit Bewußtsein unsere persönliche Ehre verletzt ist, durch Einsetzung unseres Lebens das ungeschmälerte Vorhandensein dieser Ehre zu erweisen. Meine Herrn, wenn jemand öffentlich durch Thätlichkeiten oder durch ungerechtfertigte Beschuldigungen einer ehrenrührigen Handlung in den Augen seiner Mitmenschen erniedrigt und dadurch in seiner ganzen moralischen Existenz gefährdet wird, wenn ein Gatte, ein Vater durch Verführung der Frau, der Tochter den denkbar größten Schimpf erleidet, dann, meine Herrn, sagt uns ein kategorischer

1 Partei des Hochadels, der Minister und Diplomaten, Mitglied des Kartells der Rechtsparteien; unterstützte Bismarck.
2 Prüft eingehende Bitten und Gesuche im Hinblick auf eine Behandlung im Reichstag.
3 Von ihrer Herkunft her konfessionell-katholische Partei, 1881–1912 stärkste Fraktion im Reichstag.

Imperativ[4] in unserem Innern, daß die uns angethane Schmach mit dem Leben des Beleidigers gesühnt werden muß und nur auf diese Weise gesühnt werden kann. Das Duell ist nach deutscher Anschauung die ultima ratio[5] der ehrenhaften Leute zum Schutze gegen diejenigen, welche ihr höchstes Gut, die Ehre, freventlich antasten. Allerdings läßt sich nicht leugnen, daß das Duell ein schwerer eigenmächtiger Eingriff in die allgemeine Rechtsordnung ist; aber wenn meine moralische Existenz auf dem Spiele steht, kann ich niemanden anders, wie mich selbst, als Richter über meine Ehre anerkennen. Ich kann platterdings[6] nicht Ehre und Existenz abhängig machen von dem Ausspruch eines Richters; denn es handelt sich um Güter, die ein jeder selbst verteidigen muß.

Diese ideale Auffassung von dem Wesen der persönlichen Ehre ist an keine Klasse und an keinen Stand gebunden; sie ist ein Gemeingut der deutschen Nation. Von dieser Auffassung ausgehend, haben wir in dem Duell nicht anderes als die in bestimmte regelrechte Formen gebannte Prozedur zu erblicken, durch welche der unwiderstehliche Drang zum Ausdruck kommt, die angegriffene Ehre durch den Einsatz des Lebens zurückzuerkämpfen. Wenn wir die Bestätigung dieses Dranges verhindern wollten, zu welchen Zuständen würden wir gelangen? Könnten wir etwa das für einen erfreulichen Zustand ansehen, wenn gegenüber dem Verführer der Frau oder der Tochter der betreffende Gatte oder Vater seine verletzte Ehre dadurch für vollständig repariert erachtet, daß er vom Richter einige hundert oder tausend Pfund Sterling zugesprochen erhält? Oder aber wir gelangen zu Zuständen, wie sie in einigen Gegenden Italiens bestehen, wo die Vendetta herrscht, und die alte Blutrache Landessitte ist. Wir verhüten solche Zustände durch das Duell mit seinen festen konventionellen Regeln und Formeln, deren genaue Beobachtung selbst wieder ein Gebot der Ehre ist.

Aufgabenstellung:

1. Analysieren Sie die Rede.
2. Beurteilen Sie vor dem Hintergrund dieser Rede die Einstellungen von Innstetten und Wüllersdorf zur Duellfrage.

Analyse der Rede Reinbabens

- In einem ersten Abschnitt (Z. 1–10) bezieht von Reinbaben Stellung zur Empfehlung der Petitionskommission, das Duell dem gemeinen Mord oder Todschlag gleichzusetzen, was aus seiner Sicht der „Gipfel der Verkehrtheit“ (Z. 1) wäre. Diejenigen, die so dächten, würden den Charakter des Duells verkennen und seine Motive ignorieren. Letztere müssten aber berücksichtigt werden, wolle man die Strafbarkeit einer Handlung beurteilen. Mit dieser Einleitung bezieht Reinbaben eine deutlich konservative Position, die er mit scharfen Worten von allen Ansätzen fortschrittlichen Denkens abgrenzt: Ein solches Denken bezeichnet er in überzogener Pointierung und sprachlich misslungen

4 Ethische Grundnorm in der Philosophie Immanuel Kants: „Handle stets so, dass die Maxime deines Willens jederzeit zugleich als Prinzip einer allgemeinen Gesetzgebung gelten könnte.“

5 Letztes, äußerstes Mittel.

6 Schlechterdings.

als „Gipfel der Verkehrtheit“, als das Duell „vollständig“ verkennend und die Motive „geflissentlich“, d. h. absichtlich außer Acht lassend.

- Mit einer Anrede der Abgeordneten setzt er im zweiten Abschnitt (Z. 11–32) zur Darstellung seiner eigenen Position und damit auch der seiner Partei an. Mit der pathetischen Formulierung „ich habe die Überzeugung“ stellt er sich persönlich hinter die These, das Duell werde „niemals gänzlich“ (Z. 11) in Deutschland verschwinden und es wäre auch nicht wünschenswert, dass dies geschehe. Anschließend bekräftigt er die Notwendigkeit des Duells mit dem Begriff der Ehre, dessen „ideale Auffassung“ (Z. 13) sich im deutschen Volk „entwickelt“ habe (Z. 14). Mit diesem Appell an den Patriotismus der Anwesenden, der Idealisierung der deutschen Vorstellung vom Wesen der Ehre, dem Verweis auf die kreatürliche Verwurzelung des Ehrbegriffs versucht er, eine emotionale Grundierung seiner Argumentation einzuleiten. Einer solchen Emotionalisierung bedarf es, damit seine zentrale These, die Ehre stehe höher als das Leben, die Zuhörer erreicht. Dass ihm das nicht ganz gelingt, signalisiert das Lachen von Seiten der Zentrums-Partei, gegen das er den als Klimax zu deutenden Zusatz, ein Leben ohne Ehre habe keinen Wert, noch anspricht, ehe er auf das Lachen eingeht. Als Replik auf die Heiterkeit formuliert er noch einmal mit stärkerem emotionalen Nachdruck das schon Gesagte: Er spricht von „tief eingewurzelten Gefühlen“, von einer Verpflichtung, von Verletzung „unserer persönlichen Ehre“, von „Einsetzung unseres Lebens“ (vgl. Z. 23) und versucht durch den Einsatz der Possessivpronomina ein Gemeinsamkeitsgefühl zu schaffen. Wieder markiert die Anrede der Zuhörer eine Zäsur und einen Neuansatz. Mit einer längeren Wenn-Periode evoziert der Redner Situationen, in denen der Betroffene nicht anders handeln könne, als durch ein Duell die ihm zugefügte Verletzung seiner Ehre zu sühnen. Solche Situationen sind: eine Erniedrigung durch eine Tätlichkeit oder durch die Beschuldigung einer ehrenrührigen Handlung und die Verführung eines weiblichen Familienmitglieds. Neben der suggestiven Wenn-dann-Konstruktion wird diese Exemplifizierung durch pathetische Formulierungen dramatisiert wie beispielsweise mit der Rede von der „ganzen moralischen Existenz“ (Z. 26), dem „denkbar größten Schimpf“ (Z. 28), der „angethanen Schmach“ (vgl. Z. 29) oder auch dem Verweis auf Kants kategorischen Imperativ. Dass die Öffentlichkeit der Beleidigung, das Erniedrigt-Werden „in den Augen seiner Mitmenschen“ (Z. 25 f.) dabei eine Rolle spielt, verweist deutlich auf den Gesellschaftsbezug dieses Ehrbegriffs. Noch einmal wird darauf Bezug genommen, dass das Duell nach „deutscher Anschauung“ (Z. 31) das äußerste Mittel sei, die Ehre zu verteidigen.
- Im Sinne einer Einwandvorwegnahme räumt von Reinbaben im dritten Abschnitt (Z. 33–38) ein, dass das Duell ein „eigenmächtiger Eingriff“ (Z. 33 f.) in die Rechtsordnung, mithin eine Form der Selbstjustiz ist. Dem hält er entgegen, dass die Ehre und damit die eigene Existenz nicht von einem Richterspruch abhängen könne. Durch das eingeschobene „platterdings“ (Z. 36) signalisiert er, welch eine Zumutung es wäre, einen Richter über den Fortbestand der eigenen Ehre entscheiden zu lassen. Es ist dies ein klarer Affront gegen die Justiz.
- In einem vierten Abschnitt (Z. 39–53) macht der Redner noch einmal deutlich, dass eine solche unübertreffliche Vorstellung vom Wesen der Ehre „Gemeingut der deutschen Nation“ (Z. 40) sei, appelliert damit noch einmal an den Patrio-

tismus, und fasst seine Ansichten in der pathetischen Formulierung zusammen, in der geregelten Form des Duells manifestiere sich der „unwiderstehliche Drang", die verletzte Ehre „durch den Einsatz des Lebens zurückzuerkämpfen" (Z. 43f.). Nach einem solchen vaterländischen Loblied, malt er, zunächst in Form von rhetorischen Fragen, aus, was geschehe, wenn man das Duellwesen unterbinde: Wäre die Ehre wiederhergestellt, wenn man nach der Verführung der eigenen Frau oder Tochter von einem Richter eine Summe Geldes zugesprochen bekäme? Dem Duellwesen in Deutschland, dessen Regeln und Formeln einzuhalten wiederum eine Sache der Ehre sei, setzt er die italienische Vendetta entgegen, um schließlich noch ein Schreckbild aufzubauen.

- Bereits das Lachen aus der Zentrums-Partei signalisiert, dass von Reinbaben mit seiner Einstellung zum Duellwesen nicht mehr die breite Meinung des Volkes vertritt. Seine Partei repräsentiert vorrangig die Interessen des Adels, der Offiziere und höherer Ministerialbeamter. So ist sein Ehrbegriff, den er aus den emotionalen Wurzeln des deutschen Volks herleitet, die traditionelle Vorstellung einer Elite, die sich damit vom einfachen Volk abgrenzt. Von Reinbaben kaschiert die eigentliche Argumentationsnot mit einem durchgängig gehobenen, syntaktisch gewandten, oftmals pathetischen Stil, der durch die Verwendung von Superlativen und das Herausarbeiten von Gegensätzen an Dramatik und Bedeutung gewinnen soll und der einen Bildungshintergrund erkennen lässt.

Einstellung von Innstetten und Wüllersdorf zur Duellfrage

- Welche Gefühle Innstetten nach der Entdeckung der Liebesbriefe beherrschen, bleibt dem Leser weitgehend verborgen. Keinen Gebrauch macht Fontane von der sonst gelegentlich gewählten Möglichkeit, Innstettens Befindlichkeit durch die Wiedergabe einer Innensicht verständlich zu machen. Nur dass sich nach dem Erkennen von Crampas' Handschrift „alles zu drehen" (S. 231) beginnt, verweist auf innere Turbulenzen. Ansonsten hört man sein Auf- und Abschreiten hinter verschlossener Türe und erfährt, dass er für einige Stunden außer Hauses ist und sich bei der Ankunft von Wüllersdorf nur schwer zur Ruhe zwingen kann.
- In der anschließenden Unterredung mit Wüllersdorf wird der für die Duellfrage entscheidende Aspekt der verletzten Ehre anfänglich nicht thematisiert. Wüllersdorf, dem Innstetten die Rolle zugedacht hat, die Forderung zu überbringen und anschließend sein Sekundant zu sein, und der damit auch in das Duellgeschehen eingebunden wäre, erforscht zunächst Innstettens Motive und stellt mit gezielten Nachfragen die Notwendigkeit eines Duells in Frage. Schrittweise thematisiert er die Frage der Verjährung, die eigentlich dem Strafrecht, nicht dem Reglement des Duellwesens entstammt, sodann den Aspekt der persönlichen, emotionalen Betroffenheit, die ebenfalls angesichts der gegebenen Sachlage, der erwiesenen Untreue der Ehefrau, kein Entscheidungskriterium für ein Duell sein kann. Mit der klaren Frage: „Fühlen Sie sich so verletzt, beleidigt, empört, dass einer weg muss, er oder Sie?" (S. 234) bringt er Innstetten dazu, seine Gefühle zu offenbaren. Als Innstetten gesteht, Crampas gegenüber keine Rachegefühle zu empfinden, und er versichert, seine Frau noch immer zu lieben und sogar zum Verzeihen geneigt sei, könnte mit der

Nachfrage Wüllersdorfs: „Wozu die ganze Geschichte?“ (S. 235) das Duellproblem eigentlich entschieden sein.

- Der Gedankenaustausch hat sich bisher allerdings erst auf einer eher juristischen Ebene (Verjährungsfrage) und auf der Ebene der persönlichen Betroffenheit bewegt, und auf beiden Ebenen hat sich ein Duell nicht als zwingend erwiesen. Mit einer solchermaßen inszenierten Gesprächsstrategie problematisiert Fontane das Duellwesen, ohne dass ein Erzähler sich in den Gedankenaustausch einmischt. Nun ist Innstetten gefordert, eine eigene Argumentation aufzubauen, deren Problematik sich bereits durch den Einleitungssatz „Weil es trotzdem sein muss“ (ebd.) andeutet. Zwar sehe er keine zwingende Notwendigkeit, Crampas aus der Welt zu schaffen, so seine Argumentation, er könne ihn auch laufen lassen. Doch sei man kein einzelner Mensch, vielmehr gehöre man einem Ganzen an, auf das man Rücksicht zu nehmen habe. Es habe sich ein Etwas herausgebildet, gegen das man nicht verstoßen könne. Dieses Etwas bezeichnet Innstetten schließlich als das „uns tyrannisierende Gesellschafts-Etwas“ (ebd.), das ihm keine Wahl lasse. Sehr klar signalisiert jetzt Innstetten, dass er juristischem Denken und persönlichen Empfindungen ihre Berechtigung nicht streitig macht, dass er sie aber in einem unüberwindbaren Konflikt mit den Ansprüchen und Forderungen seiner Gesellschaft sieht und dass er dieser Tyrannei der Gesellschaft sich beugen müsse.
- Schließlich liefert Innstetten noch ein letztes Argument, um den immer noch skeptischen Wüllersdorf von der Notwendigkeit des Duells zu überzeugen. Er verweist darauf, in Wüllersdorf einen Mitwisser zu haben, vor dessen Augen er und Effi sich nicht mehr frei verhalten könnten. Damit spielt Innstetten darauf an, dass, wie es auch der Abgeordnete von Reinbaben erwähnt, die Öffentlichkeit der erlittenen Schmach ein gewichtiges Argument für die Notwendigkeit eines Duells ist. Wenn Wüllersdorf auch versichert, alles ruhe in ihm „wie in einem Grabe“ (S. 236), so kann er sich dieser Argumentation doch nicht ganz verschließen. Mit scharfen Worten bezeichnet er zwar den „Ehrenkultus“ als einen „Götzendienst“ (S. 237), dem man sich aber unterwerfen müsse, solange der Götze noch gelte.
- Wäre es nach Wüllersdorf gegangen, hätte das Duell nicht stattgefunden. Wüllersdorf vertritt in dieser entscheidenden Unterredung die Position des gesellschaftskritischen Skeptikers, der sich bewusst ist, dass Innstetten nach einem überlebten angesichts der gesellschaftlichen Veränderungen nicht mehr zu rechtfertigenden Ritual handelt. Sein Plädoyer für Menschlichkeit, für einen behutsamen Umgang mit dem Lebensglück bleibt verbal und wirkungslos. Wie Innstetten ist auch er ein hoher Ministerialbeamter und dem Adelsstand zugehörig und damit Restriktionen ausgesetzt, die der Verwirklichung seiner Humanitätsgedanken entgegenstehen. Indem Innstetten auf der Rückfahrt nach Berlin, die Umstände des Duells noch einmal überdenkend, seinen Skrupeln nachgeht, sich eine menschlichere Lösung des Ehebruchproblems vor Augen führt und zu dem Schluss kommt, dass alles eine „gemachte Geschichte, halbe Komödie“ (S. 243) gewesen sei, wird das gesellschaftliche Relikt des Duells vollends problematisch. Dass das Duellwesen nicht mehr durch einen breiten gesellschaftlichen Konsens gestützt wird, signalisieren auch die kritischen Reaktionen des Zentrums während der Rede von Reinbabens.